Feindbilder · Wie Völker miteinander umgehen

D1936154

FeindBilder

Wie Völker miteinander umgehen

Die Dokumentation zur Fernsehserie

Kremayr & Scheriau

Inhalt

Friedrich Urban

Feindbilder – Eine notwendige Provokation

Feindbilder sind für unseren emotionalen Haushalt notwendig, um unsere Triebüberschüsse zu entlasten, erklären uns die Psychologen. Feindbilder in dieser Zeit zu diskutieren, bedeutet eine gefährliche Provokation, erklärten mir Bürger dieses Landes. Wie soll man also mit Feindbildern verfahren? Soll man sie als eine natürliche Tatsache unseres menschlichen Zusammenlebens akzeptieren, oder soll man besser dazu schweigen und über die Entstehung ihrer Ursachen nicht nachdenken? Der berüchtigte österreichische Verdrängungsmechanismus hat in der Vergangenheit schon öfter die kritische Auseinandersetzung mit unangenehmen Verhaltensmustern unterdrückt. Der Österreicher wird bekanntlich – nach Karl Kraus – durch Erfahrung dümmer. Vielleicht sollte er auch manchmal aus der Geschichte lernen und sich seinen tradierten Feindbildern stellen.

Dieses Buch will dabei Hilfestellung geben, als eine Dokumentation der öffentlichen Diskussionsreihe »Feindbilder – Wie Völker miteinander umgehen«, die in Fortsetzung der erfolgreichen »Zeitzeugen«-Reihe von der Universität Salzburg, den »Salzburger Nachrichten« und dem ORF-Landesstudio Salzburg im Wintersemester 1987/88 durchgeführt wurde.

In dieser Diskussionsreihe, die nach einer Idee von Alfred Payrleitner, dem Hauptabteilungsleiter Wissenschaft/Fernsehen, entstanden ist, sollten am Beispiel der Beziehungen zwischen Österreich und seinen Nachbarländern, der Bundesrepublik Deutschland, Italien, Jugoslawien und der ČSSR, bzw. den Vereinigten Staaten von Amerika und der Sowjetunion, und nicht zuletzt in Auseinandersetzung mit unserem eigenen Land, Klischees, Vorurteile und Ressentiments bewußt gemacht und Anstöße zum Umgang mit diesen Feindbildern angeboten werden.

Für den Abbau von Feindbildern ist vor allem ein umfassendes Wissen über ihre Entstehung und historische Entwicklung und mehr Toleranz in der Auseinandersetzung erforderlich.

In seinem noch heute gültigen Standardwerk »Psychologie der Massen« stellte Gustave Le Bon fest, daß die Masse nur in Bildern denken kann und sich nur durch Bilder beeinflussen läßt. Sie nimmt die Bilder, die oft nur eine sehr entfernte Ähnlichkeit mit den Tatsachen haben, als Wirklichkeit. Gerade dieses Bildhafte ist deshalb so gefährlich, weil unsere visuelle Begabung so ausgeprägt ist, daß wir diesen Eindrücken besonders zugänglich sind.

Ein Feindbild kann durch eine geniale Propagandamaschinerie konstruiert werden oder aus persönlicher Erfahrung entstanden sein. Ausschlaggebend dabei ist nicht der objektive Sachverhalt, sondern jene Vorstellung, die ein jeder von uns in sein gewünschtes Feindbild hineinproduziert, ob nun der Begriff »Feindbilder« politisch verstanden wird oder sich nur auf den persönlichen Umgang mit dem andersgearteten »Nachbarn« bezieht.

Wir alle teilen die Bereitschaft, unser labiles Selbstwertgefühl durch Herbeiführung von Anlässen zur Empörung, zu Racheimpulsen und Schadenfreude zu stabilisieren, wie es Horst-Eberhard Richter formulierte. Diese »Sündenbock-Strategie« kann für einzelne und für soziale Gruppen zu einem Lebensschema werden, da es keine bequemere Selbstrechtfertigung gibt als die, ein fremdes Übel zu dämonisieren und permanent zu bekämpfen. Auf diese Grundlage bauen nicht nur viele faschistische und totalitäre Systeme. Auch in unserer demokratischen Gesellschaft besitzt jeder seine passenden Feindbilder, die er liebevoll pflegt, um zu beweisen, daß der andere böse, er selbst jedoch ausschließlich mit guten Eigenschaften ausgestattet ist. Daß man selbst auch ein Feindbild für andere sein kann, wird gerne in bewährter Form verdrängt.

In den Beziehungen zwischen den Völkern waren und sind die Massenmedien ein wichtiger Teil der Politik. Die Macht des Radios wurde in den Jahren des Naziregimes unheilvoll eingesetzt und zur Feindbildpropaganda mißbraucht. Unser visuelles Zeitalter, welches in starkem Ausmaß durch das Fernsehen geprägt ist, kann aus den Fehlern der Vergangenheit lernen.

Die Möglichkeit, bestehende Feindbilder abzubauen, die sich durch die Übermittlung von Informationen über andere Völker in jedes Wohnzimmer ergibt, stellt aber auch eine große Chance dar. Eine Reihe von Ansätzen dafür gibt es bereits. Als neuestes Beispiel kann die Ausstrahlung der Neujahrsrede des amerikanischen Präsidenten Ronald Reagan in der UdSSR und die Ausstrahlung der Rede des Generalsekretärs der KPdSU, Michail Gorbatschow, in den USA angeführt werden.

Die ersten Schritte sind sicher nicht ausschlaggebend dafür, daß historische Feindbilder tatsächlich abgebaut werden, lassen jedoch die Hoffnung zu, daß die Massenmedien einen positiven Beitrag zur Völkerverständigung leisten.

In welchem Ausmaß die öffentliche Diskussionsreihe und die Hörfunk- und Fernsehsendungen darüber sowie dieses Buch dazu beitragen, Feindbilder abzubauen und mehr Information über tradierte Vorurteile und Klischees zu vermitteln, kann nur jeder für sich selbst beurteilen.

Sicher ist jedoch die Bereitschaft dafür Voraussetzung, sich der angebotenen Informationen zu bedienen, um durch die bewußte Reflexion zwischen Feindbild und Feinden – die es sicher immer geben wird – zu differenzieren.

Allen Teilnehmern der öffentlichen Veranstaltungsreihe, dem Diskussionsleiter, Dr. Hubert Feichtlbauer, und den Mitarbeitern an dieser Veranstaltungsreihe ist hier zu danken. Es sind dies der Leiter des Historischen Archivs des ORF, Dr. Peter Dusek, und sein Mitarbeiter Peter Liska, meine Salzburger Kollegen Hannes Eichmann, Dr. Kurt Liewehr und Dr. Hans Spatzenegger. Von der Universität Salzburg die Mitglieder der Senatsarbeitsgruppe »Feindbilder« unter dem Vorsitz von Univ.-Prof. Dr. Stefan Grössing und der Pressereferentin Dr. Caroline Kleibel-Hirschvogl, sowie von den »Salzburger Nachrichten« die innenpolitische Redakteurin Dr. Katharina Krawagna-Pfeifer.

Den Autoren dieses Buches, Prof. Dr. Ernest Dichter, Dr. Peter Dusek, Dr. Hubert Feichtlbauer, Univ.-Prof. Dr. Oswald Panagl, Alfred Payrleitner, Dr. Hugo Portisch, Univ.-Prof. DDr. Horst-Eberhard Richter, Prof. Dr. Karl Heinz Ritschel und Univ.-Prof. Dr. Michael Schmolke, muß für die expeditive Mitarbeit gedankt werden, die eine Herausgabe nach einer ungewöhnlich raschen Produktionszeit ermöglichte. Die schon beim »Zeitzeugen«-Band so erfolgreiche Zusammenarbeit zwischen den Medien und der Wissenschaft läßt hoffen, daß auch dieses Buch breites öffentliches Interesse findet.

Der Verlag Kremayr & Scheriau, der schon den Bestseller »Österreich II« von Dr. Hugo Portisch und Sepp Riff herausgebracht und auch den »Zeitzeugen«-Band in vorzüglicher Weise produziert hat, setzt mit diesem »Feindbilder«-Band seine hervorragende zeitgeschichtliche Produktlinie fort.

Sicher kann dieses Buch genausowenig wie die öffentliche Veranstaltungsreihe zu einem Paradigmenwechsel in der Feindbilder-Problematik führen, vielleicht kann es aber durch die Vermittlung von mehr Wissen über den anderen dazu beitragen, daß Menschen miteinander – und sei es nur mit dem Nachbarn – toleranter und offener umgehen.

Alfred Payrleitner

Das Beseitigen von Feindbildern oder Abschied von bloßer Besessenheit

In seinem Buch »Der Mensch – Irrläufer der Evolution« schildert Arthur Koestler, wie er als Fünfjähriger in Budapest seine erste gruppenspezifische Prägung erlebte. Kaum in der Schule, konfrontierten ihn seine künftigen Klassenkameraden mit einer fundamentalen Alternative. Sie fragten: »Bist du für MTK oder für den FTC?« (Beide sind bekanntlich Abkürzungen für berühmte ungarische Fußballklubs.) Bis dahin hatte der kleine Koestler nicht den blassesten Schimmer vom Fußballspiel, geschweige daß er sich bei den einschlägigen Sportvereinen ausgekannt hätte. Doch die Situation war für einen Buben schlimm – wenn er jetzt zugab, daß er von all dem nichts wußte, so wäre er vom Start weg schwerstens blamiert gewesen. So bekannte sich Koestler im Brustton der Überzeugung zum nächstbesten: »Natürlich bin ich für MTK.«

Es war, so schreibt er später, eine Entscheidung fürs Leben. Denn diese Anhängerschaft mußte auch unter Beweis gestellt und damit eingeübt werden. Blau/Weiß triumphierte über Grün/Weiß, Blau wurde überhaupt Koestlers Lieblingsfarbe. Ein Freund- und damit auch ein Feindbild war geboren ...

Das harmlose Beispiel erscheint treffend, weil es die Hauptmerkmale der Vorurteilsbildung aufweist: Sie entsteht situationsbedingt, oftmals zufällig und orientiert sich nach oberflächlichen Details. Meist geschieht sie unter einem gewissen Anpassungsdruck, erleichtert also das Verhalten in der Gruppe. Hat man das Vorurteil einmal erworben, beginnt es die Wahrnehmung zu beeinträchtigen: Man sieht nur, was man sehen will. Dabei erweist sich das Vorurteil aber auch als hilfreiches Mittel der Triebabfuhr, denn man darf für seinen Verein laut jubeln und den Gegner auspfeifen. Das Selbstwertgefühl steigt.

Vor allem aber ist das Vorurteil dauerhaft. Ein Übertritt zum grün/weißen FTC wäre ihm, so kommentiert Koestler selbstironisch, geradezu als Blasphemie vorgekommen. Selbstironie ist freilich ein Zeichen von Souveränität. Der Kulturphilosoph steht selbstver-

ständlich über den Dingen, weiß über seine Affekte und ihre Mechanismen Bescheid.
Aber Hunderte Millionen andere Menschen in ungleich ernsterer Lage wußten und wissen es nicht. Mit stets neuer Verblüffung registriert man in der Geschichte die Gewalt der Gegenaufklärung, einer Bewegung, die weite Bereiche des Denkens im 19. und auch im 20. Jahrhundert bestimmt. Absurde Zerrbilder und Verkürzungen, säkularisierte Heilsspekulationen und manipulierte Gefühle beeinflussen Wissenschaft und Politik. Von der klassenlosen Gesellschaft bis zum Übermenschen und dem Tausendjährigen Reich entdecken wir, daß sich Mittelalter und Neuzeit, menschliche Frühgeschichte und Perfektionierung der Naturbeherrschung nicht konsekutiv, sondern durchaus auch gleichzeitig ereignen können. Ketzerverbrennungen und Auschwitz, GULAG und heilige Kriege mit all ihren Zwangsvorstellungen finden statt, obwohl sich bereits Sir Francis Bacon im 16. Jahrhundert mit den trügerischen Hirngespinsten der »idola«, der von den Menschen bloß erfundenen, ungeprüften Abbildern der Wirklichkeit auseinandersetzte. Seine vierfache Einteilung dieser Trugbilder ist auch heute von beklemmender Aktualität. Bacon nennt sie die »Götzenbilder des Stammes«, die »Trugbilder der Höhle« (die subjektiven Illusionen des einzelnen), die »idola theatri« (die fehlerhaften Lehrmeinungen in der Wissenschaft) und die »Götzenbilder des Marktes«, die aus der willkürlichen Benennung der Dinge entstehen.
Wir wissen inzwischen aber auch, daß bruchstückhaftes Erkennen, selektive Betrachtung und ständiges Übernehmen fremder Urteile zwangsläufig zur Conditio humana gehören. »Wir erleben zeitgenössisch eine unabsehbare Fülle von Ereignissen, in denen fortwährend entschieden wird. Man käme zu nichts, wollte man alles nachprüfen«, schreibt Alexander Mitscherlich.
Sind wir also allesamt dem Irrtum und der Macht des eigenen und des fremden Vorurteils ausgeliefert? Die Antwort liegt offenkundig in der erkannten Notwendigkeit ständiger Fragestellung. Wie kam ich zu einer bestimmten Schlußfolgerung? Ist diese imstande, andere Menschen zu diskriminieren? Ist mein Verhalten wirklich zweckmäßig? Oder entspringt es nur dem Unbehagen eines Augenblicks, einem zuwenig geklärten und unbedachten Zusammenhang?
Würde man sich das tatsächlich fragen, gäbe es wohl keine Dämonisierungen und keine dummen Verallgemeinerungen auf der Welt. Doch sie existieren weiter, und zwar mit zwei fatalen Eigenschaften: daß alte Vorurteile stets neue hervorzubringen pflegen und die Unsinnigkeit solcher Feindbilder den meisten erst im nachhinein bewußt wird. Eben deshalb setzt sich die Spätaufklärung unserer Tage immer wieder mit den »idola« auseinander. Das »Feindbild« ist selber zu einem solchen geworden.
Die Neigung zum Klischee und die starke Gefühlsorientierung des Fernsehbetriebes legte es dabei nahe, sich mit dem Problem auch in diesem Medium zu befassen. Es entstand die siebenteilige Diskussionsreihe »Feindbilder – Wie Völker miteinander umgehen«, die zu Beginn des Jahres 1988 im ORF ausgestrahlt wurde. Das Thema

waren vor allem die Götzenbilder des Stammes und des Marktes: all jene Klischees, die sich im Laufe echter oder eingebildeter historischer Erfahrung zwischen den Österreichern und ihren Nachbarn herausgebildet haben. Auf beiden Seiten und bei weiter Definition des Begriffes »Nachbar«. Denn einerseits blieben dabei die Schweiz und Ungarn ausgeklammert – einfach weil hier der mögliche Konfliktstoff zu gering war –, und anderseits kamen die österreichischen Schicksalsmächte der Moderne, die USA und die Sowjetunion, hinzu.

Den Abschluß bildete, wie sich's gehört, eine kritische Selbstbetrachtung: Wir über uns – Österreich und die Österreicher.

So versammelten sich delikate Runden: »Tschuschen« und »Katzelmacher«, »Piefkes« und »Mundls« (vormals die »Kameraden Schnürschuh«). Alle Diskussionen wurden durch Lehrveranstaltungen der Universität Salzburg vorbereitet und vom ORF-Landesstudio organisiert, womit sich eine erfolgreiche Zusammenarbeit fortsetzte, die vorher schon mit den »Zeitzeugen« begonnen hatte. Auch der Ablauf war ähnlich: Zunächst eine kurze filmische Themeneinführung, eine Ballung der Klischeekontraste. Dann, je nach Ergiebigkeit und Sendezeit, eine ein- bis anderthalbstündige Diskussion, wobei die Leitung ein gesprächstechnischer Vollprofi besorgte – Dr. Hubert Feichtlbauer. Schon vorher, im November 1987, fand mit Hilfe der Salzburger Landesregierung und der »Salzburger Nachrichten« ein international beschicktes Symposium statt. Alle Veranstaltungen gemeinsam lieferten die Grundlage dieses Buches.

Der Zufall wollte es, daß die Texte nicht bloß in einer Periode des Tauwetters, sondern in der einer veritablen Ost-West-Klimaverschiebung erscheinen. »Glasnost« wurde zum Modevokabel, Amerikas Präsident sprach im sowjetischen Fernsehen. Michail Gorbatschow wurde »Mann des Jahres« im *Time Magazin* und versprach, andere politische Systeme zu respektieren. Die großen Feindbilder, spät genug, geraten ins Wanken. Aber gäbe es deshalb, nach ihrer Zertrümmerung, auch keine Feinde mehr? Auch hier empfiehlt es sich, wie einst schon bei Bacon, Abbild und Wirklichkeit zu trennen. Wenn die falschen Götzen stürzen, so bleiben doch die unterschiedlichsten Interessen der Stämme und Staaten, die solche Bilder errichtet haben. Das wissen am besten die fortschrittlichsten unter den Sozialwissenschaftlern. Alexander Mitscherlich schreibt: »Einer toleranten Gesellschaft sollte es gelingen können, dem angriffslustigen Gegner (meist ist er weniger lustig als besessen) die unbeugsame Entschlossenheit zur territorialen Verteidigung zu vermitteln, wobei zu beachten ist, daß es ebenso ein abmeßbares wie ein geistiges Territorium gibt, dessen Freiheit verteidigt werden will.«

Feindbildbeseitigung bedeutet also nicht das Verwischen von Unterschieden oder die Preisgabe von Wertkategorien. Es wird nur schärfer nachgedacht, worum es sich jeweils handelt.

Abschied von bloßer Besessenheit: Das wäre die neue, alte Chance einer nüchternen, einer guten Politik. Wenn an die Stelle des »bösen Feindes« zumindest der respektierte *Gegner* treten würde. An allen Orten und an allen Grenzen.

Karl Heinz Ritschel

Der Zwiespalt von Kritik und Feindbild

Es ist kaum möglich, Feindbildern zu entgehen. Sie sind in unseren Medien verankert, wandern über Fernsehschirme, werden akustisch vor Mikrophonen geformt und entsteigen den Gazetten – Zeitungen ebenso wie Zeitschriften verschiedenster Form. Das beginnt keineswegs nur bei der sogenannten hohen Politik, sondern ebenso auf Lokalseiten und im Sportteil. Gerade in der Diktion von Sportredakteuren werden häufig Feindbilder voller Genüßlichkeit aufgebaut; der sportliche Wettstreit wird in den Superlativ-Reportagen zum wirklichen Kampf. Ein heute schon klassischer Fall war der Ausschluß des Skiläufers Karl Schranz von den Olympischen Winterspielen in Japan: Hier hatte der ORF Schranz zum hehren Opfer aufgebaut und den Olympia-Präsidenten Brundage zum Todfeind unserer Nation erkoren. Mit dem solchermaßen hochgeputschten Fall wurde ein Empfang des verhinderten olympischen Siegers durchexerziert, daß der wache Betrachter dieser Szenerie erschauern mußte. Hier wurden Feindbilder par excellence plakatiert. Dieser herausragende Fall ist das Musterbeispiel, tagtäglich aber erleben wir den kleinen »Schranz-Effekt«. Das geschieht gleicherweise auf Lokalseiten und wechselt ungebrochen von Ressort zu Ressort: Daß nämlich die Sachdiskussion ausufert, gar nicht mehr zu führen ist und sofort in einseitig fixierten Standorten hängenbleibt.

Das ist eine letztlich wesentlich von der Politik bestimmte Denkweise, weil alte Feindbilder stetig neu belebt werden und so der Blick von eigenen Schwächen auf Bedrohungen des Rechts und der Freiheit von außen gelenkt wird. Das gilt überregional gesehen auch in der gesamten Ost-West-Auseinandersetzung. Ganzen Völkern ist pausenlos eingetrichtert worden, wie Friede und Freiheit vom jeweils anderen bedroht werden. Das führte letztlich dazu, Fehler und Gefahren im eigenen Land zu übersehen und zudem völlig außer acht zu lassen, welchen gar nicht unerheblichen Beitrag das jeweils eigene Land für die heutige Situation »geleistet« hat. Man könnte solche Handlungen als Schutzbehauptungen diagnostizieren, die selbstgerecht an die Stelle von Lügen treten. Behauptungen, die letztlich der Immunisierung des Vorurteils gelten.

Gerade in der Auseinandersetzung zwischen den Blöcken des Ostens und des Westens wurden – sich gegenseitig immer höher aufschaukelnde – Feindbilder entwickelt, denen wir im politischen Dasein unentwegt begegnen. Und zwar abseits der realen Problemlage zwischen totalitären Systemen und freiheitlich-liberalen Staaten, denn dieser Konflikt bleibt berechtigt bestehen. Doch: eigene Guerillas zum Beispiel sind Freiheitskämpfer, jene der Gegner Terroristen; Motive der anderen setzen finsterste Denkweise voraus, die eigenen sind selbstlos; jede positive Regung des anderen ist bloße Propaganda, nur die eigene ist lautere Denkweise.
Marion Gräfin Dönhoff hat einmal das Feindbild definiert: Es ist das Bild, das wir uns von unserem Feind machen – also nicht notwendigerweise sein objektives Bild, sondern ein Bild, wie wir es sehen oder sehen wollen. Vielleicht haben wir gar keinen Feind, vielleicht erfinden wir ihn uns? Der Verdacht ist nicht von der Hand zu weisen, denn Feindbilder sind meistens für den, der sie hat – und man muß hinzusetzen: auch pflegt –, sehr nützlich, ja unter Umständen ganz unentbehrlich. In primitiven Gesellschaften ist der Feind wichtig, um den eigenen Stamm zusammenzuhalten; in modernen Gesellschaften ist er ebenfalls unentbehrlich, um Solidarität beschwören zu können und neue Anhänger zu gewinnen.
Wie wahr doch diese Anschauung ist, denn wir begegnen unentwegt diesem Aufbau von Feindbildern, um der jeweils eigenen Seite eine Bestätigung der Standpunkte nicht nur zu geben, sondern auch zu rechtfertigen.
Alles andere ist Verpackung; etwa der Glaube, nur allein im Besitz der Wahrheit zu sein, der moralischen Überlegenheit, und daß eben die andere Seite oder der andere die Verkörperung des Bösen ist. Dazu gesellt sich eine sehr harte Tatsache: Gesellschaften »brauchen« ihre Sündenböcke. Das belegt die Geschichte. Minderheitenschutz, auf welcher Ebene immer, ist in Gemeinwesen der Versuch, diesen klassischen Sündenböcken ein Überleben zu sichern.
Natürlich sind es Vorurteile, die zu solchen Schemata führen, die durch Haß und auch durch Angst maßlos verstärkt werden, die aber auch ganz einfach erfunden sein können. Der Antisemitismus des nationalsozialistischen Deutschland mit seiner wüsten Propaganda, alles Jüdische als das Böse schlechthin zu brandmarken, ist wohl das durch nichts überbotene Musterbeispiel. Ein Beispiel, unter dem wir bis heute leiden.
Es gibt aber noch eine andere Seite: Gerade in der journalistischen Praxis ist die Gefahr unentwegt vorhanden, daß von interessierten Gruppen jede kritische Auseinandersetzung mit einem Thema, einer Person, einem Verhalten als Feindbild aufgefaßt wird. Es ist die Entscheidungsfähigkeit vieler Menschen verlorengegangen, Kritik und Feindschaft auseinanderzuhalten.
Der konkrete Fall im heutigen Österreich ist die Auseinandersetzung um Bundespräsident Kurt Waldheim. Eine kritische Auseinandersetzung, wie ich sie geführt habe, wird von vielen Menschen stereotyp als Feindschaft aufgefaßt, Argumente werden beiseite geschoben. Selektives Lesen läßt sich nachweisen, wenn nur das aufgenommen

wird, was dem eigenen Standpunkt entspricht. So wurde mir wiederholt unterstellt, ich hätte Waldheim zum Kriegsverbrecher erklären wollen, obwohl in jedem einzelnen Artikel nachzulesen ist, wie ich ausdrücklich betonte, dieser Mann sei kein Kriegsverbrecher. Ich kritisierte das Ungeschick im Umgang mit der Vergangenheit und damit der Wahrheit, denn dieser sorglose Umgang mit Dienstverwendungen, Anwesenheit an Kriegsschauplätzen und dergleichen mußte bei kritischen Beobachtern, vor allem im Ausland, zu Verdächtigungen führen. Stereotyp warfen mir Leser vor, Söldling des »Weltjudentums« zu sein, ein Ultralinker, ein Kommunist, ein Nestbeschmutzer, vom »Füllhorn« reiner Beleidigungen ganz zu schweigen. Dies uferte gar erst aus, als ich es wagte, das Thema Pflichterfüllung, das international Wogen geschlagen hatte, aufzugreifen. Hier fühlte sich besonders die Soldatengeneration gleichsam verfolgt, weil diese Menschen gar nicht bereit waren, eine kritische Wertung der Aussagen vorzunehmen. Was ich meine, ist die fehlende Sensibilität, genau zu lesen, nachzudenken und selbst zu werten. Warum ich das zitiere? Weil der ganze Fall Waldheim ebenfalls ein Musterbeispiel dafür ist, wie ein Feindbild entsteht und Fronten bildet. Die Möglichkeiten eines sachlichen Gesprächs und einer kritischen Auseinandersetzung werden damit zunichte gemacht, weil Emotionen keine Bereitschaft kennen, Fakten klar zu überlegen. Das begünstigt dann Verschwörungstheorien, die der Aufarbeitung dieses Themas im Wege stehen.
Die mögliche Durchtrennung des Gordischen Knotens kam nicht zustande. Der Betroffene selber versäumte jede Gelegenheit, durch klare Stellungnahmen, ohne Wenn und Aber, so distanziert reinen Tisch zu machen, daß es möglich gewesen wäre, ein ganzes Staatsvolk hinter sich zu versammeln. Das ist in der Folgewirkung tragisch für ein Land, denn die so entstandene Symbolfigur wird nun wieder von ganzen Gruppen benutzt, um ein Feindbild aufzubauen. So wird Österreich aus internationaler Sicht zu einem Synonym für Verdrängung einer unangenehmen Vergangenheit.
Ich meine, daß man dies offen aussprechen muß, denn wenn wir heute über Feindbilder diskutieren, dann ist dies der aktuellste Fall. Und wir haben zu überlegen, wie das zu bewältigen ist. Das Lostreten der Aktion von sozialistischer Seite war kein Ruhmesblatt, die Aufnahme dieses Balles durch den jüdischen Weltkongreß erscheint mir menschlich verständlich, wenngleich die Form ungeschickt war. Die Reaktion ergab das leider alte Feindbild des »Weltjudentums«, und die Reaktion der Volkspartei entsprach bilderbuchmäßig den Aufbaukategorien von Feindbildern. Über die Fakten einer verdeckt gehaltenen Vergangenheit kann heute noch immer nicht sachlich geredet und geschrieben werden. Dabei ist nur dieser Weg gangbar, um aus dem Dilemma herauszufinden, denn nur der Dialog kann Österreich wieder auf den Pfad führen, das Ansehen in der freien westlichen Welt wiederherzustellen.
Es gibt durchaus positive Beispiele für die Bewältigung von Feindbildern. Das wesentlichste Beispiel ist wohl die vor fünfundzwanzig Jahren von General de Gaulle und Konrad Adenauer beschlossene

deutsch-französische Zusammenarbeit. Jahrhundertealte Rivalität hatte den beiden Völkern und darüber hinaus wohl Europa Leid zugefügt. Der Dialog großer Politiker, die einander die Hände über Gräben hinweg reichten und den Mut zur Versöhnung fanden, war der Beginn der Auflösung des Feindbildes. Heute scheint es undenkbar, daß Schützengräben zwischen Deutschland und Frankreich ausgehoben werden könnten.

In der Gestaltung der Beziehung zwischen Österreich und Italien ist gleichfalls in den letzten Jahrzehnten eine ungeahnte Entwicklung eingetreten, die nicht nur eine Lösung des Südtirolproblems ermöglichte, sondern über den Brenner hinweg Freundschaften vertiefte. Sowohl bei deutsch-französischer als auch italienisch-österreichischer Freundschaft – wobei auch unter Freunden Probleme zu bewältigen sind, wie es im Leben eben ist – haben die Medien einen entscheidenden Anteil, den sie wohl stolz verbuchen können.

Auch die Begegnung der Staatsmänner Reagan und Gorbatschow erweist eine Voraussetzung für die Bewältigung von Feindbildern: das Faktum des Kontakts. Kontakte sind die beste Form, Feindbilder zu entschärfen, wie es der ermordete ägyptische Präsident Sadat mit seinem mutigen Besuch und Auftreten in Israel bewiesen hat. Kontakte setzen jedoch klare Worte voraus, eine offene Sprache, ein Hinauswachsen über den eigenen Schatten.

Für die journalistische Arbeit stellen sich aus solchen Erfahrungen und Überlegungen Aufgaben in zwei Richtungen:

Erstens: Die Verpflichtung, der Wahrheit nach bestem Wissen und Gewissen zu dienen, bleibt unbedingt bestehen, denn die fundierte Überzeugung ist ein so hohes und stets bedrohtes Gut, daß sie geschützt, gepflegt, gehegt werden muß. Damit verbunden ist die oft gar nicht so leichte Haltung, dieser Linie treu zu bleiben, ihr zu dienen, ob es nun opportun ist oder nicht. Kritik ist das Salz einer demokratischen Gemeinschaft, ohne sie wird ein solches Gemeinwesen schal.

Zweitens: Die sachliche Kritik muß am Menschen orientiert bleiben und kann nicht dazu dienen – darf und soll es nicht –, gruppenweise Feindbilder aufzubauen, den sogenannten Buhmann der Nation zu schaffen. Dazu gehört die Erkenntnis, daß in Demokratien die Parteien als Partner wesensnotwendig, ja zwingend sind. Parteien sind wohl richtigerweise nicht bloß Partner, sondern auch sachliche Gegner – aber sie dürfen niemals Feinde sein, weil sie damit den Grundkonsens der Demokratie vernichten. Journalistik baut hier zu freihändig an pauschalen gegnerischen Bildern mit, gleichsam mit einem Verstärkereffekt, denn die Personen an den Schaltstellen der Macht haben im Verlust politischer Kultur sich längst schon ein Vokabular angeeignet, das dem völlig erstarrter Fronten entspricht. Es ist ein Freund-Feind-Schema, mit dem versucht wird, moralisch und wahltaktisch zu argumentieren. Es sind ja nicht Tatsachen das Entscheidende, sondern letztlich die Meinung, die Vorstellung, die die Menschen sich von den Fakten machen. Das ist negativ gesehen, ich gebe es zu. Daß aber oft subjektive Betrachtensweisen als objektive Tatbestände angesehen werden, ist nicht zu leugnen.

So gesehen, ist es nicht nur notwendig, sondern gut, unentwegt über die Gefahr von Feindbildern zu sprechen, unsere Welt danach zu durchforsten und zu versuchen, durch permanentes Gespräch – das heißt auch Berichterstattung – diese Gefahren abzubauen. Wer sich dessen bewußt ist, dem kann es gelingen, einen persönlichen Beitrag zu schaffen, der eben nicht im Verlust kritischer Haltung liegt, sondern der Versuch ist, das vermeintliche Denken in bequemen Schablonen aufzubrechen.

Oswald Panagl

»Alle Kineser san Japaner!«

Zur Entstehung sprachlicher Feindbilder

Klischees sind vorgefertigte Ansichten aus dem üppigen Fundus der »öffentlichen Meinung«, jener gemeingefährlichen und allgegenwärtigen Größe, die es in Jacques Offenbachs Mythentravestie »Orpheus in der Unterwelt« immerhin zum Bühnenleben einer allegorischen Figur gebracht hat. Wir übernehmen diese stereotypen Muster von unseren Eltern, von Kollegen am Arbeitsplatz, von Kumpanen am Stammtisch, von den Teilnehmern einer Saunarunde. Aber auch das breitgefächerte Spektrum der Medien versorgt uns im Selbstbedienungsverfahren mit dem täglichen Bedarf an gebrauchsfertigen Urteilen, die – ob fabriksneu oder bereits als »second hand«-Angebot – stets Konjunktur haben und auch keine Marktlücke entstehen lassen. Sie scheinen sich jedem Sachverhalt leidlich anzupassen, auch wenn wir sie als Konfektionsware bloß »von der Stange« beziehen, wenn wir uns diese Uniformen (im etymologischen Wortsinn!) nicht anmessen lassen, sondern höchstens anmaßen.

Aber verlassen wir dieses Gebäude der kommerziellen Metaphorik, und kommen wir zum Kern der Sache: Klischees, Stereotypen, eingespielte Muster, so lehren uns Psychologen, Verhaltensforscher und Kultursoziologen, zählen zu den Strategien der Lebensbewältigung, sie bilden in ihrer Summe und ihrem Zusammenspiel ein Register zur ökonomischen Gestaltung unseres Alltags – zugleich aber auch eine Pufferzone, ein Auffangnetz gegen den ständigen Anprall unverhoffter Eindrücke und erstmaliger Erlebnisse. Ein Mensch, der sich ohne den Schutzpanzer kollektiver Erfahrungen der Außenwelt stellen müßte, der für alle Sinnesdaten, Anfechtungen und notwendigen Entscheidungen auch nur eines Tages ausschließlich auf individuelle Einsichten und selbstentwickelte Urteile angewiesen wäre, würde wohl versagen, oder zumindest verzagen. Einer meiner Freunde, in dessen Wohnhaus zwei parallele Liftanlagen eingebaut sind, benützt immer denselben Aufzug: nicht aus Aberglauben oder einem zwangsneurotischen Motiv, sondern weil er durch die vorweggenommene und daher ausgesetzte Entschei-

dung psychische Kapazität für die Lösung anderer, schwerer wiegender Probleme gewinnt. Bisweilen betrete ich ein Restaurant bereits mit der festen Absicht, irgendein Standardgericht oder das Menü zu bestellen, weniger aus besonderem Verlangen nach gerade dieser Speise, sondern weil ich die Zeitungslektüre oder ein gutes Gespräch einem aufwendigen Studium der Speisekarte und der daraus resultierenden persönlichen Wahl vorziehe.
Auf der Ebene der Sprache sind Klischees allemal Störungen der semantischen Trennschärfe, sie sind verschobene und verhärtete Beziehungen zwischen sprachlichem Ausdruck und dem abzubildenden Realitätsausschnitt, die sich nicht mehr der laufenden Überprüfung und sachlichen Korrektur durch objektive Einsichten oder subjektive Erfahrungen stellen. Im günstigsten Fall übernehmen wir Versatzstücke aus dem Sprachgebrauch anderer – des prägenden Elternhauses, des einflußreichen sozialen Umfeldes, des Medienverbandes mit seiner kommunikativen Einbahn – in das Ausdrucksrepertoire, ohne sie erst mit dem Gesichtskreis unserer persönlichen Empirie übereinstimmen zu lassen: die verbalen Orientierungshilfen im Umgang mit der Außenwelt gerinnen dann zu kaum widerrufbaren Urteilen.
Schlimmer ist es freilich, wenn wir ein anekdotisches Einzelerlebnis selbst zum unverbrüchlichen Dogma erstarren lassen, wenn sich die Zwischensumme erlebter Kasuistik zur Weltanschauung verdichtet oder gar verkrustet, die auch sprachlich, in der Bezeichnung ebenso wie im Bezeichneten, in der Wortwahl und in der Sinngebung, die einmal betretene breite Straße nicht mehr verläßt.
Die getrübte Wechselbeziehung zwischen sprachlicher Form und begrifflichem Inhalt, die wir bei allen verbalen Stereotypen voraussetzen dürfen, läßt sich in mindestens drei typische Erscheinungsformen gliedern. Die erste Klasse läßt Abweichungen in der semantischen Feinstruktur, Umschichtungen im Merkmalaggregat sprachlicher Ausdrücke erkennen. Wir unterscheiden bei einem Wort approximativ zwischen einem Bedeutungskern, den spezifizierenden Zügen – die z. B. den *Besitz* vom *Eigentum* abheben, das *Dorf* vom *Weiler* trennen – und den Konnotationen, das heißt dem jeweiligen Begleitgefühl beim Sprechen, Schreiben, Hören oder Lesen, wann immer wir also diesem Ausdruck begegnen. Klischierter Wortgebrauch kann nur entstehen, wenn man mit der empfindlichen Schicht der Differenzierungsmerkmale sorglos und leichtfertig umgeht. Dann können sie zwischen dem Anspruch von Zentrum und Peripherie im skizzierten Schichtenmodell verkommen, von ihrer expansiven Umgebung gleichsam zerrieben werden: Schale und Kern wachsen zusammen, und wir sehen als Ergebnis eine immer bescheidenere Zahl von Passepartout-Vokabeln mit grobschlächtiger Grundbedeutung und ausgeprägt emotionaler Schlagseite, die nirgends mehr richtig passen, weil sie so vielem angepaßt werden und im verbalen Dauerbrand zusehends verkohlen.
Die zweite Ursache verbaler Klischees ist im Resultat ähnlich, im Vorgang freilich deutlich abgehoben. Hier setzt der Prozeß des semantischen Verschleißes nicht bei den Merkmalen ein, sondern bei

den Bedeutungsträgern, also den Personen, Gegenständen und Sachverhalten unserer Diskurswelt; anders gesagt: die Bedeutungsprofile werden unscharf, die semantischen Ränder erstarren zu Hülsen, weil wir das Basisvokabular im Benennungsnotstand überfordern. So bezeichnen wir häufig die Gattung mit dem Namen der Art, bis wir die Unterschiede vergessen haben oder nicht mehr wahrnehmen, und verletzen laufend das Reservat der Eigennamen. Wir greifen bisweilen zur Heugabel, wo eine Pinzette gefordert ist, und ersetzen die Lupe durch den Feldstecher, den wir noch dazu verkehrt vor das Auge halten. Wer rasch »auf einen Kaffee« geht, darf sich auch für Tee oder Fruchtsaft entscheiden. Und »der Novak« ist zumindest im Wiener Milieu nicht bloß individueller Namensträger, sondern der Typus des ewigen Verlierers, der die Spesen anderer trägt.

Die dritte Ursache hat mit der Bewertung unserer Lebenswirklichkeit im großen und unseres Ambientes im kleinen zu tun. Wir haben anfangs von stereotypen Haltungen als Sozialstrategien im täglichen Daseinskampf gesprochen und ihnen als Krücken unserer Konfliktfähigkeit eine begrenzte Aufgabe zuerkannt. Auch im sprachlichen Umgang mit der umgebenden Realität fühlen wir uns wohler und sicherer, wenn wir Freunde und Feinde bestimmt haben, ehe sie uns noch auf der freien Wildbahn begegnen. Denn auch ein fest georteter Gegner kann eine Aura der Geborgenheit vermitteln, ob man sich defensiv in der eigenen Oase abschirmt oder ob man ihn aggressiv in seine Ecke verbannt.

Das sprachliche Ventil eines Feindbildes ist die undifferenzierte, stereotype Verunglimpfung. Das muß hervorgehoben werden, denn es gibt auch die subtile, stimmige Negativbewertung, die seismographisch auf Erfahrungsdaten reagiert, die erlittenes Unrecht oder wahrgenommene Bosheit in pejorative Bedeutungsmerkmale umsetzt. Sprachliche Feindbilder hingegen sind ein Satz von praktikablen Klebezetteln in unserem verbalen Handgepäck, von zeitloser Paßform, jederzeit verfügbar und von beinahe unbegrenzter Haftfestigkeit, sobald wir ein Volk, eine Personengruppe, ein Individuum oder einen Umstand damit etikettiert haben.

Wie großzügig der sprachliche Normalverbraucher mit diesen Schablonen umgeht, erkennen wir am deutlichsten im drastischen Zerrspiegel der Karikatur. Karl Kraus führt in einer turbulenten Massenszene seiner »Letzten Tage der Menschheit«, als zu Beginn des Ersten Weltkriegs die Wogen chauvinistischer Kriegseuphorien hochschlagen, die Nivellierung alles Fremdartig-Exotischen ins Absurde. Beim Auftritt von zwei Chinesen vermutet die echauffierte Menge zunächst, es handle sich um Japaner, also um Kriegsgegner: »Japaner san do! Japaner san a no in Wean! Aufhängen sollt ma die Bagasch bei ihnare Zöpf!« An den beruhigenden Appell eines Besonnenen, »Laßts es gehn! Dös san ja Kineser«, knüpft sich eine erregte Debatte, die schließlich in die unübertreffliche Pointe mündet: »Alle Kineser san Japaner!« Ist diese vulgäre Gleichung, ist dieser ethnologische Analphabetismus nur bodenlose Erfindung, die einer sprichwörtlichen Indolenz am Zeug flickt? Ich denke, daß

keinem wachsamen Zeitgenossen die gar nicht zufälligen Ähnlichkeiten dieser fingierten Szenen mit eigenen Beobachtungen entgehen werden. Da gab es – und gibt es vielleicht noch – in unseren Breiten das Klischee des hinterhältigen Slawen (schon Karl Kraus spricht bezeichnenderweise von »slawischer Arglist«), entwickelt an der ostösterreichischen, speziell wienerischen Symbiose mit den Tschechen, übertragen auf alle anderen slawischen Stämme, insbesondere auf die Russen als die notorischen Feinde zweier Weltkriege und einer drückenden Besatzungszeit. Doch ehe man sich's recht versieht, ist eine Gleichsetzung der Slawen mit den Völkern im Osten eingetreten, und das problematische Stereotyp erfaßt auch die Ungarn, die weder sprachlich noch ethnisch zu diesem Stamme zählen. Auch die Vorurteile gegenüber südlichen Nationen treiben seltsame Blüten: Das ausgeprägte Lebensgefühl, der gar nicht pedantische Zeitbegriff und Ordnungssinn des Südländers, sein unkonventioneller Arbeitsrhythmus, der sich mehr an tatsächlichen Gegebenheiten als an fixen Stunden ausrichtet, bilden im Verein mit anderen Eigenschaften eine ständige Reibungsfläche für Deutsche und Österreicher. Der Geschäftspartner ebenso wie der – in seinem Verhalten ambivalente – Urlauber sieht sich einem Kontinuum unverständlicher Andersartigkeit gegenüber, das von Griechenland bzw. der Türkei bis nach Portugal reicht und über dessen wirklichen oder vermeintlichen Gemeinsamkeiten die wesentlichen Spezifika nur allzugern übersehen werden. So mag es, bildlich gesprochen, schon vorkommen, daß man Čevapčići und Tortellini verwechselt: der gemeinsame kulinarische Nenner für den Travniček in uns ist die Ablehnung aller Gastronomie, die über die Ränder eines Wiener Schnitzels hinausreicht.
Das politische Feindbild bleibt häufig nicht auf das verbale Register, auf die bloße Wortwahl beschränkt, sondern bedient sich zusätzlicher akustischer Reizmittel oder optischer Signale. Für feindselige Parolen im Gewand von Schüttelreimen bietet uns Karl Kraus wieder besonders treffende Beispiele: Das explosive Klima eines entfesselten Patriotismus zeitigt Gebilde wie »A jeder Ruß – ein Genuß! An Schuß!«, »A jeder Franzos? An Stoß!« oder »Jeder Britt? An Tritt!« In der kolportierten Devise »Serbien muß sterbien« schließlich wird sogar die Lautgestalt eines deutschen Verbums der Reimwirkung geopfert. Auf einer weiteren Stufe kann eine Melodie hinzutreten: Den begeisterten Kriegsgesang einer militanten Gruppe überliefert uns wieder Karl Kraus in den »Letzten Tagen«: »Die Russen und die Serben, die hau'n wir jetzt in Scherben!«
Für die visuelle Ergänzung eines sprachlichen Klischees, die vor allem in der Plakatpropaganda zu Hause ist, mögen jeweils zwei Beispiele stehen: die Negativschablone von »Feind hört mit« sowie das Bild des »Kohlenklau« im Abschreckungsrepertoire des Dritten Reiches. Gerade die letztere Wortbildung zeigt ein verbreitetes Muster politischer Werbesprache: ein Sachverhalt, im konkreten Fall die schlechte Einstellung von Öfen und Kaminen, wird zum persönlichen Feindbild des Kohlendiebes dämonisiert.
In Krisenzeiten der zum Zwangspakt erstarrten großen Koalition der

Zweiten Republik beschuldigten einander die beiden Regierungsparteien im Wahlkampf wechselseitig einer verfehlten und unseriösen Budgetpolitik. Das Gespenst der »roten Katze«, bei dem die Farbe semiotisch ebenso für politische Ideologie wie für drohende Staatsverschuldung eintrat, begegnete auf Plakatwänden dem schwarzen »Rentenklau«, der als Sozialdämon Pensionisten um ihre wohlverdiente Altersversorgung bangen ließ.
Daneben gibt es auch die verkappten Feindbilder, die sich ihre Bedeutungsverschlechterung allmählich erwerben und nur im entsprechenden politischen Kontext als Negativklischees hervortreten. Das ist etwa der Fall bei den vieldiskutierten *Privilegien,* die in Wahlprogrammen und Parteimanifesten in Österreich zuletzt vehement als Reizvokabel aufgeboten wurden. Als Ausdruck einer hervorragenden Stellung im öffentlichen Leben oder unalltäglicher Verdienste (als Mehrzahl des *neutralen* Substantivs zu verstehen!) hatte das Privileg über Jahrhunderte ein überaus positives Sozialprestige: es wurde – und wird wohl im Grunde noch immer – als anerkennende Reaktion der Gesellschaft angestrebt. Heute sind *Privilegien* im offiziellen Sprachgebrauch verdächtig geworden und ins Schußfeld lautstarker Kritik geraten. Freilich weiß man bisweilen nicht so genau, was alles im Detail unter das Schlagwort *Privilegienabbau* fällt. Die *Privilegien* im Wortschatz der Opposition firmieren in der Sprachregelung der Angegriffenen als wohlerworbene Rechte.
Wer von Feindbildern spricht, darf auch die »falschen Freunde« nicht vergessen, die Wölfe im Schafspelz der Sprache also, die ihre inhaltliche Brisanz hinter einem harmlosen Äußeren verbergen, die latente Gefahren zur verbalen Idylle beschönigen. Die Wissenschaft spricht hier von Sprachtabu, von Euphemismus auch, und meint damit die wuchernden Fälle von offenbarem Etikettenschwindel, wenn man Arbeitskräfte *freisetzt,* Preise *korrigiert,* Lasten *umverteilt,* wenn sich der Schwangerschaftsabbruch als *Fristenlösung* tarnt oder ein tatsächlicher Einkommensverlust neutral zur *Lohnnullrunde* erklärt wird. Gegen deklarierte Feinde kann man sich rechtzeitig wappnen, gefällige »Haberer« hingegen, die uns nach dem Mund reden, lullen die Wachsamkeit ein.
Feindbilder der Sprache unterliegen dem Wechsel der Mode, können aber nicht selten auch recht zählebig sein. Die Schablone vom feigen *Katzelmacher* als Pauschalinjurie gegen Italiener rührt aus dem Soldatenjargon des Ersten Weltkriegs her, als aus den Verbündeten beinahe über Nacht militärische Gegner geworden waren. Davor hatte das Wort als unverfängliche Berufsbezeichnung für fahrende Händler aus Norditalien gedient, die mit selbstverfertigtem Küchenbesteck (*katsöla,* »Kochlöffel«) hausierten. Heute ist dieser Wortursprung längst vergessen, aber das Feindbild der italienischen Feigheit ist nur schwer auszurotten: Der Witz gesteht den italienischen Heldensagen höchstens den Umfang einer Broschüre zu. Dem Stereotyp vom *falschen Böhm,* der sich im Reim auf das Sprichwort »Trau, schau, wem« widerspiegelt, ist gleichfalls kaum beizukommen; zumindest in Wien, wo die im Telefonbuch evidente Verschmelzung von deutschen und slawischen Stämmen dieses Feind-

bild in die Nähe einer grenzmasochistischen Nestbeschmutzung rückt.

Wenn wir der Zeitkritik trauen, sind wir von Feinden umringt und dürfen schon froh sein, wenn sie uns wenigstens den Krieg erklären. »Ecce homo homini lupus est« lautet ein schmerzhafter Aphorismus von Hermann Funke, der nur zwei lateinische Bildungszitate zu einem neuen Hintersinn verschränkt. Es wäre illusionär zu hoffen, daß wir negative Klischees wie gebrauchte Papiertaschentücher wegwerfen. Sich ihrer persönlich bewußt zu werden, mit ihnen umgehen zu lernen, ist bereits ein wichtiger Schritt.

SOLDAT: »Ich gebe zu: Ich habe ihn nicht leiden können. Ich habe ja nicht gewußt, daß er keiner ist, immer hat's geheißen, er sei einer. Übrigens glaub ich noch heut, daß er einer gewesen ist. Ich hab ihn nicht leiden können von Anfang an. Aber ich hab ihn nicht getötet.«

Max Frisch, Andorra, 6. Bild

PATER: »Du sollst dir kein Bildnis machen von Gott, deinem Herrn, und nicht von den Menschen, die seine Geschöpfe sind. Auch ich bin schuldig geworden damals. Ich wollte ihm mit Liebe begegnen, als ich gesprochen habe mit ihm. Auch ich habe mir ein Bildnis gemacht von ihm, auch ich habe ihn gefesselt, auch ich habe ihn an den Pfahl gebracht.«

Max Frisch, Andorra, 7. Bild

Michael Schmolke

Wie Medien mit Feindbildern umgehen

Von nobler Gesinnung zeugt Friedrich Torbergs Satz: »Gegen Nazis oder Kommunisten zu sein, ist keine Kunst. Ich bin gegen die Feiglinge und Lügner.« Wer wollte sich ihm nicht anschließen – gegen die Feiglinge und Lügner? Aber warum eigentlich ist es leicht, gegen Nazis und Kommunisten zu sein? Zum einen, weil wir uns mit einer solchen Haltung oder einem entsprechenden Bekenntnis nicht isolieren; zum andern, weil wir feste Bilder vom Nazi wie vom Kommunisten haben. Die festen Bilder – Stereotypen – sind so unscharf wie nützlich. Sie helfen uns, das komplizierte und täglich komplizierter werdende Leben zu bestehen. Feindbilder sind ein Sonderfall von Stereotypen, jener Sonderfall, in dem das feste Bild so negativ besetzt ist, daß es in uns Abwehrbereitschaft, Feindseligkeit, Aggressionen auslöst. Torbergs Nazis und Kommunisten hatten (1958) eine andere Feindbilderqualität als die unseren. Der harte Kern ihrer Bilder besteht heute (mindestens) aus dem Erinnerungsblock der durch sie belasteten Vergangenheit und dem Bewußtsein, daß sie für demokratische Gesellschaften von Übel sind. (Daß ich jetzt einem Stereotyp aufgesessen bin, allein durch die Verwendung des Plurals »sie« – also beide: Nazis wie Kommunisten –, ist mir bewußt, und es geschieht mir recht, wenn mir das die Differenzierer um die Ohren schlagen und natürlich auch jene, die mehr das eine oder mehr das andere Feindbild pflegen.)
Stereotypen beziehen sich in der Regel auf Menschengruppen, die durch nationale und/oder soziale Merkmale als hinreichend gekennzeichnet gelten. Soziale Stereotypen (festgemacht an Rollen) sind alt, und auch die nationalen Stereotypen sind älter als ihre aggressiven Ausprägungen, die ihnen die Nationalismen des 19. und die totalitären Systeme des 20. Jahrhunderts verschafft haben: *Die* Engländer sind perfide, *die* Deutschen spießen kleine Kinder mit dem Bajonett auf, und – man beachte den jeden Zweifel ausschließenden Singular – *der* Russe macht keine Gefangenen. Während soziale Stereotypen offenbar schon von kleinen Kindern in der Familie erlernt werden (»Erziehung durch schlichte Aussagesätze«, sagt Peter R. Hofstätter), kann die Ausbreitung der Nationalismen und ihrer Bilder nicht

ohne Mitwirkung der Medien gedacht werden. Es war das gleiche 19. Jahrhundert, in dem auch einfache Menschen in großer Zahl – als »Massenpublikum« – die Welt als reale Ferne kennen- und in dem Völker sich als Nationen im Verhältnis zu angrenzenden, weil abgegrenzten, Nationen sehen lernten. Walter Lippmann, der 1922 als erster die Rolle der Stereotypen in der öffentlichen Meinung analysiert hat, sieht den Menschen als ein Geschöpf, »das gerade eine Portion Wirklichkeit erfassen kann, um sein Leben zu sichern«. Er lernt jetzt, »mit seinem Geist riesige Teile der Welt zu sehen, die er nie zuvor sehen, berühren, riechen, hören oder im Gedächtnis behalten konnte«. So entsteht »in seinem Kopf ein Bild von der Welt außerhalb seiner Reichweite«. Heute nennen wir das Medienrealität und denken sofort ans Fernsehen. Aber die ersten medienvermittelten »Bilder im Kopf«, und zwar auch im Kopf des einfachen Bürgers, sind viel älter. Mit den »Pfennig-Magazinen« der 1830er Jahre kamen die wissenschaftlich gemeinten Abbildungen von Krokodilen und asiatischen Tempeln in jedermanns Haus, und die Zeichner der »illustrirten Zeitungen« lieferten wenig später penible Vorlagen von den Barrikaden der Revolution von 1848 wie von den Kämpfen auf der Krim, der Erstürmung der Düppeler Schanzen und der Schlacht von Königgrätz.

Der Siegeszug der Presse-Illustration, die bis zum Ende des 19. Jahrhunderts fast ausschließlich in der Technik des Holzstichs gedruckt wurde, war zugleich der Siegeszug der massenhaft verbreiteten Karikatur. Und in keiner publizistischen Ausdrucksform lassen sich die »festen Bilder« trefflicher konzentrieren als in der *Karikatur*. Manche von ihnen sind sehr langlebig. Die preußische Pickelhaube, neben Knobelbecher und Offiziersstiefel das fast zum Symbol verdichtete Piktogramm des Stereotyps vom militaristisch-aggressiven Deutschen, stammt nicht, wie man glauben möchte, aus der alliierten Kriegspropaganda des Ersten Weltkriegs, sondern begegnet uns schon 1848, 1864, 1866 und selbstverständlich 1870/71. Die deutsche militaristische Selbstbild-Findung ließ 1940 den Knobelbecher von Sieg zu Sieg marschieren, während »Kamerad Schnürschuh«, der österreichische Bundesgenosse und – einen Krieg später – integrierte Wehrmachtssoldat, zweiundvierzig Jahre nach dem Ende des Zweiten Weltkriegs wiederum von preußischer Fußbekleidung eingeholt wird: Ein Photo des Oberleutnants Kurt Waldheim in den typischen Offiziersstiefeln geht um die Welt, läßt alte Feindbilder aufleben und neue entstehen.

Der Hinweis auf die stereotypisierende Potenz der Karikatur soll nicht auf Seitenwege geführt, sondern, wie es dem Bild zusteht, das Thema anschaulich gemacht haben. Denn auch die *Sprache* des Nationalismus und der ihm in nicht wenigen Ländern folgenden totalitären Systeme war, wo sie öffentlich wirken wollte, Karikatur. Dokumentarfilme von Hitler- oder Goebbels-Reden lösen bei Studenten der achtziger Jahre Gelächter aus. 1940 aber, im Siegesrausch des Mai, dürften Millionen gerührte Freudentränen vor den Volksempfängern geflossen sein. Chamberlain war für den zehnjährigen Pimpf M. S. selbstverständlich ein Feigling, denn »ein Mann trägt

keinen Regenschirm«, und Churchill, stets dicklich und mit Zigarre präsentiert, war sichtlich nicht »hart wie Kruppstahl«.
Nun sollten Einwände kommen: Die Journalisten der nationalistischen und imperialistischen Ära waren verblendet, die der Hitler- und Stalin-Zeit den Führern verfallen oder ihrem Zwang unterworfen. Aber heute? Haben wir nicht Journalisten ohne Scheuklappen, geschützt durch das Grundrecht im Verfassungsrang, zusätzlich gesichert durch Redaktionsstatuten oder zumindest die Gewissensklausel, demokratiebewußt und zwischen Nachricht und Meinung wohl zu unterscheiden fähig? Relativ unabhängig und mindestens so selbständig wie jene amerikanischen Kollegen, die Walter Lippmann in den zwanziger Jahren vor Augen hatte? Gewiß, wir haben sie. Aber sie, die Journalisten, haben die alten Zwänge des Berufs und dazu einen neuen, nämlich die nicht wegzudiskutierende Tatsache, daß die Medienrealität seit dem Aufkommen des Fernsehens mehr denn je zuvor durch Bilder vermittelt wird. Die Bilder in jedermanns Wohnzimmer haben, weil sie doch offensichtlich die Wirklichkeit abbilden, die viel größere Chance, auch Bilder in jedermanns Kopf zu werden.
Die Wörter, auch wenn sie Bilder transportieren, haben es schwerer. Das ist es, was ich mit den »alten Zwängen« des Metiers meine: Medienbotschaften, für den Tag, die Woche, den Monat geschrieben, müssen kurz sein. Und wer sie formuliert, muß den Vorrat an Begriffen und Bildern im Kopf seines erhofften Lesers, Hörers, Sehers in Rechnung zu stellen versuchen. Nur wo die Mosaiksteinchen der Botschaft die vorbereitete Nische im Kopf des Rezipienten treffen, kommt Kommunikation im erhofften Sinngefüge zustande. Will ich das bei sehr vielen Lesern, Hörern, Sehern bewirken, muß ich einen gemeinsamen Nenner finden, der nicht zu hohe Ansprüche stellt. Der Journalist, der sich kurz fassen muß und sein Kommunikationsangebot gelingen lassen will, weiß, daß Stereotypen fast immer in der gemeinsamen Zone der Verständigungskapazität liegen. Er wird sich ihrer bedienen, wo er es für gefahrlos hält, aber eben auch dort, wo er auf jeden Fall Verständigung bewirken will. Eine Analyse der österreichischen Vorstellungen zum EG-Beitritt und der davon zu erhoffenden Balance bei Export-Abhängigkeiten wird die Aufmerksamkeit der Experten finden, die Schlagzeile »Piefkes planen Wirtschaftsanschluß« den Beifall des Boulevards.
Denn Stereotypen und erst recht Feindbilder sind nicht zuletzt Verteidigungsmittel. Wo immer eine Gemeinschaft sich schwächer fühlt, weil nebenan vielleicht wirklich der next-door-giant wohnt, rückt sie zusammen, und wenn dann gar noch einer mit Steinen zu werfen beginnt, und sei es von jenseits des Atlantiks, dann heißt es »Jetzt erst recht!«. Sachlich bringt der Stereotypeneinsatz wenig, emotional viel. »Eine Welt«, sagt Lippmann, »in der die von uns geachteten Personen sich als unwürdig erweisen und die von uns verachteten als edel, ist nervenzermürbend.« Also geben wir nicht gern zu, »daß es ein Unterschied zwischen *unserem* und *dem* Universum gibt«.

Diesem »Stereotypenmodell« können sich auch Journalisten besten Willens kaum entziehen. Wo immer der Zwang zur Kürze waltet, ordnen sich Elends- und Mißwirtschaftsbilder wie von selbst der Dritten Welt zu, werden Eishockeyspieler, wo die verschlissene Sprache es erzwingt, zu Mozartstädtern, rollen deutsche Fußballspieler wie Panzer das Feld auf. Dennoch meine ich sehen zu können, daß die Bilder- oder Wörter-Sprache der Journalistik des deutschen Sprachraums zwar nicht »besser« als früher, aber doch mehr um Differenzierung bemüht ist. Das umfang- und variantenreiche Bildangebot der verschiedenen Fernsehprogramme macht es selbst versimpelnden Printmedien zunehmend unmöglich, Süditalien als Mafia-Land und Schweden als Wohlfahrtsparadies zu stereotypisieren. Hinzu kommt, daß sehr viele Zeitgenossen aus allen Bevölkerungsschichten als Touristen Länder besucht haben, die zu Zeiten des »Pfennig-Magazins« in unerreichbarer Ferne lagen. Auch wenn nur ein Bruchteil dieser Touristen mit offenen Augen und Ohren reist, sollte es inzwischen, das heißt durch Jahre hin akkumuliert, in den Wohlstandsländern Westeuropas einige Millionen Menschen geben, die die Chance hatten, ihr Vorurteil mit der Wirklichkeit an Ort und Stelle zu konfrontieren.
Diese aus Vielfalt und Mobilität erwachsende Differenzierung könnte eine erhebliche Vorleistung für die »Ent-Feindbilderung« erbringen. Aber parallel zu ihr entwickelt sich auf den gleichen Feldern von Massenkommunikation und -tourismus ein quasi-automatisches Paradoxon: Gerade die aus der zunehmenden Differenziertheit sich ergebende Überfülle von Informationen zwingt sehr viele Menschen dazu, mit der Kapazität ihres Kopfes haushälterisch umzugehen und also zu einfachen Bildern zurückzukehren. Gedruckte und gesendete Magazine mögen die Probleme der Dritten-Welt-Länder einfühlsam und mit dem Ehrgeiz der Nuancierung vorstellen und uns glaubwürdig vermitteln, daß die Notleidenden in Äthiopien oder am Amazonas oder in Taiwan an je anderen Nöten leiden – am Ende bleibt für den Alltagsgebrauch das Bild, das Dritte Welt und Elend und Nichtbewältigung von Problemen zum handhabbaren Stereotyp koppelt.
Die Vokabel »Welt« spielt bei den Stereotypen unserer Zeit eine große Rolle. Lippmann hat das »Bild von der Welt«, wie es sich in unseren Köpfen bildet, ebensowenig primär geographisch gesehen wie fünfzig Jahre nach ihm Niklas Luhmann den »Schritt zur Weltgesellschaft«. Deren Komplexität läßt sich, soweit es um Kommunikation geht, nur mit Hilfe der Massenmedien bewältigen, das heißt durch immer neue Selektionsprozesse, die am Ende wieder zu Lippmanns lebensnotwendigen »Bildern in den Köpfen der Menschen« führen.
Die Motive des Festhaltens an den Bildern könnten sich gewandelt haben. War es früher die Angst vor dem konkreten Nachbarn als dem denkbaren Feind, so ist es heute die Angst vor zuviel Information, zuviel Differenzierung und zu komplizierter Weltgesellschaft, die Sorge um die Ökonomie unseres Aufnahmevermögens. Auch diese Angst läßt uns um unserer selbst willen gern an Stereotypen

festhalten. Wird sie um materielle Bedrohung vermehrt (Arbeitslosigkeit, Strahlengefahren und anderes), so bieten alte und neue Feindbilder eine naheliegende Zuflucht. Sie als Verteidigungsmittel benutzen zu dürfen, fühlt sich der Schwächere berechtigt, und wie wir am Fall Wackersdorf gesehen haben, greifen dann auch die Medien schnell wieder zu schwerem Geschütz.

Peter Dusek

Feindbilder aus der Geschichte

1. Schatten der Vergangenheit

Österreich im Jänner 1988: Bei einer vom Fernsehen übertragenen Zeitgeschichte-Matinee im Theater in der Josefstadt mit Simon Wiesenthal werden Flugzettel von Neonazis geworfen – daraufhin fordert der Interviewpartner Franz Ferdinand Wolf das Publikum zu demonstrativem Applaus für den Leiter des Jüdischen Dokumentationszentrums auf – das Publikum springt von den Sitzen auf und gibt »standing ovations«.
Wenige Tage später findet in Graz eine Wahlveranstaltung mit FPÖ-Chef Dr. Jörg Haider statt, die vom »Kurier« in einer ganzseitigen Bildreportage aufgegriffen wird. Der Titel lautet: »Und wieder sogn's Tschusch ...«
Im ersten Absatz erfährt man dann:
»Jörg Haider hatte die Volksmeinung wieder einmal haarscharf getroffen. Als er letztes Wochenende in Graz 180.000 Arbeitslose und 140.000 Gastarbeiter gegeneinander aufrechnete, erntete er begeisterten Spontanapplaus ... Wirtschaftlich ist diese Rechnung allerdings ein totaler Unsinn.« (Kurier, 16. Jänner 1988)
In einer Aussendung der Katholischen Aktion wird daraufhin vor einem beängstigenden Zunehmen von Freund- und Feindbildern gewarnt: die Schatten der Vergangenheit lasten fünfzig Jahre nach dem sogenannten »Anschluß« tatsächlich über Österreich. Während ein Österreichpatriotismus, der sich im Grunde erst nach 1955 voll entfalten konnte, im Zusammenhang mit den Angriffen auf Kurt Waldheim zu einem aggressiven »Chauvinismus in Rot-Weiß-Rot« verwandelte, nahm seit der Ablöse von Norbert Steger durch Jörg Haider die Betonung der »nationalen Tradition« im Lager der FPÖ eindeutig zu. Ein unwiderlegbarer Zeuge ist in diesem Zusammen-

hang wohl ein Kommentar in der rechtsradikalen Zeitung »Der Leuchtturm«, in der es im Herbst 1987 in bezug auf die Ausländer-Halt-Bewegung hieß:
»Innerhalb des national-freiheitlichen Lagers wird die Liste Ausländer Halt (LAH) weitgehend abgelehnt. Obzwar man einzelnen dort tätigen Aktivisten Idealismus und gutes Wollen zubilligt, herrscht die Ansicht vor, daß diese jungen Leute der nationalen Sache eher schaden denn wirklich nützen. Dazu kommt, daß von bestimmter Seite frohlockend die sehr mäßigen Ergebnisse bei Wahlen dahin interpretiert werden, die Nazis wären ja kaum mehr existent. Die LAH-Kandidatur wird von dieser Seite gleichsam zu einer Art Nazi-Minderheitsfeststellung gemacht, und dies aus nur zu durchsichtigen Motiven heraus: Verteufeln um jeden Preis! Burgers NDP tritt bei Wahlen längst nicht mehr an. Spätestens seit dem Zeitpunkt, da die FPÖ wieder *nationalfreiheitlich* [Hervorhebung im Original] dominiert wird, geht der Nationalen Stimme an die FPÖ! Die Ausländer-Halt-Bewegung sollte ihre Grenzen erkennen und entsprechende Schlüsse ziehen.« (Mitteilung des Dokumentationsarchivs des Österreichischen Widerstandes, Dezember 1987, S. 4)
Die Ausländerfeindlichkeit als *ein* Symptom faschistoider politischer Systeme ist allerdings in Österreich nicht auf »rechte« Gruppierungen beschränkt. Gegen die »Tschuschen« wettert auch so mancher SP-Funktionär am Biertisch. Ebenso ist der Antisemitismus quer durch alle politischen Parteien und sozialen Schichten zu finden. Denn beide Vorurteilsbündel sind tief in der österreichischen Tradition verwurzelt und stützen sich auf ein Geschichtsverständnis, das Nation und Rasse, Blut und Boden, Sprache und Kultur zu einem Amalgam vermischt, das in Leserbriefen oft zu finden und in Wirtshausdiskussionen stets zu hören war.
Die Ereignisse der vergangenen Monate haben diese unterschwelligen Traditionen noch mehr an die Oberfläche gespült. Denn Leserbriefe wie der folgende konnten bereits in einer Buchedition aus dem Jahr 1979 mit dem Titel »Alltagsfaschismus« zitiert werden – die Quelle war danach eine Tageszeitung vom Niveau der »Salzburger Nachrichten«:
»Bedauerlicherweise wird amtlicherseits bei Angaben über Geburtenzahlen nicht nach Kindern von Österreichern und Ausländern (Gastarbeitern!) aufgeschlüsselt, obwohl uns doch die ›fremden‹ Kinder nichts angehen und deren Eltern hoffentlich bald wieder Österreich verlassen werden.« (Salzburger Nachrichten, 4. Oktober 1987)
Zu diesem Zeitpunkt verwies die Meinungsforschung auf ein besonders niedriges Niveau von deklarierten Antisemiten. Allerdings waren auch damals zwanzig Prozent aller Befragten strikt »gegen die Freundschaft ihrer Tochter mit einem Orientalen«.
Der alte Nationalismus und der elitäre Rassismus der Dritten Reiches hatten offenbar tiefere Spuren hinterlassen als man wahrhaben wollte.
Und auch das Dritte Reich konnte sich auf eine mehr als hundertjährige Tradition stützen.

2. »Tod den Rasseschändern!«

Kaum ein Begriff wird im Dritten Reich so strapaziert wie die Geschichte bzw. die »Vorsehung«. Und nur »Blut und Ehre, Führer und Heimat« können da noch mithalten. Das NS-Regime wollte die Weltherrschaft dem »Germanentum« bzw. dem »Abendland« sichern. Und in allen großen Reden berief sich Adolf Hitler auf diesen Sinnzusammenhang. So auch in der berühmten »Anschluß-Ansprache« vom 15. März 1938 auf dem Wiener Heldenplatz vom Balkon der Neuen Hofburg:
»Ich kann somit in dieser Stunde dem deutschen Volk die größte Vollzugsmeldung meines Lebens abstatten. Als Führer und Kanzler der deutschen Nation und des Reiches melde ich vor der deutschen Geschichte nunmehr den Eintritt meiner Heimat in das Deutsche Reich ... Ich proklamiere nunmehr für dieses Land seine neue Mission. Sie entspricht dem Gebot, das einst die deutschen Siedler aus allen Gauen des Altreiches hierher gerufen hat, die älteste Ostmark des deutschen Volkes soll von jetzt an das jüngste Bollwerk der ... Deutschen Nation sein ...«
Diese enge Verknüpfung zwischen politischer Ideologie des Nationalsozialismus mit der Geschichte war aber nicht nur bei den Eckdaten 1933, 1938, 1939 manifest, sie läßt sich immer wieder belegen, auch dann, wenn man gar nicht damit rechnet. Etwa wenn man bei einem Mozartzyklus im Deutschen Rundfunk bei einer Übertragung von »Don Giovanni« in der Einleitung hören konnte:
»Wenn wir trotz der hohen politischen Bedeutung unserer Tage heute das Meisterwerk Mozarts, den ›Don Giovanni‹ senden, so vor allem darum, weil die Geschichte unserer Zeit nicht nur über die politische Zukunft Europas, sondern auch über das Schicksal der europäischen Kultur entscheidet – ein Wort unseres Führers Adolf Hitler: ›Da es nun keine neuen Erkenntnisse gibt, die sich nicht irgendwie aufgebaut haben auf den Erfahrungen und Beiträgen der Vergangenheit, so gibt es auch keine neue Kunst ohne Zuhilfenahme der schönsten und besten Formerkenntnisse blutmäßig gleichgearteter Vorfahren.‹« (Peter Dusek, Alltagsfaschismus, St. Pölten 1979, S. 67)
Dieses Zitat im Zusammenhang mit Mozart und Da Ponte liest sich heute doppelt makaber. Zum einen weil hier Rasse und Genialität kombiniert werden und zugleich die Verlogenheit des Systems eklatant wird. Nach den Rassegesetzen des Dritten Reiches hätte Da Ponte ebenso nicht aufgeführt werden dürfen wie Johann Strauß oder Franz Lehár. Aber bei sehr populären Künstlern »retuschierte« man einfach die historischen Dokumente und erklärte sie in der Propaganda zu »Vollariern«.
Denn nach der gültigen Lehre war nur der nordische Mensch zu genialen Schöpfungen fähig.
»Überall hat die nordische Schöpferkraft mächtige Reiche mit hoher Gesittung erstehen lassen, und über einen großen Teil der Erde sind heute noch arische Sprachen verbreitet, obwohl das schöpferische nordische Blut an vielen Stellen längst wieder dahingeschwunden

ist. Nordische Kühnheit bedingt nicht nur die kriegerische Leistung nordisch bestimmter Völker, sondern sie ist auch die Voraussetzung der mutigen Bekenntnisse zu neuen großen Gedanken.« (J. Graf, 1934, in: Horst Seidler, Andreas Rett: Das Reichs-Sippenamt entscheidet, Wien–München, 1982, S. 52–53)

Während der nordische Mensch von der Sehnsucht nach der Freiheit des Geistes getragen werde und Tatkraft mit Begabung vereine, gäbe es ein Gefälle der Rassen hinab zum Inbegriff des Negativen, zum »Juden«. Schon in »Mein Kampf« schrieb Adolf Hitler von diesem Kampf der »minderwertigsten« mit der »besten« Rasse:

»Der schwarzhaarige Judenjunge lauert stundenlang, satanische Freude in seinem Gesicht, auf das ahnungslose Mädchen, das er mit seinem Blute schändet ... So wie er selber planmäßig Frauen und Mädchen verdirbt, so schreckt er auch nicht davor zurück, selbst in größerem Umfange die Blutschranken für andere einzureißen. Juden waren und sind es, die den Neger an den Rhein bringen, immer mit dem gleichen Hintergedanken und klaren Zielen, durch die dadurch zwangsläufig eintretende Bastardierung die ihnen verhaßte weiße Rasse zu zerstören, von ihrer kulturellen und politischen Höhe zu stürzen und selbst zu ihrem Herrn aufzusteigen.« (Zitiert nach Seidler/Rett, S. 76)

Der Rassenkundler K. F. K. Günther fällte über die ostische Rasse, die in Mitteleuropa mit dem Hauptsitz in den Alpen zu finden sei, ein vergleichsweise mildes Urteil. Trotz Kleinwuchs und kurzem rundem Schädel wird diesem dunkelhaarigen Typ attestiert:

»Der Rundkopf ist nüchtern, arbeitsam, mindestens sparsam. Er ist beachtenswert klug und vergewissert sich in allen Dingen. Ohne daß es ihm an Mut fehlt, hat er doch keine kriegerischen Neigungen. Er hat Liebe zum Landbau und zur angestammten Scholle. Selten ganz unfähig, erreicht er noch seltener wirkliche Begabung ... Er ist der Mensch des Herkommens und dessen, was er gesunden Menschenverstand nennt. Der Fortschritt scheint ihm unnötig, er mißtraut ihm und will bleiben wie jedermann. Er betet die Gleichmäßigkeit an. Von Religion ist er am ehesten Katholik.« (Zitiert nach Seidler/Rett, S. 53)

In all diesen Zitaten spiegelt sich eine Weltanschauung, die sich im 19. Jahrhundert gebildet hatte: der Nationalismus, der kulturelle Räume über Sprache und Brauchtum von den politischen Formationen lösen wollte, die sich im Laufe der europäischen Staatengeschichte jahrhundertelang ohne Rücksicht auf sozio-kulturelle Phänomene gebildet hatten. In diese Definition der Kulturnation aus Sprache und Blut, Sitte und Rasse war die Darwinsche Lehre von der Entstehung der Arten »hineingeraten«. Und diese »Qualitätsunterschiede« zwischen den verschiedenen Völkern wurden im Dritten Reich voll Zynismus zur Grundlage politischer Unterdrückungsmethoden. So heißt es etwa in einer Denkschrift von Martin Bormann vom 19. August 1942:

»Die Slawen sollen für uns arbeiten. Soweit wir sie nicht brauchen, mögen sie sterben. Impfzwang und deutsche Gesundheitsfürsorge sind daher überflüssig. Die slawische Fruchtbarkeit ist unerwünscht.

Sie mögen Präservative benutzen oder abtreiben, je mehr desto besser. Bildung ist gefährlich. Es genügt, wenn sie bis hundert zählen können. Höchstens die Bildung, die uns brauchbare Handlanger schafft, ist zulässig. Die Religion lassen wir ihnen als Ablenkungsmittel. An Verpflegung bekommen sie nur das Notwendige. Wir sind die Herren, wir kommen zuerst.«
Es war eine Zeit, in der gleichzeitig der »Tod für Rasseschänder« gefordert wurde (Werbenummer der Zeitschrift »Volksruf – für Einheit und Reinheit der Rasse wie gegen Alljudas Weltmacht« vom Juni 1938). Und diese pathetischen Bilder vom Ringen der Herrenrasse mit den Kräften der Finsternis wurden bis zuletzt strapaziert. Als Joseph Goebbels am 28. Februar 1945 in aussichtsloser Situation noch ein letztes Mal versuchte, den Kampfgeist der schwergeschlagenen NS-Armeen zu reaktivieren, da griff er wieder auf die Geschichte zurück und verwendete ein Motiv, das im 19. Jahrhundert viele Dichter besungen hatten: die Rabenschlacht.
»Wie unsere Väter so oft in unserer Geschichte, so werden auch wir den Sturm der Mongolen gegen das europäische Kernland brechen. Wir werden uns wie sie mit einer fanatischen Wut und einem zähen Haß dagegen verteidigen, daß auch von uns einst die Sage berichten kann, die Toten hätten nach den Tagen der heißen Schlachten in den dunkel-drohenden Nächten in den Lüften weitergekämpft.« (Goebbels, 28. Februar 1945)

3. O Deutschland, heil'ges Vaterland

Die pathetische Berufung auf das deutsche Mittelalter, auf die Zeit der Völkerwanderung und auf die Rabenschlacht reicht tief ins 19. Jahrhundert zurück. Die deutsche Romantik – als Antwort auf die Französische Revolution und Napoleons Volksheere entstanden – hat jede Menge an Gedichten und Epigrammen aus diesem – in der Rückblende – »deutschtümelnden Dunstkreis« hinterlassen. Und wenn die Völkerschlacht bei Leipzig im Jahr 1813 von Theodor Körner mit der Rabenschlacht verglichen wird, dann ist dies ein Beispiel von vielen:

»... Was braust dort im Tale die laute Schlacht,
Was schlagen die Schwerter zusammen?
Wildherzige Reiter schlagen die Schlacht,
Und der Funke der Freiheit ist glühend erwacht
Und lodert in blutigen Flammen.
Und wenn ihr die schwarzen Reiter fragt:
Das ist Lützows wilde, verwegene Jagd.

... Die wilde Jagd und die deutsche Jagd
Auf Henkersblut und Tyrannen! –
Drum, die ihr uns liebt, nicht geweint und klagt!
Das Land ist ja frei und der Morgen tagt,
Wenn wir's auch nur sterbend gewannen!

Und von Enkeln zu Enkeln sei' nachgesagt:
Das war Lützows wilde, verwegene Jagd.«

Und im »Vaterlandslied« hatte Ernst Moritz Arndt 1812 gedichtet:

»Der Gott, der Eisen wachsen ließ,
Der wollte keine Knechte,
Drum gab er Säbel, Schwert und Spieß
Dem Mann in seine Rechte,
Drum gab er ihm den kühnen Mut,
Den Zorn der freien Rede,
Daß er bestände bis aufs Blut,
Bis in den Tod die Fehde.

... O Deutschland, heil'ges Vaterland!
O deutsche Lieb und Treue!
Du hohes Land! Du schönes Land!
Dir schwören wir auf's neue:
Dem Buben und dem Knecht die Acht!
Der füttre Krähn und Raben!
So ziehn wir aus zur Hermannsschlacht
Und wollen Rache haben.«

Für die Freiheit des Vaterlands leben und sterben, das war eine Parole, die eine ganz besondere Anziehungskraft ausübte. Denn von der Grundidee her war der Nationalismus eine Absage an die Monarchie, und die bürgerliche Aufklärungsbewegung hatte auch in Deutschland die Französische Revolution zunächst begrüßt. So heißt es im Jahr 1789 in Hölderlins »Hymne an die Freiheit«:

»Dann am süßen, heißerrungnen Ziele,
Wann der Ernte großer Tag beginnt,
Wenn verödet die Tyrannenstühle,
Die Tyrannenknechte Moder sind,
Wenn im Heldenbunde meiner Brüder
Deutsches Blut und deutsche Liebe glüht:
Dann, o Himmelstochter! sing ich wieder,
Singe sterbend dir das letzte Lied.«

Diese Gleichschaltung von »nationaler Befreiung« und »Tod den Tyrannen« wurde sehr bald zum Kampfruf gegen Napoleons Heere, und die Gleichsetzung von Blut und Sprache, Volkscharakter und nationaler Unabhängigkeit griff wie ein geistiger Virus um sich, der in Zeiten revolutionärer Aufbruchsstimmungen besonders klar zum Ausdruck kam. Anton Alexander Graf Auersperg, der als Anastasius Grün in der Vormärzzeit mit den »Spaziergängen eines Wiener Poeten« berühmt geworden war, veröffentlichte im Revolutionsjahr 1848 das Gedicht »Frühlingsgruß« an die Frankfurter Nationalversammlung, in dem die großdeutsche Ideologie des 19. Jahrhunderts besonders klar zum Ausdruck kommt.

Der Nationalismus als ideologischer Virus des 19. Jahrhunderts blieb nicht auf die Deutschen beschränkt. Am Beginn des 19. Jahrhunderts war die tschechische Oberschicht fast vollständig im deutschen Kulturkreis aufgegangen. Nur noch die Landbevölkerung und die sozialen Unterschichten in Böhmen und Mähren sprachen tschechisch. Und innerhalb weniger Jahrzehnte berief sich das tschechische nationale Lager auf Handschriften, die vom Kampf des tschechischen Volkes gegen die Tataren berichten, von »Libussa's Gericht« handelten oder die Taten des König Wenzel aufzählten. Das tschechische Nationalbewußtsein, das sich dann in Smetanas »Moldau« in Töne wandelte, wurde nicht im geringsten erschüttert, als in den achtziger Jahren des vorigen Jahrhunderts ein Gutteil dieser frühen Dokumente als Fälschungen eines Bibliothekars nachgewiesen werden konnten. Die Flamme des tschechischen Nationalismus war schon so kräftig, daß so mancher das Ende des »Völkerkerkers« der Habsburgermonarchie heraufdämmern sah. Doch mitten in den nationalen Selbstfindungsprozessen wucherte die negative Spielart des Nationalismus – der Antisemitismus. Und er war im 19. Jahrhundert tiefer verwurzelt, als wir heute zumeist wahrhaben wollen. Selbst ein Dichter wie Franz Grillparzer, auf den sich österreichische Identitätsbildung nach 1945 maßgeblich aufbaut, war nicht davor gefeit. Abgesehen davon, daß man die großdeutsche Grundideologie Grillparzers zumeist »vergißt«. (Grillparzer zu Königgrätz 1866: »Als Deutscher bin ich geboren – bin ich noch einer?«) Auch seine Tagebucheintragungen, die ihn als Antisemiten ersten Ranges ausweisen, werden zumeist »übersehen«. So heißt es etwa in seinem »Tagebuch auf der Reise nach Deutschland« (1826) über seinen Pragbesuch:

»In der Judenstadt gewesen, Schmutz, Schmutz, Schmutz. Man begreift, warum dies Volk keine Schweine ißt, es wäre eine eigentliche Menschenfresserei. ... Diese Stadt hat mich einiger Maßen mit der böhmischen Nation ausgesöhnt, die ich nie habe leiden mögen. Eigentlich sollte man über kein Volk aburteilen, bevor man es in seiner Heimat gesehen. Ist nicht der Italiener, daheim klug wie keiner, in der Fremde häufig die eigentlichste Karikatur?«

4. Die Russen und die Serben, die hau'n wir jetzt in Scherben

Der Nationalismus des 19. Jahrhunderts, gespeist aus einer darwinistischen, plumpen Gleichsetzung von Erbanlage und Sprache, hat sich sehr rasch wie eine Seuche ausgebreitet. Hand in Hand mit seinem Negativzerrbild, dem Antisemitismus, hat er im 20. Jahrhundert immer wieder fatale Folgen gezeitigt. Wenn wir zuletzt eine Zitatenabfolge bringen, in der die Russen und die Italiener oder das Weltjudentum pauschal verurteilt werden, dann sollte dies ein Denkanstoß dafür sein, wie fragwürdig diese Klischees sind. Aber wer kann behaupten, daß der geistige Virus des Nationalismus ausgerottet ist?

Felix Dörmann, 1914:

»Die Russen und die Serben,
Die hau'n wir jetzt in Scherben,
Und einen festen Rippenstoß
Kriegt England und der Herr Franzos.
Wir werden's euch schon geben,
Jetzt sollt ihr was erleben,
Das große Maul habt ihr allein –
Wir, aber wir, wir pfeffern drein. ...«

Ein Jahr später verließ Italien den Dreibund und mußte sich als »Verräter« in diversen Schmähschriften beschimpfen lassen.

Adolf Hitler: »Wenn es dem internationalen Finanzjudentum in- und außerhalb Europas gelingen sollte, die Völker noch einmal in einen Weltkrieg zu stürzen, dann wird das Ergebnis nicht die Bolschewikisierung der Erde und damit der Sieg des Judentums sein, sondern die Vernichtung der jüdischen Rasse in Europa.«
Alfred Rosenberg, »Mythus des 20. Jahrhunderts«: »Entweder steigen wir durch Neuerleben und Hochzucht des alten Blutes, gepaart mit erhöhtem Kampfwillen, zu einer reinigenden Leistung empor, oder aber auch die letzten germanisch-abendländischen Werte der Gesittung und Staatenzucht versinken in den schmutzigen Menschenfluten der Großstädte, verkrüppeln auf dem glühenden, unfruchtbaren Asphalt einer bestialisierten Unmenschheit oder versickern als krankheitserregender Keim in Gestalt von sich bastardierenden Auswanderern in Südamerika, China, Holländisch-Indien, Afrika.«
Der Stoff, aus dem die nationalen Pauschalurteile gewebt sind, läßt sich rasch aufzählen: Pauschalierung in extremer Weise, der Appell an Gefühlswerte wie »eigenes und fremdes Blut«; der Rückgriff auf den Zitatenschatz der Geschichte und die Verwechslung von kultureller Sozialisation mit genetischer Anlage.
Im Grunde gehört der Nationalismus in ein Weltbild, in dem es Riesen und Zwerge, Hexen und Dämonen, Feen und Magier gibt: der blonde Prinz Siegfried, der riesige Uncle Sam und der menschenfressende Bolschewik, die häßliche Hexe Juda und der kleine Däumling Herr Österreicher, der von all diesen Geschöpfen bedroht wird. Wenn man die Massenmedien-Berichterstattungen rund um die Alpenrepublik der letzten Jahre analysiert, wird man sich diesem Urteil anschließen können: Die Feindbilder florieren wie noch nie, und die nationalen Stereotypen breiten sich immer mehr aus.

Hans Spatzenegger

Zum Thema

Symposion Feindbilder
Wie Menschen miteinander umgehen
Vorurteile, Klischees, Konflikte

»Überhaupt besteht die Kunst aller wahrhaft großen Volksführer zu allen Zeiten in erster Linie mit darin, die Aufmerksamkeit eines Volkes nicht zu zersplittern, sondern immer auf einen einzigen Gegner zu konzentrieren.«

Adolf Hitler in: Mein Kampf

Es gibt ganze Kartotheken mit Feindbildern, wohlsortiert nach Vorurteilen und Gegensätzen, traditions-, erziehungs-, klischeebedingt. Jeder einzelne betätigt sich als Schwarzweißmaler und liebevoller Sammler, jedes Volk hat seine nationale Galerie.

Haben die Feindbilder – wie die Aggressionen überhaupt – ihre Ursache im Menschen selbst, verdanken wir sie gesellschaftlichen Einflüssen, oder haften Biologie und Sozietät zur ungeteilten Hand? Braucht man sie, um die Identität zu festigen oder seine eigene Unzulänglichkeit zu rechtfertigen, um Konflikte nach außen zu verlegen und die Reihen fest geschlossen zu halten? »Ich bin meine Beziehungen«, gibt der Anthropologe Gregory Bateson zu bedenken.

Freilich existieren auch positive Vorurteile und Images (sie erleichtern uns gelegentlich sogar den Alltag), aber leider kommen sie meist nicht ohne die berüchtigte Kehrseite aus. Und dieses »Sündenbock«-Denken stellt eine wesentliche Säule dar, auf die Faschismus und Totalitarismus bauen.

In diesem Sinne versteht die Salzburger Landesregierung dieses Symposium bewußt als Anfang ihrer Aktivitäten zum »Bedenkjahr«. Der Wunsch, an weiteren sieben Abenden mit einem aufklärenden, selbstkritischen Rundumblick die geopolitischen Beziehungen Österreichs abzutasten (und damit die erfolgreiche »Zeitzeugen«-Reihe fortzusetzen), entstand 1986, nachdem unser narzißtisch gepflegtes Selbstporträt ein paar Kratzer erfahren hatte.

Neuer Firnis und zusätzliche Farbtupfer werden Feindbilder nicht in Freundbilder verwandeln; aber könnten nicht auch diese einer offenen, mündigen Beziehung zu den Nachbarn im Wege stehen? Es sei denn, man hält es mit Robert Musil: Man hat Freunde, daß man nicht eitel wird.

Hugo Portisch

Vom Umgang mit Feindbildern

Feindbilder kennen wir alle. Viele von uns sind den Umgang mit ihnen gewohnt, tragen sie zum Teil im Kopf und in ihrer Seele. Mediziner und Psychiater können uns erklären, woher sie kommen, wie sie sich entwickeln, warum sie vielleicht sogar notwendig sind und weshalb wir sie nicht loswerden können.

Aber auch Historiker und Politologen können uns über die verheerende Wirkung solcher Feindbilder Bescheid geben.

Der Journalist kann auf die Frage, was ein Feindbild ist und wie es entsteht, sicher nur unvollständig antworten, aber den Umgang mit Feindbildern, den kennt er. Und den kenne ich besonders gut, seit ich mich in den letzten Jahren zunehmend mit der österreichischen Geschichte beschäftigt hatte. Denn gerade die jüngste österreichische Geschichte – also die Zeit ab 1918 – strotzt nur so von Feindbildern. Ja mehr noch: Ich behaupte, daß diese österreichische Geschichte seit 1918 gar nicht ihren Verlauf hätte nehmen können, wenn nicht so viele Österreicher Feindbilder in sich getragen hätten.

Als Journalist aber kann ich nicht umhin, wenn ich über Feindbilder nachdenke, auch die gegenwärtige Situation miteinzubeziehen. Und das Österreich von heute beginnt wieder – sehr zur Überraschung, auch sehr zum Entsetzen vieler –, Feindbilder neu aufzubauen und alte auszugraben.

Aber versuchen wir das Phänomen des Feindbildes zunächst historisch zu beleuchten:

Im Jahr 1945, unmittelbar nach dem Ende des Krieges, da wußten die damaligen Politiker dieses Landes, daß sie den Aufbau dieser Zweiten Republik nur bewerkstelligen können, wenn sie das alte Feindbildschema radikal und schnell abbauen. Das haben sie getan, indem sie als Politiker der ersten Stunde diese Feindbilder gleichsam in die Vergangenheit drängten.

Etwa nach dem Motto:

Wir haben uns in der Ersten Republik bekämpft, wir haben uns die Schädel eingeschlagen und dabei den großen gemeinsamen Feind, der uns und unsere staatliche Existenz bedroht, verharmlost oder gar nicht gesehen.

Wir haben einen schrecklichen und mörderischen Krieg durchgemacht und haben einander – die Feinde von gestern – in den Konzentrationslagern wieder getroffen. Und auf der Lagerstraße, inmitten dieses Krieges, bedroht von einem unmenschlichen System, haben wir einander, Christlichsoziale und Sozialdemokraten, »Schwarze« und »Rote«, die Hände gereicht, ist es zu einer ersten Versöhnung und zu einem ersten »niemals wieder« gekommen.
Nun, die Männer und Frauen der ersten Stunde der Zweiten Republik, die kamen zum Teil eben aus den Konzentrationslagern, und sie haben daher noch Erfahrung und Erkenntnis mitgebracht. Sie wußten, daß dieses Land nur gemeinsam wieder aufgebaut werden kann, daß die Existenz dieses Landes nur in gemeinsamer Arbeit und gemeinsamem Gespräch zu sichern ist.
Und so ist es in Österreich nach 1945 gelungen, aus der scheinbaren Unabwendbarkeit des Klassenkampfes in der Ersten Republik, in gemeinsamer Arbeit, in gemeinsamem Gespräch und in gemeinsamer Diskussion die »Sozialpartnerschaft« zu entwickeln, die »sublimierte Form des Klassenkampfes«, wie sie Bruno Kreisky einmal genannt hat.
Man hat sich in der Zweiten Republik sogar darangewagt, das Urfeindbild dieses Landes, den Antisemitismus, zu bekämpfen. Allerdings: nicht sehr intensiv, nicht sehr energisch, nicht sehr konsequent.
Es gibt nach dem Holocaust nur mehr wenige Juden in diesem Land, und wer zurückdenkt und inzwischen die volle Tragweite dessen weiß, was geschehen ist, der kann sich dieses Feindbildes nur schämen.
Nun ist sicher vieles und vielerlei getan worden, um auch dieses Feindbild und manches andere abzubauen: durch die Regierung und die Gesetzgebung, durch die Öffentlichkeit und die Medien, manches davon war sicher auch erfolgreich; und dennoch: da gab's einen »Anlaßfall«. Und kaum war dieser Fall gegeben, da waren auch die Feindbilder wieder da, scheinbar urplötzlich; und da hat sich gezeigt, daß unsere Feindbilder eben nur verdrängt, vielleicht auch vergessen waren, aber nicht wirklich abgebaut sind.
Den »Anlaßfall« muß man beim Namen nennen: es ist der »Fall Waldheim«, heute schon in höherem Maße ein »Fall Österreich«. Daraus aber sind abermals erschreckende Konsequenzen abzuleiten; denn nunmehr ist Österreich, ist dieses Land ein Feindbild: für die internationale Öffentlichkeit, für die internationalen Medien, zum Teil auch für die internationale Politik.
Wenn ich hier die Betonung auf »Feindbild« lege und nicht auf »internationale Kritik« an Österreich, so hat das seine Gründe.
Kritik ist positiv, Kritik kann auch aufbauend sein, mit Kritik kann man sich auseinandersetzen, auch dann, wenn sie unangenehm ist. Beim »Anlaßfall Waldheim«, der ein »Fall Österreich« geworden ist, war und ist das nicht immer so. Da werden diesem Staat und seinen Bewohnern zum Teil schon Dinge in einer Art und Schärfe vorgeworfen, wo sich der einzelne Staatsbürger auch persönlich und

unschuldig angegriffen fühlt. Und das führt nun sehr rasch wieder zu Feindbildern in der umgekehrten Richtung. Im Falle der Österreicher leider zum alten, uralten Feindbild: »Der Jud' ist schuld.«
So bitter das ist, muß man es aussprechen. Dieses alte Stereotyp ist wieder da, und es wird uns gerade im Hinblick auf das Gedenkjahr 1988 noch zu schaffen machen. Denn eines ist klar: Gerade das Jahr 1988 wird uns keine Erleichterung der Situation bringen, wir können uns nicht der Illusion hingeben, daß sich alles wieder beruhigen wird.
Ein Beispiel kann die Situation vielleicht illustrieren: Thames Television, eine der großen britischen Privatfernsehketten, plant für März 1988 ein sechstägiges Gerichtsverfahren, mit Richtern, Anklägern, Verteidigern und über 100 Zeugen. Das Verfahren trägt den Titel »The Waldheim Tribunal« und wird über Thames Television allen Fernsehanstalten der Welt angeboten werden. Auf der Anklagebank sitzt symbolisch nicht nur Kurt Waldheim, sondern der Nationalsozialismus, aber auch Österreich und die Österreicher insgesamt. Und wenn man auch davon ausgehen wollte, daß dieses Verfahren fair sein wird, so wird doch die Rolle Österreichs im Jahr 1938 und davor genau analysiert werden; ja mehr noch: es wird auch gefragt und untersucht werden, wie Österreich nach 1945 mit seiner Geschichte umgegangen ist.
Wie war dieser Umgang in den letzten Jahrzehnten? Korrekt, analytisch, schlampig? Was alles hat man aufgearbeitet, was hat man verdrängt, vergessen und unter den Teppich gekehrt?
Nun kann man mit Recht sagen, daß der Nationalsozialismus nicht allein eine Angelegenheit Österreichs ist, sondern mindestens ebenso eine Frage Deutschlands. Ja, eigentlich auch – vor allem wenn man die Politik vor 1938 betrachtet – ein Problem Frankreichs, Englands und Italiens. Warum also gerade Österreich?
Nun, zum einen muß in diesem Zusammenhang sicher festgehalten werden, daß Deutschland ein sehr großes Land ist, EG-Mitglied und Nato-Verbündeter, da tut man sich schwerer.
Was aber wichtiger ist: In der Bundesrepublik ist in den letzten vierzig Jahren tatsächlich mit größter Akribie versucht worden, die Vergangenheit aufzuarbeiten; schonungslos. Die Bundesrepublik hat sich als Staat schuldig bekannt an den Verbrechen des Dritten Reiches, hat ganz wesentlich Mitverantwortung übernommen und überaus viel an Wiedergutmachung geleistet.
Zum anderen aber ist 1988 eben ein Gedenkjahr, und in diesem Gedenkjahr spielt der »Anschluß Österreichs« im Jahr 1938 eine zentrale Rolle.
Wenn man nun weiß, daß alle Medien, vor allem aber das Fernsehen, einen »Aufhänger« brauchen, um zu berichten, dann ist klar, daß gerade der »Anschluß Österreichs« natürlich ein besonderes Medienspektakel abgeben kann. Ein Faktum wird nämlich in diesem Zusammenhang gerne vergessen:
Goebbels hat 1938 nicht weniger als sechzehn der besten deutschen Kamerateams nach Österreich geschickt, die den Anschluß gefilmt haben. Und diese Teams haben natürlich im Sinne ihres Auftragge-

bers die jubelnden Massen gefilmt, auf den Straßen der Städte, in den Dörfern, auf dem Heldenplatz in Wien und wo auch immer. Diese Filme zeigen den »Blumenfeldzug« des deutschen Heeres, sie zeigen jubelnde, hysterisch-verzückte Massen, und sie zeigen nicht die Leute, die weinend zu Hause gesessen sind. Sie zeigen nicht den Terror der Nationalsozialisten, sie zeigen nicht die Verhaftungen und Mißhandlungen schon in den ersten Tagen, sie zeigen keine Transporte ins KZ, und sie zeigen keinen Widerstand, der ebenfalls schon ab dem ersten Tag da war. Diese Filme gibt es, Dutzende Stunden, und sie werden im März über die Bildschirme aller Fernsehanstalten der Welt flimmern.

Allein auf Grund dieser Filme wird Österreich nicht gut dastehen. Aber es wäre nun völlig falsch, diese Situation dazu zu benutzen, um trotzig oder gekränkt neue Feindbilder »gegen die anderen« aufzubauen. Viel wichtiger ist es, sich selbst, uns alle kritisch zu fragen, wie wir wirklich sind, wie wir wirklich im Umgang mit dieser Geschichte dastehen. Es geht dabei nicht sosehr um eine Verteidigung nach außen als um eine Analyse nach innen. Erst dann, wenn wir selbst mit unserer Geschichte fertig geworden sind, können wir mit Sicherheit und Festigkeit auch nach außen hin auftreten und sagen: »Ja, das stimmt« bzw. »Nein, so stimmt es nicht!«

Viele behaupten nun, so etwas geht nicht, oder es geht nicht mehr. Ich bin da aber anderer Ansicht und möchte das an einem kleinen Beispiel illustrieren, das mich selbst sehr beeindruckt hat.

Vor nicht allzulanger Zeit habe ich in einem kleinen Ort Niederösterreichs einen Vortrag über Österreich und seine Geschichte gehalten, seine Stellung in der Welt; sein Fremdbild und sein Selbstbild.

Ich habe dort, unter den etwa zweihundert Zuhörern, das typische Publikum eines solchen Ortes vorgefunden. Lehrer und Apotheker, Ärzte und Kaufleute, Beamte und viele junge Leute. Das typische Milieu eines kleine Ortes, von dem man vorschnell sagen könnte: Hier herrschen alle typischen Vorurteile, hier sind die klassischen Feindbilder zu Hause. Und bewußt sehr provokant habe ich meinen Zuhörern erzählt, worin meiner Meinung nach die Schuld Österreichs liegt, wo, wie und wann immer wir uns schlecht benommen haben, wie unmenschlich wir uns vor allem gegenüber unseren jüdischen Mitbürgern benommen haben und was wir eigentlich der Welt insgesamt und diesen Mitbürgern im besonderen heute noch schuldig sind.

Dieser provokante Vortrag – so meinte ich – würde heftige Abwehrreaktionen hervorrufen, denn das sagen mir immer meine Politikerfreunde in Wien. Immer wieder höre ich, man kann und darf diese Wahrheiten nicht »ungeschützt« sagen, weil man dadurch die Leute verärgert und womöglich in ein anderes politisches Lager treibt.

Nun, in diesem kleinen Ort in Niederösterreich war das Gegenteil der Fall. Die anschließende lange und lebhafte Diskussion hat gezeigt, daß man den Menschen dieses Landes sehr wohl die Wahrheit zumuten kann, wenn man sie ihnen entsprechend erklärt, und daß es daher auch möglich ist, Feindbilder – alte und klassische Feindbilder – abzubauen . . .

Warum sage ich das? 1988 wird Österreich als Feindbild international wieder auftauchen, und das birgt die Gefahr in sich, daß auch wir in diesem Land wieder neue Feindbilder aufbauen und entstehen lassen. Das aber halte ich für gefährlich, für uns selbst, für unsere Innenpolitik, für unser gesamtes politisches Klima ...

Gehen wir nochmals zurück in unserer Geschichte zum Jahr 1938: Der Hauptvorwurf, der Österreich trifft, ist der, daß wir nicht sauber trennen zwischen unserer Rolle als Täter und unserer Rolle als Opfer.

Daraus resultiert der Vorwurf, daß wir österreichischen »Schlawiener« uns aus der Geschichte davonstehlen wollen, in unserem schlampigen Umgang mit der Vergangenheit zwar die Opferrolle betonen, die Täterschaft aber verschweigen.

Versucht man auf diesen Pauschalvorwurf eine korrekte Antwort zu geben, muß man – wie so oft – differenzieren.

1. In der Moskauer Deklaration der vier Alliierten wird festgestellt, daß Österreich das erste Opfer der nationalsozialistischen Aggression war. Das ist historisch richtig. Denn im März 1938, als Bundeskanzler Schuschnigg eine Volksabstimmung über die Unabhängigkeit Österreichs ansetzte, wurde diese unter massivem nationalsozialistischen Druck verhindert. Man ist sich heute einig, daß diese Volksabstimmung eine solide Mehrheit für die Unabhängigkeit Österreichs erbracht hätte. Und gerade deshalb hat sie Hitler gefürchtet, und gerade deshalb sind deutsche Truppen in Österreich einmarschiert.

Mit vollem Recht konnten daher auch die Politiker der ersten Stunde der Zweiten Republik diese Opferrolle Österreichs betonen. Diese Politiker waren ja zum Teil auch selbst Opfer, persönliche Opfer der nationalsozialistischen Aggression.

2. Es war 1945 auch eine Frage der Staatsräson, diese von den alliierten Siegermächten anerkannte Opferrolle Österreichs zu akzeptieren. Österreich galt solcherart als befreites und nicht als besetztes Land, die Alliierten erlaubten die freie politische Betätigung, sie akzeptierten die neue Regierung, sie befürworteten freie Wahlen. Welcher Politiker hätte das ablehnen sollen oder können?

3. Ganz anders die Haltung der Alliierten Deutschland gegenüber. Ihrer Meinung nach war allein Deutschland am Krieg schuld, war schuld an den unmenschlichen Verbrechen der Nazizeit. Die Deutschen müßten sich erst einmal zu ihrer Schuld bekennen, müßten sich zur Wiedergutmachung verpflichten, ehe ihnen überhaupt politische Tätigkeit gestattet würde. Deutschland hat es also zuerst wesentlich schwerer gehabt als Österreich – auf lange Sicht vielleicht aber wieder leichter.

Als Bundeskanzler Willy Brandt im Ghetto von Warschau niederkniete, hat er damit dokumentiert, daß er als Vertreter des deutschen Volkes Schuld bekennt und Verantwortung übernimmt. In Österreich hätte man eine solche Handlung eines österreichischen Bundeskanzlers kaum verstanden.

4. Und doch: So einfach, wie uns heute vielfach vorgeworfen wird, hat es sich Österreich auch nicht gemacht. Österreich hat zwar nach

außen die Opferrolle betont, aber nach innen sehr wohl gewußt, welche Rolle dieses Land zwischen 1938 und 1945 gespielt hat.
Österreich hatte 1945 die strengste Kriegsverbrechergesetzgebung Europas in Kraft gesetzt. Gegen 23.000 Personen wurden Vorerhebungen durchgeführt, 13.000 Personen standen vor Volksgerichtshöfen und wurden zu zum Teil hohen Gefängnis- und Kerkerstrafen verurteilt, 42 Todesurteile wurden verhängt und 32 auch vollstreckt. Wer die Zeitungen der damaligen Zeit liest, der findet in ihnen seitenlange Berichte über diese Prozesse, die ja in fast allen Fällen auch eine grundsätzliche Auseinandersetzung mit den Verbrechen des Nationalsozialismus waren, und mit der Tatsache, daß auch Österreicher diese Verbrechen begangen haben.
Da wurde nichts unter den Teppich gekehrt, auch nichts beschönigt. Die Volksgerichte tagten bis in das Jahr 1957. Erst danach ging die Kriegsverbrecherverfolgung auf normale Geschworenengerichte über, erst ab dann gab es die unverständlichen Freisprüche, auf die sich heute viele Vorwürfe beziehen.
Österreich hat 1945 auch als eines der ersten Länder ein Straf- und Sühnegesetz für Nationalsozialisten erarbeitet. Rund 550.000 ehemalige Nationalsozialisten mußten sich registrieren lassen, hunderttausend verloren daraufhin ihre Posten, viele bekamen Berufsverbot, alle mußten Sühneabgabe leisten, nicht wenige wurden in ihren Pensionen zurückgereiht, manche verloren sie überhaupt.
Aber man kann kein zerstörtes Land aufbauen, wenn man 550.000 Menschen ausgrenzt; politisch, wirtschaftlich, sozial. In ganzen Regionen fehlten auf Grund des Berufsverbotes die Ärzte, die Lehrer, die Apotheker, die Beamten. So begann sehr bald die Intervention: einerseits der Politiker und andererseits auch der Alliierten. Und die Sowjets waren ebenso für Amnestien wie die Amerikaner, die übrigens mit Beginn des kalten Krieges zum Beispiel den ehemaligen Auslandsdienst der SS für sich engagiert und in Gmunden angesiedelt hatten.
Und als 1949, bei der zweiten Nationalratswahl in der Zweiten Republik, die ehemaligen Nationalsozialisten wieder wahlberechtigt waren, setzte geradezu zwangsläufig ein Wettlauf der Parteien um diese Stimmen ein, und zwar aller Parteien, ohne Ausnahme, einschließlich der Kommunisten. Wo es Wähler gibt, wird man sich – in einer Demokratie – um ihre Stimmen bewerben. Der Fehler lag woanders: Man warb vielfach nicht um die Stimmen von Geläuterten, von Einsichtigen, sondern glaubte, mehr Zulauf zu haben, wenn man sie noch immer als Nationalsozialisten ansprach: »Kommt zu uns, wir tun was für euch!«
Aber der grundsätzliche Fehler lag meiner Ansicht nach ganz woanders. Der lag darin, daß wir nicht viel weiter zurückgegangen sind mit unserer Gewissenserforschung. Viel weiter zurück als bis zum Jahr 1938. Die meisten Leute, die 1938 Hitler zugejubelt haben, waren nämlich schon lange vorher für diese Empfänglichkeit konditioniert worden. Beginnen wir:
1918: Das erste Gesetz, das sich die junge Republik gibt, heißt: »Deutschösterreich ist ein Teil der Deutschen Republik.«

Aber Österreich wird von den Siegermächten des Ersten Weltkrieges der Anschluß an Deutschland verboten. Der Protest in Österreich ist stark und einhellig; Sozialdemokraten und Christlichsoziale sind durchaus einer Meinung, Otto Bauer tritt aus Protest als Staatssekretär des Äußeren zurück, Renner protestiert, das Parlament protestiert: »Neue Freie Presse«, »Reichspost«, »Arbeiter-Zeitung« sind sich einig in ihrer Empörung: Österreich, dieser »Rest«, sei nicht lebensfähig; die Sieger verurteilten durch ihr Diktat dieses Österreich zum Tod ... das ist die Meinung damals. Der Ausweg: Nur ein Anschluß an Deutschland könnte Österreich retten.
1920: Wahlkampf. Auf einem Wahlplakat der Christlichsozialen fegt ein Riese, ein christlichsozialer Riese, die Schmarotzer der Nation in den Abgrund. Diese Schmarotzer sind Schieber, Kriegsgewinnler, Bolschewiken, »blutsaugende Wucherer« – und sie sind durchwegs gezeichnet als Juden, in einer Art, wie sie Jahre später im »Stürmer« gezeichnet werden. Das »Feindbild Jud« ist da; wieder da, denn es hat in Österreich Tradition. Auf einem sozialdemokratischen Plakat wieder schützt ein riesiger Arbeiter Frauen und Kinder vor vier Personen, vor vier Gesellschaftsgruppen: den Offizieren, den Adeligen, den »Pfaffen« und den Kapitalisten. Und dieser Kapitalist ist ebenfalls ein Jude, der »Bankjude«; »Feindbild Jud« als Bestandteil des Klassenkampfes. Auf dem Plakat der Deutschnationalen sind die Juden fette Teufel, die auf Geldsäcken sitzen und sich vom versklavten Volk den Karren ziehen lassen ... »Feindbild Jud«. »Der Jud ist schuld«, dieser schreckliche Slogan der Ersten Republik wird bereits 1920 (!) umgesetzt auf einem Wahlplakat mit dem Titel: »Die Juden sind unser Unglück!«
Nun könnte man meinen, das seien einzelne Überzeichnungen, geboren aus einem überhitzten Wahlkampf. Die historische Wahrheit ist leider anders.
Leopold Kunschak, christlichsozialer Arbeiterführer, Demokrat, nach 1945 erster Nationalratspräsident der Zweiten Republik, fordert allen Ernstes – auch 1920 –, die zugewanderten Juden aus Österreich auszuweisen; sollten sie aber nicht freiwillig gehen, sie in »Konzentrationslager« zu sperren.
All das ist nachzulesen in der »Reichspost«, wie auch in den Protokollen des Nationalrats und des Wiener Gemeinderats.
Albert Sever, sozialdemokratischer Landeshauptmann von Niederösterreich, erläßt eine Deportationsorder für alle nach 1914 Zugewanderten. Daß diese Deportation nach Galizien nicht durchgeführt wurde, liegt nicht zuletzt daran, daß die Bundesbahnen keine Waggons hatten, weil diese im Zuge der Kriegsreparationen von Italien beschlagnahmt worden waren.
Hier wurde in Österreich ein »Feindbild« entwickelt, das noch nichts mit Hitler und dem Nationalsozialismus zu tun hatte; der Boden aber für Hitler wurde vorbereitet.
1938: In Österreich gibt es im Jänner 600.000 Arbeitslose, ein Teil von ihnen ausgesteuert, also ohne jegliche Unterstützung, und zusätzlich 400.000 Kurzarbeiter – insgesamt eine Million! Im Deutschen Reich aber gibt es keine Arbeitslosigkeit mehr. Ist es nicht irgendwo

verständlich, daß unter diesen Umständen viele im »Anschluß« eine neue Hoffnung sehen? Und dieser Anschluß, ist er denn nicht von den österreichischen Politikern selbst gefordert worden? Kann man erwarten, daß das Volk klüger ist als die Staatsmänner der Zeit? Und hatte Hitler denn nicht international große Reputation? 1936 bei den Olympischen Spielen in Berlin marschiert die französische Mannschaft mit dem »Deutschen Gruß« ins Olympiastadion; die Briten vereinbaren mit Hitler ein Flottenabkommen; und später schließt der englische Premier Chamberlain mit Hitler das »Münchner Abkommen«, demontiert mit ihm gemeinsam die Tschechoslowakei und rühmt sich dabei, den europäischen »Frieden für eine ganze Generation gerettet« zu haben...

Jedoch! Selbst wenn sich viel von diesen Dingen erklären läßt, so bleibt doch übrig, was unverständlich und schockierend sein muß. Denn natürlich haben die Menschen gesehen, wie dieses nationalsozialistische Regime mit seinen Gegner umgeht, wie Bürger, Nachbarn, über Nacht abgeholt werden und verschwinden, wie man die Juden auf den Straßen jagt, sie entwürdigt, dem Spott aussetzt, aus ihren Geschäften vertreibt, aus ihren Wohnungen, aus den Schulen... Und die Zeitungen, die gleichgeschalteten Zeitungen jubeln: »Herzmansky wieder unter arischer Leitung«, »Die Wiener Ärzteschaft judenfrei!«, »Keine jüdischen Rechtsanwälte mehr in Wien!«, »Die Wiener Rettung judenfrei!«... großflächige Inserate und mehrspaltige Meldungen fast täglich. Wo war da das Entsetzen? Wo war das Mitgefühl? Das Mitleid zumindest? Das »Feindbild Jud« ist in Wien, in Österreich eben nicht über Nacht entstanden, da war der Boden bereitet. Und diese Frage, »Wie konnte das geschehen?«, die wurde nach 1945 nicht ehrlich genug gestellt.

1945: Karl Renner, Staatskanzler der Ersten und der Zweiten Republik, schreibt den ersten Entwurf einer Antinazigesetzgebung. Und Renner verlangt, daß mit den Nationalsozialisten nunmehr genauso verfahren werden müßte, wie sie mit ihren Gegnern umgegangen sind. Also Anwendung der nationalsozialistischen Gesetzgebung nunmehr auf die Nazis, mit Konzentrationslagern und Todesstrafe...

Es ist dies der Vorschlag eines Mannes, der 1938 in einem Zeitungsinterview betont, daß er »freudig für den Anschluß stimmen« werde...

1945 folgt kein Wort der Erklärung, kein Wort der Betroffenheit, kein Wort, daß er sich verantwortlich fühle, so vielen, für die er Vorbild und Beispiel war, die falsche Richtung gewiesen zu haben, also auch mitverantwortlich war für das, was zwischen 1938 und 1945 geschehen ist; nichts. Kardinal Theodor Innitzer steht 1938 an der Spitze der »freiwilligen Erklärung« der österreichischen Bischöfe, die ihre Gläubigen im katholischen Land Österreich auffordert, für den Anschluß zu stimmen, und Innitzer, der diese Erklärung noch mit einem handschriftlichen »Heil Hitler« versieht, findet nach 1945 kein Wort des Bekenntnisses, daß er sich eben auch geirrt habe und daher Mitverantwortung trage.

Leopold Kunschak, 1945 zum Nationalratspräsidenten gewählt, fin-

det kein Wort zu seinen zahlreichen judenfeindlichen Äußerungen in der Ersten Republik, die gewiß nicht wenige Menschen antisemitisch konditioniert hatten.
Und so haben viele den Boden mit vorbereitet für das, was zwischen 1938 und 1945 geschehen ist, sie alle hatten eine gewisse Mitverantwortung; und gerade weil so viele politische Kräfte, gesellschaftliche Kräfte, in der Ersten Republik diesen Boden vorbereitet haben, wäre es nach 1945 notwendig gewesen, sich auch mit »der Zeit davor« auseinanderzusetzen. Ein gemeinsames Nachdenken aller, nicht nur eine Einteilung der Nation in schuldige Parteimitglieder der NSDAP auf der einen und in völlig Unschuldige auf der anderen Seite.
Wenn der bekannte deutsche Publizist Sebastian Haffner in seinem Buch »Anmerkungen zu Hitler« betont, daß seiner Meinung nach im Jahre 1945 90 Prozent der Deutschen mit Sicherheit keine Nationalsozialisten mehr waren, ja im Gegenteil das verbrecherische Gesicht dieses Regimes erkannt hatten und fest entschlossen waren, so etwas nie wieder zuzulassen, so bin ich der Meinung, daß dieser Prozentsatz und diese Aussage auch für Österreich gelten.
Nur muß aus dieser Erkenntnis auch die politische Konsequenz gezogen werden. Und die Konsequenz kann nur eine ehrliche und offene Auseinandersetzung mit der Vergangenheit sein. Die politische Führung eines Staates muß sich dabei bewußt sein, daß sie diese Auseinandersetzung mit der Geschichte nun gemeinsam mit dem Staatsvolk führen kann. Sich auf die Opferrolle Österreichs zu verlassen und damit den kritischen Nachdenkprozeß zu hemmen, stellt sich spätestens jetzt als Fehler heraus.
Diese fehlende kritische Auseinandersetzung hatte weitere traurige Folgen.
Rund 100.000 vertriebene Österreicher, die nicht nur um ihr Eigentum, sondern auch um ihre Rechte gebracht worden waren, sind nach 1945 nicht in der Form entschädigt und wieder in ihre Rechte eingesetzt worden, wie es selbstverständlich hätte sein müssen. Man hat sie nicht eingeladen, zurückzukehren, man hat im Gegenteil viele aktiv daran gehindert, in ihre Heimat zurückzukehren. In zum Teil beschämenden und unwürdigen Verfahren hat man viele um ihre Rechte und um ihr ursprüngliches Eigentum betteln lassen. Eine umfassende Wiedergutmachung hat es nicht gegeben, statt dessen immer wieder den Verweis auf Österreich als erstes Opfer der Naziaggression, das ja eben für all das nicht aufzukommen hätte; Österreich habe es doch nach dem März 1938 gar nicht gegeben. Ein Fehler, den wir in der Kritik des Auslandes zu spüren bekommen.
Als Bundeskanzler Raab im Jahre 1954 zu seinem ersten Staatsbesuch in die USA kam, wurde er – schon damals – mit Transparenten wie »Nazi-Österreich« und »Wiedergutmachung« empfangen. Das österreichische Generalkonsulat in New York wurde belagert.
Was hätte ein österreichischer Kanzler in dieser Situation tun können? Er hätte drei klärende Sätze sprechen müssen:
1. Wir wissen, daß vielen Mitbürgern, vor allem Österreichs Juden, großes Unrecht angetan worden ist.
2. Wir wissen um unsere Mitverantwortung an diesem Unrecht,

gerade weil viele von uns persönlich nicht verantwortlich gemacht werden können; aber unserer Mitverantwortung als Land, als Nation, wollen wir uns nicht entziehen und sind bereit, sie zu tragen.

3. Daraus ergeben sich moralische und materielle Konsequenzen, im Sinne einer Wiedergutmachung im ideellen und materiellen Sinn.

Diese Sätze sind nicht gesprochen worden. Nicht, weil Raab nicht wußte, daß dem so ist, sondern weil es weder in seiner Partei noch beim Koalitionspartner dafür Verständnis gab. Weil die Befürchtung zu groß war, ein solch klärendes Wort würde die Wähler zum damaligen VdU treiben.

Diese Angst aber, dieser fehlende Mut der Politiker, scheint bis heute vorhanden zu sein. Viele Politiker haben offenbar noch immer die Sorge, daß sie, wenn sie konsequent und ehrlich – und das ist nun bisweilen schmerzhaft – mit unserer Geschichte umgehen, vom Wahlvolk verlassen werden. Ich hingegen glaube, daß den Österreichern sehr wohl die Wahrheit zuzumuten ist, die bis weit vor das Jahr 1938 zurückreicht und aus der eben auch Konsequenzen zu ziehen sind, an Einbekenntnissen und Verpflichtungen. Und daß die Bevölkerung für ein wirklich klärendes, die Dinge beim Namen nennendes Wort dankbar wäre. Ja daß es als befreiend empfunden würde, da sie – die zu 70 Prozent aus bereits »Nachgeborenen« besteht – zur Zeit gar nicht verstehen kann, weshalb sie und ihr Land zum Feindbild haben werden können.

Horst-Eberhard Richter

Die Angst vor der Versöhnung

Was ist überhaupt Versöhnung? Im Alten Testament heißt Versöhnung soviel wie Entsündigung. Voraussetzungen sind ein Bekenntnis der Sünden und eine Sühnehandlung. Im alten jüdischen Versöhnungsfest sollte Aaron sich selbst, sein Haus und das Heiligtum durch ein Schlachtopfer entsühnen. Und dann sollte er über dem Kopf eines lebendigen Bockes alle Sünden des Volkes Israel bekennen. Danach sollte er diesen Sündenbock in die Wüste schicken. Wörtlich heißt es: »Daß also der Bock alle ihre Missetat auf sich nehme und in die Wildnis trage; und man lasse ihn in der Wüste.«

So ist es Gott, der die Versöhnung im Sinne von Entsündigung gewährt, als Preis für das Bekenntnis und die symbolische Sühne- oder Bußhandlung. In der alten mittelhochdeutschen Sprachform versüenen und versünen ist noch der Bezug zur Sünde und Sühne sehr deutlich, so wie es in dem alten Kirchenlied heißt: »Christ ist erschienen, uns zu versühnen.« Aber dann hat sich allmählich ein verflachender Begriff von Versöhnung herausgebildet, wie wir ihn heute im Alltag verwenden, wenn wir ihn überhaupt noch verwenden. Einzelne und Gruppen normalisieren oder entspannen ihr Verhältnis zueinander. Das Rezept für diese Art von Versöhnung lautet: einfach einen Strich darunter machen, einen Konflikt begraben, nach vorn blicken und das Vergangene hinter sich lassen, Schwamm drüber. Mit Bekenntnis und Sühne hat das nichts mehr zu tun.

Allerdings lebt die Erinnerung an das alte jüdische Versöhnungsfest in unserer Sprache fort. Wer einen anderen dafür anprangert oder büßen läßt, was er selber Schlimmes an sich hat oder angestellt hat, der macht jenen zu einem Sündenbock. Wer unausgesöhnt mit eigenen Mängeln ist, fahndet oft nach anderen Trägern eben dieser Mängel und bekämpft an ihnen stellvertretend, was er in sich selbst verdrängt. Eine solche Reaktion kann sich zwischen Individuen, zwischen Gruppen und ganzen Völkern abspielen. Der Sündenbockmechanismus ist in manchen gängigen nationalen Vorurteilen wirksam. Die Reaktion kann einseitig, aber auch wechselseitig verlaufen. Jede Seite haßt an der anderen, was sie als eigenes Problem zu sehen vermeidet. Eine solche Verwicklung kann sich in zerstörerischer Weise verfestigen. Beiderseits bildet man sich ein, man könnte in Frieden leben, wenn nur der andere weniger böse wäre. In Wirklichkeit braucht man das Bösesein des anderen zur eigenen Entlastung. Was wir heute Sündenbock-Reaktion nennen, bewirkt somit genau das Gegenteil von dem, was mit dem Sündenbock im alttestamentarischen Versöhnungsfest erreicht wurde. Wer an anderen seine verdrängten Selbstvorwürfe abreagiert, stiftet damit Entzweiung statt Versöhnung.

In jenem alttestamentarischen Ritual steckte die weise Mahnung: Erst müsse man die eigenen Mängel *eingestehen*, ehe die Entsühnung mit Hilfe des symbolischen Opfers stattfinden könne. Ohne Bekenntnis keine Versöhnung.

Nun hat in unserer Kultur die Meinung Oberhand gewonnen, daß es eines Gottes, dessen Barmherzigkeit man ohnehin nicht mehr gewiß ist, gar nicht mehr bedürfe, um mit sich ins reine zu kommen. Viele reden sich ein, daß wir zumal auf dieser Seite der Welt in einer unaufhaltsamen sittlichen Höherentwicklung begriffen seien. Wir verweisen darauf, daß es wachsenden Widerstand gibt gegen die Folter, gegen die Vergewaltigung von Frauen, gegen die Mißhandlung von Kindern und anderen Menschenrechtsverletzungen. Friedfertigkeit erscheint uns als selbstverständliches Merkmal eines jeden zivilisierten Menschen. So obliegt uns nur noch, wie es aussieht, die in unserer Welt der Freiheit und Menschlichkeit verwirklichten Werte gegen feindliche Mächte zu schützen. Denn noch sei das Böse nicht ausgerottet. Aber es drohe, so bilden sich viele gern ein, nur noch von außen in Gestalt von Fremden, Terroristen oder von dem großen feindlichen System auf der anderen Seite der Welt. In dieser Vorstellung spiegelt sich eine fragwürdige Selbstgerechtigkeit wider. Wer nicht mehr glaubt, daß es eine Entsühnung von Schuld gibt, hat Angst, sich überhaupt noch irgendwann als schuldig zu erkennen. Daher die Versuchung, sich jede Schuld überhaupt auszureden. Aber diese Verleugnung hat ihren Preis. Die vermiedene innere Schuldarbeit muß durch eine ständige Verfolgung von Feinden ausgeglichen werden. Der innerlichen Unausgesöhntheit folgt zwangsläufig eine Unversöhnlichkeit nach außen hin.

Wer seine Schuld nicht tragen will, muß hassen. Er mag sich mit anderen vertragen, solang er mit diesen ein Feindbild teilt. Aber ohne diese Abreaktionsmöglichkeit ist er zu keiner Solidarität fähig. Er braucht den Streit zur Ablenkung von seinen Selbstzweifeln. Das gilt für einzelne wie für Kollektive.

Würden einmal Außerirdische die Erde bedrohen, dann würden sich Amerikaner und Russen rasch zur Abwehr zusammenschließen, bemerkte Reagan zu Gorbatschow in Reykjavik. Ein grotesk scheinender Gedanke für viele, die meinen, daß ein friedliches Zusammenleben doch auch ohne Herausforderung durch einen äußeren Angreifer leicht möglich sein müsse. Indessen ist es, wie die sozialpsychologische Erfahrung zeigt, selbst für solche Gruppen und Organisationen nicht einfach, auf ein gemeinsames Feindbild zu verzichten, die sich speziell für den *Abbau* von Feindbildern in der

Welt engagiert haben. Wer seit langem in sozialen Bewegungen mitarbeitet, die für ein friedliches und ökologisches Zusammenleben der Menschheit eintreten, erfährt auch im eigenen Lager immer wieder die Diskrepanz zwischen dem hohen Anspruch und der Anfälligkeit für paranoides Denken.

Wie leicht gerät etwa die kooperative Solidarität, die man in der Friedensbewegung gestalten will, bei zeitweiligem Nachlassen von Außendruck in Gefahr. Da schlagen mitunter unversehens zuvor nach außen abreagierte Spannungen nach innen zurück, und plötzlich ereifert man sich über die eine oder andere interne Fraktion mehr als über verheerende Fehlentscheidungen in der Rüstungs- und Umweltpolitik.

Gerade wenn man an sozialem Verantwortungsbewußtsein und Friedensengagement den anderen voraus sein will oder gar glaubt, es zu sein, übernimmt man sich leicht und ist versucht, die dem kollektiven Selbstbild widersprechenden Anteile zu verleugnen. Was man aber nicht sehen will, kann man auch nicht mehr kontrollieren. Und so geschieht es eben, daß das verleugnete Negative irgendwann unerwartet hereinbricht und die Gruppe in schlimme Konflikte stürzt. Sie wird dann unweigerlich innerhalb des eigenen Lagers mit den gefährlichen Impulsen konfrontiert, die sie zuvor nur draußen anprangern zu müssen glaubte.

Von globaler Bedeutung ist indessen nach wie vor das Feindschaftsverhältnis zwischen den beiden großen Blöcken. Zu diesem Problem ist die Einstellung unter den Christen im Westen gespalten. Eine sehr einflußreiche Fraktion beruft sich ausdrücklich auf ihre christliche Identität, wenn sie jede echte Aussöhnung mit dem kommunistischen Osten ausschließt. Sie bedient sich dabei gern einer Sprache, die auf eine Lehre zurückverweist, die der Kirchenvater Augustinus, von dem persischen Sektenführer Mani beeinflußt, vor über eineinhalb Jahrtausenden formuliert hat. Die gesamte Geschichte hindurch, so lautet die Lehre des heiligen Augustinus, sei die Welt in ein Reich des Lichts und ein Reich der Finsternis gespalten. Zum Reich des Lichts gehören diejenigen, die Gott zur Gnade erwählt habe. Dem Reich der Finsternis seien alle diejenigen verfallen, die nicht zur Erlösung prädestiniert, sondern von Gott im Zustand der Sünde und der Schuld belassen seien. Nach Augustinus führt die Weltgeschichte unbeirrbar zu einer stetigen Verschärfung und schließlich zu einer endgültigen Trennung der beiden Reiche, mit dem Ziel seliger Unsterblichkeit auf der einen und endloser schmerrzvoller Bestrafung auf der anderen Seite.

Seitdem hat sich die Versuchung als übermächtig erwiesen, die manichäistisch-augustinische Lehre zur moralischen Legitimierung eigener Feindschaftsverhältnisse auszulegen. Unzählige Kriege und Verfolgungen fanden und finden zum Teil noch immer in der Anmaßung statt, ein christliches Lichtreich gegen das Böse zu schützen. Zur Dämpfung peinlicher Skrupel hat sich dabei die Vorstellung bewährt, daß die Feindseligkeit nicht eigentlich den bekämpften Menschen selbst, sondern dem durch sie hindurch wirkenden Satan gelte. So entmenschlichte man psychologisch die

Frauen, die als Hexen verbrannt wurden, zu bloßen Werkzeugen des Teufels. Und so verschmelzen entsprechend einer gewissen politischen Ideologie, die sich als christlich erklärt, Millionen Menschen im Osten mit dem Feindbild des Systems, in dessen Bereich sie leben.

Natürlich hat Augustinus nicht Menschen die Kompetenz zusprechen wollen, sich selber oder andere dem einen oder anderen Reich zuzuteilen. Aber er konnte diese Mißdeutung nicht verhindern, zumal die dualistische Lehre glänzend zur Scheinrechtfertigung jenes Reaktionsschemas paßt, das ich zuvor als Sündenbock-Strategie beschrieben habe. Es gibt eben keine bequemere moralische Selbstrechtfertigung als die, *äußeres* Übel zu dämonisieren und permanent zu bekämpfen. Nichts schützt sicherer vor dem Anblick der eigenen destruktiven Impulse, als ständig einen brutalen Verfolger vor Augen zu haben, gegen den zu rüsten die Verteidigung des eigenen Lichtreiches zu gebieten scheint. So entsteht die paradoxe Situation, daß man sich anscheinend gar nicht aussöhnen *darf*, um den inneren Halt zu bewahren. Bei dieser Sündenbock-Strategie kommt also genau das Gegenteil dessen heraus, wohin das alttestamentarische Sündenopfer des jüdischen Versöhnungsfestes geführt hatte. Das Eingeständnis eigener Schuld bleibt aus. Das Feindschaftsverhältnis mit dem Träger der Sündenbockrolle bleibt ungelöst, muß ungelöst bleiben.

Wer einzelne und soziale Gruppen beobachtet, für die der Sündenbock-Mechanismus geradezu zu einem Lebensschema geworden ist, sieht sie beständig auf der Suche nach politischen, ideologischen oder sonstigen Feinden, obwohl sie vorgeben, sich selbst und die Welt gerade von diesen befreien zu wollen. Wie unglücklich wären sie, hätten sie weder ein satanisches System noch aufsässige Demonstranten, lästige Ausländer, Schwule, Fixer, Verbreiter der Seuche AIDS zur Verfügung, um gegen sie Front machen zu können. Begreiflich, daß dieser Projektionszwang sie die Rufer nach Toleranz, Verständigung und Versöhnung in den gleichen Topf mit den jeweiligen Feinden werfen läßt. Zwangsläufig müssen sie humanistische Liberalität als klägliche Zaghaftigkeit, Feigheit oder Verrat uminterpretieren. Denn jeder, der das von ihnen willkürlich in Licht und Finsternis zweigeteilte Weltbild in Zweifel zieht, bedroht ihr Lebensschema.

Indessen kommen wir alle, nicht nur eine Sonderkategorie von paranoiden Scharfmachern, aus der Tradition des Mißbrauchs jener philosophisch-theologischen Konstruktion der Zweiweltenlehre von Licht und Finsternis. Wir alle teilen die Bereitschaft, unser labiles Selbstwertbewußtsein durch Herbeischaffung von Anlässen zu Empörung, Racheimpulsen und Schadenfreude zu stabilisieren. Es ist unsere gemeinsame Versuchung, diejenigen zu bekämpfen, die uns abnehmen sollen, wofür wir uns selbst hassen – so wie wir uns auch umgekehrt gern Siege mit denen zusammen erträumen, die unser positives Selbstbild bestätigen sollen.

So bleibt die große Frage, wie können wir lernen umzudenken? Wie kann, wer immer nur in den Kategorien von teuflischer Bedrohung

und unschuldigem Bedrohtwerden zu denken gewöhnt ist, eine alternative Welt- und Lebensanschauung erlernen? Und wie können diejenigen, die sich im Protest gegen Raketen, soziale Unterdrükkung und Umweltzerstörung engagiert haben, vermeiden, das polarisierte Szenario von Licht versus Finsternis, statt es grundsätzlich zu wandeln, nur zu verschieben?
Daß man mich nicht mißverstehe: Selbstverständlich ist ein großer Anteil nicht Projektion, was sich an Protest gegen solche Mächte meldet, die wohlberechnet zugunsten egoistischer Herrschafts- und Profitinteressen unverantwortlichen Schaden stiften. Aber immer nur an den anderen uns abarbeitend, würden wir Wesentliches versäumen; nämlich uns selbst in der Richtung zu verändern, in der wir die Gesellschaft verändert sehen wollen. Natürlich wird die Welt nicht automatisch gewaltärmer, indem wir uns offener mit unserer eigenen Destruktivität auseinandersetzen. Aber umgekehrt ist gewiß, daß sich in den Prinzipien der großen Politik nur soviel Humanität und ökologische Sensibilität entfalten kann, wie wir selbst verwirklichen. Ein entscheidender Schritt bleibt somit die ehrliche Annahme der verdrängten Negativseite der eigenen Identität, der eigenen Defekte, der eigenen Aggressivität, der eigenen Schuld.
Es hätte die besondere Chance für uns Deutsche sein können, in der Umkehr zu einem neuen Denken manchen anderen voranzugehen. Denn nach der kollektiven Selbstidealisierung als Lieblingsvolk der Vorsehung, zuletzt von Hitler suggeriert, hätte uns die nachfolgende furchtbare Desillusionierung vor der Bereitschaft bewahren können, uns je wieder selbstgerecht auf der Lichtseite einer dualistisch interpretierten Welt einzuordnen. Genau zu dieser verlogenen Projektion haben wir uns indessen im deutschen Westen überreden lassen, indem wir, den kalten Krieg und die anhaltende Polarisierung der Blöcke ausnutzend, nach 1945 unsere moralische Katastrophe bald vertuscht haben. Im Blick auf die Verbrechen des Stalinismus haben wir uns beeilt, die Finsternis der eigenen jüngsten Vergangenheit zu verdrängen. Die Verschärfung der Rivalität zwischen den Supermächten kam uns in jener Zeit nicht nur gelegen, sondern wurde, wie dokumentarisch belegt ist, durch die Politik Adenauers gelegentlich sogar aktiv begünstigt.
Ich möchte daran erinnern: Schon 1955 war Konrad Adenauer, wie der britische Staatssekretär Kirkpatrick dokumentiert hat, gegen einen europäischen Sicherheitsvertrag. Er habe, so hat Adenauer Kirkpatrick anvertraut, kein Vertrauen in das deutsche Volk, und er sei besorgt, eine künftige deutsche Regierung könnte sich anstelle fortschreitender Westintegration mit den Russen verständigen wollen. 1963 war es wiederum Konrad Adenauer, der diesmal John F. Kennedy bremste, als dieser sich mit den Russen auf eine Reihe von Entspannungsschritten eingelassen hatte. Es ist belegt, daß Adenauer heftig gegen das Tempo dieser Entspannungsbemühungen protestierte, u. a. mit dem Ausspruch »Nur dumme Kälber wählen ihren Henker selber!«. Soeben hat übrigens Henry Kissinger in »Newsweek« einen ungenannten europäischen Politiker zitiert, der

ihm gesagt habe: »Die Mittelstreckenraketen sind *das Korsett, das Deutschland an den Westen bindet.* Ihr seid dabei, das Korsett zu zerstören, und wir müssen es ausbaden.« Mit anderen Worten: Die Atomwaffen in der Bundesrepublik haben nicht so sehr eine militärische, vielmehr vordringlich eine psychologische Aufgabe, nämlich Wünsche nach Versöhnung mit den Russen zu unterdrücken. Wenn noch kürzlich einige führende Politiker der Partei Adenauers verzweifelt darum kämpften, die doppelte Null-Lösung zu Fall zu bringen oder wenigstens die 72 Pershing-1A-Raketen zu verteidigen, galt die Sorge kaum dem angeblichen Sicherheitsrisiko, vielmehr der besagten Korsettfunktion der Raketen. Weniger Raketen, weniger Angst vor den schlimmen Russen, bröckelnde Abschreckungsideologie: Was dann?

Der Wunsch nach Frieden dürfe nicht die Realität verdrängen, hat der bundesdeutsche Verteidigungsminister gerade bei der Einweihung einer Akademie für psychologische Verteidigung verkündet. Und bitter geklagt hat er über die Friedensbewegung und die Medien, die diese angebliche Realitätsverdrängung in der Bevölkerung förderten. Als wäre die Anerkennung einer kooperativen Sicherheitspartnerschaft unserer heutigen Realität nicht weit angemessener als die Feindbildkonzepte der unseligen Abschreckungsideologie.

Aber es gibt neuerdings Anzeichen dafür, daß immer mehr Menschen bereit zu werden scheinen, sich von der traditionellen Schwarz-Weiß-Logik der Blockideologie abzuwenden. Stimuliert werden sie durch ein sich veränderndes Klima der Weltpolitik, das die bevorstehende erste atomare Abrüstungsvereinbarung möglich gemacht hat. Ein entscheidender klimaverändernder Faktor ist – wer wollte das bestreiten? – der neue Mann im Kreml, obwohl auch der amerikanische Präsident seinen Anteil daran hat, indem er auf einen Verhandlungskurs eingeschwenkt ist. Aber die entscheidenden Anstöße kamen und kommen ausgerechnet aus dem zum ewigen Zentrum der Finsternis gestempelten Moskau. Unter dem Motto von Glasnost und Perestroika gibt Gorbatschow überraschende innenpolitische Anstöße. Und mit seinen Abrüstungsinitiativen überholt er zahlreiche bisherige westliche Vorschläge. Dazu löst er sich in seinen großen Reden von den traditionellen Dogmen sowjetischer Rhetorik. Man mag seine großen Ansprachen auf dem 27. Parteitag der KPdSU oder vor dem Friedensforum in Moskau, seinen jüngsten Artikel anläßlich der 42. Tagung der UNO-Vollversammlung sowie seine neueste Ansprache anläßlich des Revolutionsjubiläums noch so minuziös analysieren, man findet darin nichts mehr von der stereotypen Polemik gegen den großen westlichen Widersacher. Statt dessen ist da die Rede von einem »gemeinsamen Haus Erde«, von der Bereitschaft zu einer »großangelegten Politik des Vertrauens«, von einer »Vermenschlichung der internationalen Politik«, von der »Eröffnung einer gemeinsamen Front der wirtschaftlichen und ökologischen Sicherheit«. So wie schon Albert Einstein und Günther Anders mit ähnlichen Worten gefordert hatten, daß die Menschen sich angesichts der modernen Bedrohungen als Brüder oder Nächste

begreifen müßten, die längst im gleichen Boot sitzen, so beschwört Gorbatschow immer wieder inständig den Begriff einer *Weltgemeinschaft*, die ungeachtet zwischenstaatlicher Konflikte zur gemeinsamen Lösung der großen Überlebensprobleme aufgerufen sei.
Nicht zu unterschätzen sind schließlich die wichtigen Anstrengungen Gorbatschows, echte Selbstkritik in die innenpolitische Diskussion hineinzutragen. Er nennt die deformierenden Mängel innerhalb des eigenen sozialistischen Systems mit Namen, fordert mehr Demokratie und offenere Auseinandersetzung über interne Konfliktthemen. »Die Wahrheit wird nur im Streit geboren!« ist eine der neuen Losungen. Über tabuisierte Peinlichkeiten der sowjetischen Geschichte fängt man an zu reden und zu schreiben. Das geht langsam voran, aber wie sollte es auch anders sein nach der langen Tradition starrer dogmatischer Selbstverherrlichung und einseitiger Dämonisierung des feindlichen Westens.
Als Prinzipien eines neuen Denkens, für das er unermüdlich wirbt, macht Gorbatschow somit die folgenden deutlich:
1. Ungeachtet der Systemgegensätze sind die Völker zur Rettung des Friedens und der Umwelt aufeinander angewiesen und müssen sich als Weltgemeinschaft begreifen.
2. Psychologische Voraussetzungen dafür sind die Vermenschlichung des politischen Gegners bei gleichzeitiger Preisgabe einseitiger Selbstidealisierung.
3. Aber nicht minder wichtig scheint mir noch ein in der Öffentlichkeit bislang weniger beachtetes drittes Prinzip, das Gorbatschow auf dem Moskauer Friedensforum vorgetragen hat. Das Schicksal der wichtigsten Aufgabe der Gegenwart – nämlich der Sicherung des Friedens – dürfe nicht in die Hände ausschließlich der Politiker gelegt werden, sagte er dort. Wichtig sei die aktive Teilnahme der diversen gesellschaftlichen Gruppen. Im einzelnen nannte er die Naturwissenschaftler, die Ärzte, die Vertreter der Kirchen, die Schriftsteller, die Künstler und hob dann noch besonders die Frauen und die Kinder hervor.
Das war keine rhetorische Floskel, sondern ein tiefernster Appell: Wenn ihr nicht von der Basis aus mit aller Energie mithelft, sind wir Politiker mit der Aufgabe einer Umkehrung des Rüstungswettlaufs überfordert!
Ein wahrhaft ungewöhnliches, aber überzeugendes Bekenntnis: Die Zwänge der Eigendynamik des Wettrüstens werden nur gebrochen werden können, wenn ein alternatives Wollen der Menschen die Politik in eine neue Richtung drängt. Edward Thompson, führender Kopf der britischen Friedensbewegung, hat dies kürzlich noch schärfer formuliert: »Die Staaten und ihre Verantwortlichen spielen zwar eine wichtige Rolle, doch die Völker und deren soziale Bewegungen müssen ihnen vorausgehen!« Kein Fortschritt im politischen Umdenken ohne Anstoß von unten!
Warum hat sich denn der zögernde Bonner Kanzler – ein aktuelles Beispiel – noch eine Zustimmung zur Verschrottung der 72 Pershing 1A abgerungen? Doch nicht zuletzt, weil 81 Prozent der westdeutschen Wahlbürger es so wollten. Und wären diese 81 Prozent wohl

zustande gekommen, hätten wir Ärzte und die anderen Gruppen der Friedensbewegung die Bevölkerung nicht seit langem unermüdlich sensibilisiert?
Auch Reagan wäre gewiß nicht so leicht auf seinen jetzigen Verhandlungskurs umgeschwenkt, wüßte er sich nicht mit der Mehrheit der Amerikaner einig, die ihn nur lobend verabschieden werden, wenn er mit den Russen wenigstens einen bescheidenen Abrüstungsschritt fertigbringt. Und der Mann im Kreml? Auch er ist nicht der einsame Autor seiner neuen Ideen. Auch er hat eine Strömung in seiner Bevölkerung aufgenommen, für die er ein feines Gehör hat. Und gewählt worden ist er von politischen Gremien, die – wie man hört – sich schon Jahre vor seinem Amtsantritt auf die von ihm heute verfolgte Linie verständigt haben.
Unerwartet kam für uns alle im Westen, daß gerade Moskau mit Gorbatschow einen Mann an die Spitze gestellt hat, der im Denken und Tun der Licht-Finsternis-Philosophie widerspricht, an die sich die hiesigen Scharfmacher der sogenannten psychologischen Verteidigung noch immer zu klammern versuchen. So hilft er indirekt den Kräften der Friedensbewegung, das im Westen noch grassierende Mißtrauen weiter abzubauen. Aber da und dort gibt es auch schon eine Begeisterung für Gorbatschow, die in unkritische Idealisierung ausartet: Da haben viele nun lange nach einer Erscheinung auf der Bühne der Weltpolitik gedürstet, die ermutigende Visionen mit Energie und praktischem Realitätssinn verbindet; nach einer Persönlichkeit, die endlich die geistige Kraft zu einem Konzept aufbringt, das von den unsäglichen blockgebundenen Bedrohungsstrategien wegführt. Beschere uns die Politik des neuen Denkens, großer Gorbatschow! Führe uns in eine friedlichere Welt und erlöse uns von unseren furchtbaren nuklearen Ängsten! So phantasieren nicht wenige. Und da zeigt sich: Eine lange Erziehung zu Passivität und Autoritätsgläubigkeit, erst recht in den zentralistisch regierten Ostländern, aber auch in modifizierter Form in westlichen Zuschauerdemokratien – so treffend von Wassermann bezeichnet – erleichtert solche personalisierten Heilserwartungen.
Eben solche passiven Erlösungshoffnungen sind geeignet, die Initiativen des Mannes zum Scheitern zu bringen, von dem man das große Wunder erhofft. Gorbatschow kann in seinem Machtbereich einige Tore für Reformen öffnen, er kann – wie man sieht – aufrüttelnde Angebote für Veränderungen der internationalen Beziehungen machen. Aber die Widerstände aus Trägheit, Borniertheit oder strukturellen Hindernissen sind im eigenen Haus wie außerhalb enorm. Ließe man ihn auch nur außenpolitisch mit seinen großangelegten Abrüstungsinitiativen lange genug leerlaufen – wie es die Front westlicher Stärkepolitiker unzweifelhaft anstrebt –, könnte sein Nimbus alsbald verblassen. Und sozialpsychologische Erfahrung lehrt, daß sich dann gerade die vormals idealisierenden Bewunderer am ehesten als vermeintlich Betrogene abwenden würden. Es wäre wahrhaftig nicht das erstemal, daß eine verklärte politische Heilsfigur von ihren Verehrern dafür bestraft würde, daß sie von ihr zuviel erwartet haben.

Also frage man nicht immer wieder danach, ob Gorbatschow Erfolg haben wird, sondern vielmehr danach, ob die anderen, ob wir anderen die große Herausforderung begreifen und bestehen oder ob wir alle *miteinander* scheitern, das heißt an der eigenen Lernunfähigkeit zugrunde gehen werden.
Was zu lernen wäre, steht uns klar vor Augen. Auf jeder Seite gilt es, die verdrängten eigenen Finsternisse weiter aufzuarbeiten, um versöhnungsfähiger zu werden. Wahrhaft friedliche Politik kann nur machen, wer keinen absoluten Feind mehr braucht, um sich vom Druck unbewältigter eigener Schuld zu entlasten. Aber diese Schuldarbeit steckt – wie wir sehen – überall noch in großen Schwierigkeiten. Im Gebiet des ehemaligen Hitlerreiches reden sich allzu viele noch gern ein, die Russen müßten mit ihrem Prozeß der Entstalinisierung nur nachholen, was wir hier angeblich längst zuwege gebracht hätten. Dabei plagt uns die eigene braune Vergangenheit wahrlich noch wie eine nur notdürftig abgekapselte Krankheit mit gelegentlichen symptomatischen Fieberschüben. Darüber fehlt es Ihnen in Ihrem Land nicht an frischen schmerzlichen Erfahrungen. Entsprechende Vorgänge in der Bundesrepublik lassen Sozialpsychologen von einem »Wiederauftauchen des Verdrängten« reden.
Einiges davon zeigte z. B. die Unruhe nach dem Tod von Rudolf Heß. Symptomatisch sind ferner ein spürbares Ressentiment gegen Ausländer, speziell gegen Asylanten, und eine Reihe von antisemitischen Ausfällen. Auf Veranstaltungen zum Thema Frieden und Abrüstung bekomme ich in letzter Zeit häufiger von Jugendlichen Unwillen darüber zu hören, daß man ihnen ewig die Schlimmheiten der Nazizeit vorführe. Dieser moralisierende Druck mache sie ärgerlich und mißtrauisch. Ich spüre einen Protest, dessen Wurzeln gut einfühlbar sind. Viele in dieser Generation merken, daß die Älteren sie zum Austragen eines Konflikts mißbrauchen, den sie selbst nicht bewältigt haben. Sie wollen von jener Zeit nicht nur wissen, was nicht hätte geschehen dürfen, sondern auch, warum Eltern und Großeltern vieles mitgemacht und was diese damals empfunden haben. In manchen provokatorischen Sprüchen und Aktionen demaskieren manche 18- bis 20jährige nur das Erbe an Verdrängungen, das man ihnen aufgebürdet hat. Sie spiegeln der Gesellschaft zurück, was diese nicht verarbeitet hat.
In der älteren Generation macht der Versuch Schule, für die psychische Entsorgung der Nazi-Erinnerungen in der einen oder anderen Weise den Kommunismus in Anspruch zu nehmen. Wären die Hitler-Untaten nur eine Art Kopie des stalinistischen Vorbildes, so scheint es einigen Historikern, dann wäre unser Erbe vielleicht schon ein Stück leichter zu tragen. Und als längst zur westlichen Demokratieform Bekehrte könnten wir es uns vielleicht sogar als eine Art Sühneleistung anrechnen, wenn wir in dem fortbestehenden kommunistischen System das Übel bekämpfen, das wir hierzulande längst überwunden zu haben meinen.
Da glaubte hier jemand, er könnte sich als besonders Geläuterter präsentieren, indem ihm zu den Proklamationen eines Gorbatschow die Propaganda eines Joseph Goebbels einfiel. Vielleicht eine unbe-

wußte, aber in der Tendenz eindeutige Verschiebung. Wer solchen unpassenden Vergleich passend findet, stellt sich einem scharfblikkenden Publikum als klassischer Fall von Sündenbock-Sucher dar. Aber dies ist nur ein Exempel für eine in kollektivem Maßstab verbreitete Reaktion.

In der Ärztebewegung IPPNW, in der ich an verantwortlicher Stelle mitarbeite, ernten wir zu Hause immer dann ungeteilten Beifall – zumal jetzt am Vorabend des ersten atomaren Abrüstungsabkommens –, wenn wir nur eine hippokratische Friedensethik predigen und vor den Gefahren der nuklearen Überrüstung warnen. Sobald wir aber das Ziel einer versöhnlichen Kooperation mit dem Osten mit der Aufgabe in Verbindung bringen, unsere Vergangenheit ehrlich durchzuarbeiten, scheiden sich die Geister. Und es kann uns sogar passieren, daß uns die eigene Ärzteführung die Verbreitung eines entsprechenden Textes verweigert.

Dafür ein illustratives Beispiel von 1985, das indessen für die aktuelle Konfliktsituation immer noch signifikant ist:

Zum 8. Mai 1945 hatten wir bundesdeutschen IPPNW-Ärzte eine Anzeige vorbereitet, in der es unter dem Motto »Erinnern lehrt vorbeugen« hieß:

»Wir deutschen Ärzte, vereint in der Sektion Bundesrepublik Deutschland der ›Internationalen Ärzte für die Verhütung des Atomkrieges‹ (IPPNW), rufen uns zum 40. Jahrestag des Kriegsendes in Erinnerung, welchen unheilvollen Beitrag zahlreiche Vertreter der deutschen Medizin, Anthropologie und Biologie zur Förderung der menschenverachtenden Politik des nationalsozialistischen Regimes geleistet haben. Sie haben die Irrlehre vom ›unwerten Leben‹ anerkannt und sogar theoretisch mitbegründet und deren praktische Anwendung schweigend hingenommen oder direkt unterstützt. So wurden die Massensterilisierungen und später die Massentötungen von Kranken und Behinderten möglich. Dieselbe pseudowissenschaftlich gestützte ›rassenhygienische‹ Ausmerzungsideologie lieferte bekanntlich auch der systematischen Ausrottung der Juden wie der Sinti, schließlich dem Hitlerschen Angriffskrieg, der zur angeblichen Rettung der ›nordischen Herrenrasse‹ geführt wurde, die Scheinrechtfertigung.

Wir sehen im 8. Mai 1985 einen geeigneten Anlaß, mahnend an die Gefahren jenes Ungeistes zu erinnern, der in der Neigung zur Diskriminierung von Ausländern und Andersdenkenden, zur Benachteiligung der sozial Schwachen sowie zur pauschalen Verteufelung des Außenfeindes fortwirkt.

Solchen Tendenzen zu wehren, sehen wir für uns Ärzte der IPPNW wie für alle Mitbürger in West und Ost als eine vordringliche Aufgabe an, um den inneren und den internationalen Frieden zu schützen.«

Die »Zeit«, der »Spiegel«, die »New York Times« druckten diese Anzeige ab, nicht aber das »Deutsche Ärzteblatt«, das zu jener Zeit sehr wohl Anzeigen für Kriegsspielzeug akzeptierte. Als offizielles Standesorgan wird das »Deutsche Ärzteblatt« von der Bundesärztekammer allen bundesdeutschen Ärzten übermittelt.

Aber es melden sich zur Zeit auch verstärkt Gegenkräfte, die sich sehr wohl kritisch mit der Hitler-Vergangenheit auseinandersetzen. In zahlreichen Städten spürt man dem früheren Anteil der Juden am Gemeindeleben und ihrem Schicksal in der Nazizeit nach. Initiativen kämpfen um den Schutz baulicher Überreste jüdischer Kultur. Eine Beate Klarsfeld, jahrelang verfemt, wird inzwischen von einer wachsenden Zahl von Bundesdeutschen als positive Identifikationsfigur ernst genommen. Ein Fernsehporträt von ihr, in der Hauptsendezeit ausgestrahlt, stieß in weiten Kreisen auf eine nicht unbedingt erwartete Sympathie.
So geschieht tatsächlich ähnliches wie beim Wiederaufflammen eines alten Krankheitsprozesses: Hochgespielt wird das Krankhafte, aber zugleich wachsen Selbstheilungskräfte. Überall, wo sich neonazistische Tendenzen regen, ist spontaner Protest zur Stelle. Und es sieht so aus, als gewännen die kritischen Gruppen allmählich die Oberhand. Jedenfalls sind diese Auseinandersetzungen notwendig und konstruktiver als das frühere verschleiernde Schweigen. Wichtig finde ich vor allem, daß gerade die Kerngruppen der deutschen Friedensbewegung erkannt haben, daß zur *Versöhnungsarbeit* die *Schuldarbeit* gehört, daß Feindbilder nur abbauen kann, wer sich zur eigenen historischen Schuld bekennt. Es ist dies zugleich ein zentrales Element eines neuen Denkens.
Welche Fortschritte ein konstruktives Umdenken aber auch immer hier wie sonstwo macht, es wird nur Entscheidendes ausrichten, wenn gleichzeitig der Mut wächst, dafür auch kämpferisch einzustehen. Es reicht nicht aus, wenn etwa bei Umfragen stattliche Bevölkerungsmehrheiten gegen die atomare und die ökologische Bedrohungspolitik votieren. So erfreulich es ist, wenn laut »Spiegel«-Erhebung nur noch 26 Prozent der Bundesdeutschen Atomwaffen für notwendig, hingegen 71 Prozent konventionelle Waffen für ausreichend erklären, so müssen sich diese 71 Prozent dringend fragen, wie sie die Durchschlagskraft ihres Wollens verstärken können. Nach wie vor drücken sich allzu viele bereits, bevor ihnen couragierte Standhaftigkeit ernste Nachteile eintragen würde, und bringen sich so um jede Wirkung ihrer Überzeugung. Was aber nicht öffentlich ausgedrückt und in irgendeiner Form von Praxis verwirklicht wird, schwindet unter dem Druck von Ohnmachts- und Resignationsgefühlen auch wieder leicht aus den Köpfen.
So bleibt es unsere dringende doppelte Aufgabe, den schwierigen Weg zu einem neuen Denken zu bewältigen und obendrein zu lernen, was wir erkannt haben, auch konfliktbereit zu vertreten. Die Frage sollte nicht sein, ob die Hoffnung auf das Erreichen dieses doppelten Zieles realistisch ist, sondern ob man selbst eine solche Hoffnung durch die eigene Praxis rechtfertigen kann.

Diskussion

Hans Spatzenegger:
Beiden Referenten besten Dank, Herrn Dr. Portisch für die historische »Nachhilfestunde« und Herrn Professor Richter für die nachdenklich stimmende Analyse.
Während der politische Kommentator unsere österreichische «Hypothek« angegangen ist, analysierte der aktive Friedensarbeiter die Frage: Wie erfolgreich können Friedensinitiativen sein, gerade mit Rücksicht auf die gegenwärtige politische Konstellation?
Ich würde zunächst gern wissen, wie jeder Referent die Thesen des anderen einschätzt. Professor Richter, den Psychoanalytiker, möchte ich fragen, kann diese Eigendiagnose, die Dr. Portisch in differenzierter Form, wie ich glaube, vorgenommen hat, kann die uns Österreichern in der »Vergangenheitsbewältigung« weiterhelfen? Vom politischen Publizisten Hugo Portisch würde mich interessieren zu hören: Stimmt er mit der Ost-West-Analyse Professor Richters überein; ist der Friedensprozeß, den dieser nun in Gang gekommen sieht, auch realistisch?

Horst-Eberhard Richter:
Also, ich habe ja schon in meinem Referat etwas in Zweifel gezogen, was Sie so über die glänzende Verarbeitung des Problems in der Bundesrepublik gedacht haben. Ich glaube nicht, daß das bei uns so weit gediehen ist. Ich glaube, daß die Prozesse der Durcharbeitung der Vergangenheit mehrere Generationen brauchen. Und wenn ich mit meinen Studenten jetzt darüber rede, also mit den Mitt-Zwanzigjährigen, finde ich da doch immer noch viele, die sagen, ich kann erst richtig begreifen, wer ich wirklich bin, wenn ich noch mehr erfahre, was eigentlich bei meinen Eltern, vor allem Großeltern, war. Da ist vieles, was nicht geredet worden ist, und ich muß noch besser verstehen, was da war. Also, ich glaube, das haben Sie bei kritischer Überlegung etwas zu optimistisch gesehen. Und ein zweiter Punkt: Ich habe nachgedacht, was ist eigentlich passiert, als Dr. Portisch da in dieser Gegend sein provokatives Referat gehalten hat – in Niederösterreich –, und den Leuten gesagt hat, hier ist so viel Schlimmes getan worden, und man hat das nicht begriffen. Er hat gemeint, die Leute müßten aufschreien und sagen, das ist ja unerhört, was der uns hier sagt! Und statt dessen haben die geklatscht. Nun, ich glaube, bei Ihnen klatscht man gelegentlich vielleicht auch, wenn Sie Dinge sagen, die vom Inhalt her nicht auf Zustimmung stoßen. Aber ich habe mir folgendes gedacht: Wenn man sich selber einbezieht und sich nicht als Ankläger hinstellt, sondern sagt, ich bin auch jemand, der zugestehen muß, daß er das und das nicht rechtzeitig begriffen hat, daß er auch versucht hat, sich darüber hinwegzulügen, und daß er auch oft gedacht hat, was haben die anderen draußen immer nur mit uns zu tun. Also, daß man das eigene Verdrängen, das eigene Lügen, das eigene Verschleiern einbezieht in so ein Referat, dann hat man die Leute natürlich sehr leicht, weil man sich nicht als Ankläger hinstellt. Und ich könnte mir vorstellen, daß Sie in Ihrem Stil es gar nicht fertigbringen, so zu reden, daß die den Eindruck hatten, da steht jetzt einer, der uns anprangert und besser sein will als wir, sondern daß die das mitgenommen haben, sich einbezogen gefühlt haben.
Also, ich weiß nicht, ob Ihre Schlußfolgerung da so einfach zutraf. Und dann ist es aber auch so, daß selbst wenn ich ein Referat halte vor einem bürgerlichen Publikum bei uns in der Bundesrepublik, wo ich weiß, daß zwei Drittel es sehr schwer haben, sozusagen mit geballter Faust in der Tasche, zu akzeptieren, wenn ich immer noch sage, die Verarbeitung der Nazizeit ist bei uns erst am Anfang, dann klatschen die trotzdem und gehen still nach Hause. Aber es ist ein so großer moralischer Druck da, daß es sehr schwer ist, bei diesem Thema in einer öffentlichen Veranstaltung aufzustehen und

zu sagen, an der Zeit war doch vieles ganz gut, und das stimmt überhaupt nicht, daß wir da dran noch viel zu machen hätten. Das ist ein bestimmter Druck, und das fühlen die Menschen auch, daß das unter Umständen Schwierigkeiten macht, daß sofort der Vorwurf von neofaschistischer Infektion da wäre. Und dann wird das am Stammtisch ausgetragen oder zu Hause, aber bei öffentlichen Veranstaltungen kann auch einer Beifall kriegen, der ganz anders redet.

Hugo Portisch:
Ich akzeptiere das alles, was Sie sagen, ich darf nur noch einiges dazu anführen. Die Meinung, in Deutschland sei es besser gelaufen als bei uns, stützt sich auf eine ganze Reihe von Umständen und Beweisen. Es war halt – ich sage es einmal grob –, was der Weizsäcker gesagt hat, etwas anderes, als was Waldheim gesagt hat. Ein Mann wie der Linzer Vizebürgermeister Hödl wäre in der Bundesrepublik keine vierundzwanzig Stunden in seinem Amt geblieben. Auch die Situation der Medien war anders. Ich kann mich noch sehr genau erinnern, was nach dem Krieg etwa über den WDR gesendet worden ist; das war ja ein Aufbruch ohnegleichen, das war ein »Augenöffnen« jeden Tag an Hörspielen, an Auseinandersetzungen, an Diskussionen. Also, ich habe das nicht nur so hingesagt. Ich meine schon, daß da viel mehr vorliegt. Daß Sie als Bundesdeutscher mit dem nicht einverstanden oder nicht zufrieden sind und sagen, da fehlt noch eine ganze Menge, das glaube ich Ihnen gern. Ich glaube, daß eine ganze Menge allüberall in der Welt fehlt, nicht nur in der Bundesrepublik und bei uns. Bei der Aufarbeitung dieser Zeit, der Vergangenheit und der Feindbilder in uns, da haben sich noch sehr, sehr viele andere an der Nase zu nehmen. Und wenn wir heute hier Franzosen sitzen hätten oder einsichtige Amerikaner oder gar Russen, dann würde ich meinen, daß die uns auch eine Menge zu berichten hätten. Daß wir mit dem nicht zufrieden sind, was bei uns daheim losgeht, ich glaube, das zeichnet uns aus, das zeichnet auch Sie aus, Herr Professor. Da ist mein Beispiel von meinem Vortrag in Niederösterreich, da haben Sie einen guten Punkt getroffen. Ich habe mich nachher gefragt – so ein Referat reicht ja nicht aus, alle Facetten zu schildern, was man sich da vorstellen könnte und was einem selbst durch den Kopf geht –, aber ich habe mich damals schon gefragt: Und was wäre gewesen, wenn du es umgekehrt gemacht hättest, wenn du gesagt hättest, die Bösen da draußen in der Welt, diese Amerikaner, diese Juden, was die uns antun und wie sie uns ungerechtfertigt angreifen ... Wie hätten die Zuhörer dann reagiert? Wären die da nicht auch mitgegangen, hätte ich da nicht vielleicht größeren Applaus gekriegt? Genau, was Sie anziehen: sozusagen ein bißchen Demagogie in einem Redner? Und da mußte ich sagen, das wäre möglich gewesen. Ich möchte dazu aber zwei Dinge festhalten. Das eine, was ich nicht erwähnt habe und was ein bißchen dem widerspricht, was Sie glauben, daß vor sich gegangen ist. Wir hatten nach diesem Vortrag eine zweieinhalbstündige Diskussion, die bis tief in die Nacht gegangen ist. Wir sind um ein Uhr auseinandergegangen. In der Diskussion sind vielleicht dreißig Leute aufgestanden und haben ihre Meinung gesagt. Das ist schon was anderes als nur Zustimmen durch Applaus. Und diese Meinungen waren umwerfend, muß ich sagen, soviel Selbsterkenntnis, soviel Selbstkritik: anderen sagen, wie man es meint und wie man denkt. Und dann kam die Gegenprobe, ganz zum Schluß, der allerletzte. Alle waren bisher eigentlich so, daß man sie hätte umarmen können. Und dann ganz zum Schluß steht einer auf und sagt: »Wissen Sie, ich habe mir das jetzt alles angehört. Aber mir werden Sie doch nicht sagen können, daß da nicht eine Zentrale sitzt in der Welt, die das alles manipuliert.« Da habe ich gesagt: »Also, Sie meinen die Weisen von Zion, die zionistische Verschwörung. Sagen Sie es doch offen, meinen Sie das?« Sagt der: »Das hab' ich nicht gesagt.« – »Aber Sie meinen's doch, nicht?« Sagt er: »So ähnlich.« Und da war jetzt der Test: Wie reagieren die anderen? Die hätten ruhig sein können, sie hätten ihm applaudieren können ... Es war aber Empörung im Saal über diese Wortmeldung. Und das, meine ich, ist eine Gegenprobe. Infolgedessen war ich von diesem Beispiel trotzdem überzeugt, obwohl mir klar ist, daß Ihr Argument stimmt. Man kann vielleicht Menschen dorthin und dahin manipulieren, wenn man es geschickt anfängt. Aber hier schien mir die Gegenprobe vorzuliegen. Nichtsdestotrotz – wir sollten mißtrauisch bleiben, und wir sollten auf der Hut bleiben. Man muß anerkennen, was wahr, was richtig ist, man muß aber auch Verständnis haben für das Verhalten von Menschen. Man muß ihnen meiner Ansicht nach sagen, ich verstehe, warum und weshalb. Aber heute mußt du es wissen, heute mußt du Konsequenzen gezogen haben. Du mußt gelernt haben. Und wenn du es noch nicht getan hast, schau, dies ist der Weg zu lernen. Wenn wir das nicht konzedieren, wenn wir sagen, wir müssen vom Fleck weg als Ankläger auftreten, dann werden Sie schon sehen, wie die Leute gegen Sie sind. Aber das wäre doch der

falsche Weg in einem Erziehungsprozeß. Ich meine, daß man die Leute mit auf den Weg zu nehmen hat, auch durch Identifikation. Und daraus leitet sich ja etwas ab, nämlich aus beidem: sowohl aus der zu erwartenden Zustimmung des Publikums, wenn man es mitzunehmen weiß auf dem Weg, als auch daraus, daß man sie auf einen Lernprozeß mitnimmt. Das ist doch eine Forderung an unsere Politiker: »Seid aufrichtig, traut euch was, habt Mut!« Aber es wäre völlig falsch und kontraproduktiv, es in Form einer Anklage zu tun. »Ihr könnt ja sagen, wir wissen, wie es war, wir wissen, wie es ist. Wir wissen um euch Bescheid. Und wenn wir das wissen, ergeben sich diese und diese Konsequenzen daraus. Ihr könnt ruhig mitgehen auf diesem Weg.« Sie mitzunehmen auf dem Weg, glaube ich, wäre die richtige Art, auch mit der Vergangenheit fertig zu werden.

Hans Spatzenegger:
Und jetzt noch Ihre Einschätzung der Sicht von Professor Richter, was den Friedensprozeß anlangt.

Hugo Portisch:
Hier haben Sie, Herr Professor Richter, natürlich meine Seele als Außenpolitiker angesprochen. Und da meine ich eines: Ich unterschreibe Ihre Worte sofort und bin ganz Ihrer Meinung. Was sich da aus Moskau bietet zur Zeit, die neue Linie Gorbatschows, natürlich sollen wir das aufnehmen. Wir sollen unterstützend eingreifen, wir sollen das begrüßen. Wir sollen auch bei uns die Bereitschaft fördern, dies aufzunehmen, es ernst zu nehmen, mitzugehen. Wir haben da eine besondere Erfahrung in Österreich. Wir haben ja diesen Aufbruch unter Chruschtschow erlebt. Nun, ich kannte die Sowjetunion unter Chruschtschow recht gut. Ich habe zu dieser Zeit sogar zwei Bücher über die Sowjetunion geschrieben und kannte seine Experimente, seine »Glasnost«. Er hat das friedliche Koexistenz genannt, sein Versuch mit Jewsej Liberman, die großen Wirtschaftsreformen. Alle Töne, die heute aus Moskau kommen, waren im Ansatz und teilweise sogar zur Gänze da unter Chruschtschow. Wir waren die Nutznießer dieses Prozesses. Hier in Österreich hat Chruschtschow beweisen wollen, daß er es mit der friedlichen Koexistenz ernst meint. Er wollte den Widerstand des Westens, auf Versöhnung zu schalten, durch den Abschluß des Staatsvertrags brechen. Wir wissen das. Wir haben ja dann, auch unsere Politiker, mit ihm darüber sehr lange diskutiert. Und trotzdem war Chruschtschow von heute auf morgen weg. Und es kam Breschnew. Und man kann nicht sagen, daß Breschnew die friedliche Koexistenz, so wie sie Chruschtschow gemeint und angesteuert hat, fortgesetzt hat. Unter Breschnew kam es zu sehr vielen Konflikten, an denen, meiner Meinung nach, die Sowjetunion nicht so schuldlos war. Und daß da im Westen ein gewisses Mißtrauen noch immer vorherrscht oder ein gewisses »Gewappnetsein« ... In der Sowjetunion ist die Grundvoraussetzung für eine kontinuierliche Entwicklung der Art, wie wir sie beide begrüßen würden, nicht so gegeben, nämlich die kontrollierende Demokratie. Es liegt ja eine Bestätigung in dem, was Gorbatschow dazu sagt. Er appelliert: Unterstützt mich! Er gibt zu: Ich habe Widerstände. Das heißt, es gibt konservative Kräfte innerhalb der Partei und innerhalb der Sowjetunion, die ihn oder das Land dorthin zurückbringen wollen, wo es unter Breschnew war, hoffentlich nicht dorthin, wo es unter Stalin war. Ich meine, daß der Westen hier Vorbehalte hat, liegt auch in einer gewissen Geschichtserfahrung. Und ich sehe schon ein – ich habe mich mit der deutschen Geschichte auch relativ gut befaßt –, daß da viel vertan wurde, daß da Chancen nicht genützt worden sind und viel zuviel Mißtrauen war; auch eine sehr eigenwillige Politik Kanzler Adenauers. Aber ganz vergessen darf man schon nicht, was zu diesem Zeitpunkt unter Stalin geschehen ist, was in der Tschechoslowakei geschehen ist, in Ungarn, wo die Abgeordneten verhaftet worden sind über Nacht, die Regierung gestürzt, wo der KGB geherrscht hat, wo sie den eigenen Leuten den Prozeß gemacht haben ... Schlagworte wie: Wir wollen nichts als Versöhnung; von dort droht keinerlei Gefahr, und es liegt nur ans uns ... so einseitig sollte man es nicht sehen. Ich glaube auch nicht, Herr Professor, daß Sie es so einseitig sehen. In Ihrem Referat war viel, das sehr deutlich zeigt, daß Sie sich dieser Tatsachen auch bewußt sind. Ich glaube nur, man sollte da nicht Schuldverteilung beginnen. Es hat Fehler gegeben, schwere Fehler. Und die waren begründet, wenn Sie wollen, auf beiden Seiten. Die Schuld war, meiner Ansicht nach, nicht in gleichem Maße verteilt. Es ist aber auch egal, ob die Schuldverteilung nun 80:20 oder 60:40 beträgt. Ich meine, wir sollen alle lernen aus der Geschichte. Großartig, wenn auch die Sowjets gelernt haben! Und wenn der Westen hintennachhinkt, da gibt es sie, da gibt es Kräfte im Westen, da gibt es auch uns alle, die meinen, öffnen wir uns, akzeptieren wir! Wir in Österreich haben keine Scheu, zu akzeptieren, wenn etwas Gutes aus dem Osten kommt.

Horst-Eberhard Richter:
Ich war kürzlich eingeladen bei dieser »Akademie für psychologische Verteidigung«, und Sie haben hier vielleicht auch die Rede von Herrn Wörner gelesen, die er dort gehalten hat. Da wird einem deutlich, daß da ein ganzer Apparat bei uns, aber natürlich nicht nur bei uns in der Bundesrepublik, vorhanden ist, der ungeheure Sorge hat, es könnte da drüben so viel passieren, daß uns sozusagen die Stabilisierung durch diese Projektion kaputtgeht – also entsprechend meinem Referat. Deshalb also zunächst zu Ihrer ersten Bemerkung. Dieses Hingucken, was ist bei Gorbatschow ähnlich wie bei Chruschtschow, das ist eine berechtigte Sache. Man kann sagen, gut, Chruschtschow war eines Tages weg, da kann auch Gorbatschow einmal weg sein. Zunächst würde ich sagen, der Vergleich ist wohl nur in Grenzen korrekt, denn Chruschtschow war immerhin derjenige, der die Kuba-Krise gebracht hat und damit uns an den Rand eines Atomkrieges.

Hugo Portisch:
Im sechsten Jahr seiner Herrschaft. Gibt es ein sechstes Jahr Gorbatschow?

Horst-Eberhard Richter:
Aber diese Kreml-Astrologie! Immer zu gucken, daß es da auch viele Widerstände gibt, und man weiß nicht, welche Kräfte Gorbatschow wieder runterputzen können. Dieses abwartende, neugierige Hingucken auf dieses Spektakel ist für uns schon ein Problem. Und deshalb haben Sie recht, wenn Sie sagen, wir sollten da nicht mehr hingukken und abwarten. Sondern das wirklich als ungeheure Chance begreifen, daß dieses verkrustete System vielleicht, wie ich meine, gerade unter dem Leidensdruck, daß dort diese Revolution nicht zu dieser herrlichen Vermenschlichung einer Gesellschaft, sondern zum Gegenteil geführt hat, zu einer totalen Verkrustung, Erstarrung, Hierarchisierung einer Funktionärsbürokratie, die das ganze Land... daß gerade dieser Leidensdruck, meine ich, diesen Erneuerer und diese Erneuerungskonzeption hervorgebracht hat. Bei uns herrscht weitgehend ein Gefühl von Sattheit, nicht wahr. Wir haben so einen Konsumhedonismus. Wir halten uns für ganz fabelhaft. Wir sind viel wohlhabender. Wir haben also auch Strukturen, die durchaus vorzeigbar sind, leben aber, wie ich so sehe, wenn ich als Psychotherapeut die Jugend beobachte, in einer gefährlichen Verflachung, in einer Konsumorientierung, in einer gewissen apolitischen Desinteressiertheit. Wir haben sehr, sehr viel bei uns selber nachzugucken an Hohlheit, an innerer Entleerung, an Fehlen von Visionen, auch an Mut, aber ebenso an heimlicher Resignation. Ein typisches Bild von Jugendlichen, das ich kenne – auch aus meiner Praxis in der Klinik –, sieht so aus, daß die sagen: Im Hinterkopf weiß ich, das wird alles bald kaputtgehen, irgendwann wird die Umweltzerstörung uns umbringen, oder es wird ein Atomkrieg kommen. Ich habe keine Lust, darüber nachzudenken. Ich lese den Kram gar nicht, der dann immer von diesen Katastrophen redet. Ich lebe so dahin, will mein eigenes Leben führen, will es mir schön machen, will reisen, will 'nen Job haben und so... Diese Mentalität, die bei uns sehr stark verbreitet ist, verbunden mit einer großen Selbstgerechtigkeit, ist eben auch eine große Gefährdung. Und dann zum Beispiel gibt es bei uns immer noch eine herrschende Ideologie, die in dieser Akademie für psychologische Verteidigung mit großem Aufwand propagiert wird, mit viel Geld der Steuerzahler, daß man sagt: Mein Gott, also was wird mit uns, wenn der Stalinismus immer mehr verschwindet? Den Sacharow haben die Burschen auch schon freigelassen. Mit den Dissidenten gehen sie anders um, den GULAG gibt es in dieser Form nicht mehr. Laßt jetzt auch noch Gorbatschow aus Afghanistan abziehen, was machen wir dann? Dann bricht wirklich eine katastrophale Identitätsverunsicherung aus, weil diese Selbstgerechtigkeit einmal zusammenbricht und wir uns über die Hohlheit, die Brüchigkeit und die vielen Konflikte in unserem System viel mehr Sorgen machen müssen. Also, da meine ich, daß man nicht nur voyeuristisch spekulieren sollte, was wird da in Moskau noch passieren, sondern daß wir uns, gerade wenn sich drüben Dinge verändern, mitverändern müssen, weil sonst das Rollensystem nicht mehr stimmt. Und da finde ich es jetzt in unserem Land zum Beispiel hochinteressant, was passiert, wenn Herr Blüm und Herr Geißler sagen, wir müssen auf die Menschenrechtsverletzungen und die Folter in Chile und Südafrika schauen. Wie es da sofort einen ungeheuren Konflikt gibt in der großen Partei dieser beiden Leute! Ja, um Himmels willen, jetzt haben wir das so lange geschafft, über die Finsternis da drüben zu reden, nicht wahr... Die ganze ideologische Blockfront würde gefährdet, wenn man diese Aufarbeitung auf der eigenen Seite machte. Ich glaube aber, das ist jetzt im Gange. Und ich habe da große Hoffnungen, ich glaube, dieser Erosionsprozeß ist nicht zu stoppen.

Hans Spatzenegger:
Könnten wir jetzt vielleicht das Publikum kurz einbeziehen?

Robert Jungk:
Ich wollte nur auf etwas hinweisen. Man bekämpft immer die Übel der Vergangenheit. Das ist viel leichter, als ähnliche Haltungen in der Gegenwart zu bekämpfen. Das heißt, wir sind uns heute klar darüber, daß die Verketzerung der Juden und die Aggression gegen die Juden verbrecherisch war. Ich selber bin Jude, und ich bin dankbar dafür, daß man das erkennt. Aber ich fühle mich auch solidarisch mit denen, die man heute verketzt, die man heute angreift. Gehen Sie 'mal auf eine Demonstration der Friedensbewegung, dann hören Sie von Menschen, die daneben stehen: »Die müßte man an die Wand stellen!«, »Die müßte man erschießen«. Was ist damit? Sind wir bereit, uns auch damit zu beschäftigen, und tun wir das wirklich? Indem wir heute den Gegner von gestern noch einmal zu Boden bringen, das genügt nicht. Wir müssen uns fragen, was müssen wir heute tun, um in der innenpolitischen Auseinandersetzung zu einer Abrüstung zu kommen, genauso wie wir nach außen hin allmählich Abrüstungsschritte machen. Das würde aber bedeuten, daß jene Gruppe, die am stärksten gerüstet ist, nämlich die Exekutive, mit der Abrüstung anfängt, daß sie ein Beispiel dafür gibt, daß sie wirklich Frieden will und nicht die andere Seite provoziert. Ich bitte also, sich nicht nur mit der Vergangenheit der Feindbilder zu beschäftigen, sondern mit den heutigen Feindbildern, die dann – und das ist das Schreckliche – wirklich diese Feinde hervorbringen, wie wir sie in den letzten Tagen erlebt haben, die nun wirklich das tun, was man von ihnen sozusagen erwartet, daß sie Verbrecher sind, daß sie schießen. Welche Mitschuld hat eine aggressive öffentliche Meinung daran, daß sie an und für sich verzweifelte friedliche Menschen zu Verbrechern stempelt und schließlich zu Verbrechern macht. Das ist die Frage, die ich sehr aufgeregt stelle.

Johannes Vereno:
Ich wollte auf eine mir erschienene Diskrepanz zwischen der These des Dr. Portisch und der von Professor Richter hinweisen. Professor Richter hat Wert darauf gelegt, daß eine Schuldarbeit vor einer Versöhnung sein muß. Und ich komme nicht darum herum, mir kommt unterschwellig bei Dr. Portisch vor, das, genau das könnte man sich sparen. Da stellen wir halt irgendwie fest, da ist was schiefgelaufen, und man wird analysieren, warum was schiefgelaufen ist. Aber es kommt nicht dazu, daß die Leute, die was schlecht gemacht haben, vielleicht dafür geradestehen müssen. Ich habe nicht den Krieg erlebt, Gott sei Dank. Aber ich bin in einer Gesellschaft aufgewachsen, wo jeder Hendldieb, jeder Reifenschlitzer eingesperrt wird und theoretisch der nächste weißhaarige Mensch neben mir Millionen Leute auf dem Gewissen haben kann. Und das ist ein Gefühl, das nicht sehr angenehm ist, wenn man sich dessen bewußt wird. Weil man eigentlich als junger Mensch fragen müßte, wo waren denn Sie vor vierzig Jahren, was haben denn Sie gemacht? Das ist den Leuten abgenommen worden – kollektiv. Als junger Mensch wird man heute, wenn die Vergeßlichkeit sich an einem sogenannten Präsidenten kristallisiert und man das zu kritisieren wagt, zum Obernestbeschmutzer vom Dienst.

Rudolf Gönner:
Herr Kollege Richter, ich muß Ihnen als Pädagoge widersprechen. Ich glaube nicht, daß eine Hohlheit unseres Systems gegeben ist. Ich glaube nicht, daß unsere Jugend sich nur materiellen Werten zuwendet, sondern meine, daß vielmehr eine sehr starke Ausrichtung oder neue Ausrichtung auf idealistische und ideelle Werte wieder gegeben ist. Es wäre wohl auch traurig, wenn das System, wie Sie es nennen, nur durch die Projektion auf ein Feindbild im Osten garantiert wäre. Aber das nur nebenbei. Ich habe mich gewundert, daß wir in der Gesamtveranstaltung nur über Feindbilder, »wie Völker miteinander umgehen«, sprechen sollen. Es erscheint mir doch recht gut, daß heute darüber gesprochen wurde, wie man innerhalb Österreichs mit dem Feind umgeht, nämlich genau, wie die politische Kultur in Österreich ausschaut, etwas, was uns ja sehr betrübt. Aber zum Grundsätzlichen: In der gesamten Frage sind vor allem erzieherische Themen angesprochen. Es geht also um eine Humanisierung der zwischenmenschlichen Beziehungen, um das sehr deutlich zu sagen. Und hier sehe ich eine Gefahr in Österreich, daß wir zu stark ins Provinzielle hineinkommen. Ich möchte aber eher den Gedanken von Leopold Senghor aufgreifen, der vor zehn Jahren bei den Festspielen einmal von der Weltkultur gesprochen hat, die allmählich entsteht. Es ist vollkommen klar, daß diese Weltkultur nicht etwas Uferloses sein darf und daß Eigenständigkeiten nicht verlorengehen können oder sollen. Aber es ist vielleicht hier das Modell von radial zu durchschreitenden konzentrischen Kreisen zu sehen, auf das wir losmarschieren sollten, um dann mehr und mehr zu dieser

Humanisierung der zwischenmenschlichen, der zwischenstaatlichen Beziehungen zu kommen. Das also liegt letzten Endes in dem Ganzen: ein großer erzieherischer Auftrag. Das sei herausgestellt. Es ist nicht ein politischer Auftrag, es ist zunächst ein fundamentaler erzieherischer Auftrag. Und die Erziehung ist in jedem Staat zunächst einmal national ausgerichtet. Aber wir müssen uns in Österreich – und es gibt ja auch Bestrebungen offizieller Art – stärker zu einer Bildung zur Internationalität bekennen.

Wolfgang Schmidt:
Ich möchte zunächst einmal dankbar sagen, daß Herr Dr. Portisch in seinem Referat den Versuch gemacht hat, auch das Verständnis für die Menschen zu fördern, die damals begeistert auf die Straße gegangen sind und nachher begeistert mitgemacht haben, so lange jedenfalls, als sie nicht sehen und einsehen konnten, wohin der Karren läuft. Ich selber bin Jungmann einer nationalpolitischen Erziehungsanstalt gewesen; ich bekenne mich dazu, bin Jahrgang 1929, war lange Zeit begeistert dabei. Heute muß sich die Jugend fragen, entweder waren unsere Eltern und Großeltern alle Verbrecher, oder sie waren alle blitzdumm. Und diese Rechnung geht nicht auf. Sie sagen sich, da kann etwas nicht stimmen. Also müssen wir auch von den Dingen reden, die uns damals mitgerissen haben in die verkehrte Richtung, die wir als verkehrte Richtung noch nicht sehen konnten. Im Club 2 hat es eine Diskussion über die österreichische Geschichte in jener Zeit gegeben, die in Gymnasien ja weithin verschwiegen wird oder noch nicht aufgearbeitet ist: Alle diejenigen, welche die Geschichtsprofessoren an den AHS ausbilden, haben für mein Gefühl eine Haltung der Besserwisserei, des Darüberstehens gezeigt, nicht der Einfühlsamkeit. Ein einziger hat gesagt: Ich weiß nicht, wo ich damals gestanden hätte. Das muß auch einmal gesagt werden.

Herr aus dem Publikum:
Ich würde gern wissen, ob die Energien, die möglicherweise durch einen Verlust des Feindbildes frei werden, nach Ihrer Meinung positiv umgesetzt werden können. Die Idee haben Sie selber geliefert, indem Sie gesagt haben: »Frieden und Umwelt« und die »Leere bei den Jugendlichen«. Ich glaube, wenn man jetzt mit einer Bewußtseinsbildung anfangen würde, auf diese Umrichtung hin, könnte man die junge Generation sehr wohl gewinnen, sich da ganz stark zu engagieren und diese Leere auszufüllen.

Dame aus dem Publikum:
Ich möchte auch nur sagen, beim Hitler waren nicht nur »Dodeln« dabei. Es waren hauptsächlich Rechtsanwälte, Doktoren bei den Märzveilchen, die uns halt eingenommen haben. Und es war eine sehr schöne Zeit auch für die Jugend. Wir haben beim Anschluß getanzt, Regimentsball und Unteroffiziersball. Wir haben auch sehr Schönes erlebt, obwohl ich kein Nazi war, wohlverstanden.

Hans Lechner:
Ich habe Bedenken gehabt, ob ich beim Referat von Professor Richter klatschen soll, kann oder nicht. Im ersten Teil wollte ich klatschen. Das mit dem Sündenbock und all das, was in dem Zusammenhang steht, hat – glaube ich – eine tiefe Berechtigung. Das, was Sie aber zum Schluß gesagt haben, daß verantwortliche Kreise in der Bundesrepublik entsetzt sind, was in Rußland jetzt vor sich geht, daß sie das nicht als positiv, sondern als negativ empfinden, weil damit ihr Blockdenken herausgefordert ist, das habe ich entsetzlich gefunden. Das habe ich fast als Aufbau eines neuen Feindbildes empfunden. Meine persönlichen Gespräche, und ich habe immerhin Gelegenheit gehabt, mit einigen der jetzigen, aber auch der früheren deutschen Politiker zu sprechen, lassen aber von einer solchen Vermutung wirklich nichts übrig. Ich glaube, auch wir sollten hier das vermeiden, was Sie selbst gesagt haben: daß innerhalb der Menschen, die mit aller Leidenschaft den Frieden wünschen, wieder Feindbilder aufgestellt werden.

Hans Spatzenegger:
Ich gebe jetzt den Herren auf dem Podium das Wort zur Schlußrunde.

Hugo Portisch:
Zu Herrn Professor Jungk: Man muß an die Feindbilder von heute denken, nicht nur an die von gestern. Gegner von gestern niederwerfen genügt nicht. Ich bin völlig Ihrer Meinung, meine aber, daß in der Auseinandersetzung über das, was geschehen ist, viel mehr liegt. Man muß nach den Ursachen fragen. Die Auseinandersetzung kann nur stattfinden, wenn man die Ursachen analysiert, wenn man die Bereitschaft der Menschen analysiert, darauf einzugehen, mitzumachen. Was hat sie verführt? Was hat sie verleitet, was hat sie dazu gebracht? Und darin liegt schon die Wiederherstellung oder überhaupt die Herstellung des Gefühls der Verantwortung für die Menschenwürde schlechthin, für den Menschen als solchen. Und da glaube ich, wenn einer das verarbeitet hat,

wenn er das anhand dieses schrecklichen Beispiels der Vergangenheit mitbekommen hat, dann kann er auch heute dagegen angehen, wenn ein Mensch ungerechtfertigt beschuldigt wird, einseitig, wenn man nicht hört, was er sagt, wenn man nicht begreifen will, wofür er steht. Jeder, der in seiner Menschenwürde verletzt wird, jeder, der heruntergemacht wird, dem man mit Intoleranz, mit Vorurteilen, mit Gewaltanwendung begegnet... Das ist doch ganz klar, dagegen anzugehen. Das hat die logische Erkenntnis aus der Bewältigung der Vergangenheit zu sein. Wenn heute einer vor uns steht, wie immer er ausschaut, müssen wir genau fragen: Was willst du, wofür stehst du, weshalb tust du das, was ist dein Motiv? Und dort, wo die Würde verletzt wird und Menschenrechte verletzt werden, haben wir aufzustehen. Wenn die Auseinandersetzung mit der Vergangenheit einen Sinn hat, dann den, daß wir heute die Menschenrechte zu wahren wissen. Und das ist zumindest eine partielle Antwort auf das, was gesagt wurde. Es war von Schuldarbeit die Rede. Ich finde, was ich versucht habe, ist nichts als Schuldarbeit. Vielleicht habe ich mich undeutlich ausgedrückt. Wenn ich sage, es war so schlimm, daß nach dem Krieg diejenigen, die ihn mitverursacht haben, nicht vorgetreten sind und gesagt haben: Wir haben es mitverursacht durch unsere Haltungen, durch diese Feindbilder, die wir aufgebaut haben, und wenn wir nicht sagen, wir haben euch motiviert, na, das spricht ja nicht den Motivierten frei. Für seine persönliche Schuld hat jeder einzustehen, selbstverständlich, ganz und gar. Ich habe diese Diskussion öfter mit jungen Leuten geführt, für die ich ganz großes Verständnis habe. Nur, die Frage ist die: Was wollen sie, die heute Siebzigjährigen, herausfinden? Die die Schuld auf sich geladen haben, die sollen hervortreten und sagen »wir haben Schuld« – das tun ja viele. Die, die es nicht tun, die werden Sie nicht herauskitzeln können. Wenn wir sie nicht damit herausholen, indem wir sagen: »Paß auf, wir haben Verständnis dafür, daß du es getan hast, aber wenn du jetzt nicht einsiehst, was geschehen ist, wenn du nicht einsiehst, daß du Schuld auf dich geladen hast, dann hat es keinen Sinn.« Ich glaube, das ist Schuldaufarbeitung. Ich kann nichts anderes darunter verstehen. Zu sagen: »Kommt heraus, wir wollen euch einsperren« oder »Wir wollen euch an den Pranger stellen und beschimpfen«, das kann es doch wohl nicht sein. Das ist nicht Schuldaufarbeitung. Schuldaufarbeitung kann eben nur in der Auseinandersetzung liegen. Das ist eigentlich das wichtigste, was ich dazu zu sagen habe.

Ernest Dichter:
Ich erinnere mich an einen Witz: Eine Dame geht zum Psychiater, er sagt ihr ins Gesicht: »Sie sind tief hysterisch und neurotisch.« Da sagt sie: »Das kann ich nicht akzeptieren, ich brauche eine zweite Meinung.« Da sagt er: »Die können Sie von mir haben. Sie sind auch mies.« Wir reden dauernd davon, daß wir den Österreichern die Tatsachen sagen müssen, daß sie erkennen müssen, was geschehen ist. Als Psychologe, der hauptsächlich pragmatisch arbeitet, frage ich: Was machen wir in der Zukunft? Achtzig Jahre habe ich schon hinter mir. Was mir Sorgen macht, sind die nächsten zwanzig Jahre. Was machen wir in den nächsten zwanzig Jahren? Ob ich da sein werde, ist eine andere Angelegenheit. Und zwar würde ich psychologisch vorgehen, in einem Motivforschungssinn, das, was ich eben seit über fünfzig Jahren praktiziert habe: Jemand, der Vorurteile hat, der Feindbilder heranzieht, tut es nicht deshalb, weil er böse ist, sondern weil er was davon hat. Und was er davon hat, ist sehr einfach. Kennen wir leider bereits von den Märchen her, die wir immer bewundern. Die Welt ist so. Man kommt ins Leben, und sobald das Bewußtsein zu funktionieren beginnt, hat man das Gefühl, das ist ein furchtbares Durcheinander. Da kriegt man Märchen vorgelesen: Da gibt es schlechte Menschen und gute Menschen. Die schlechten Menschen sind meistens schwarz. Das führt dann zu späteren Problemen in Amerika und Afrika. Und die guten Menschen sind immer weiß. Warum gibt es keine schwarzen Feen? Das ist eine meiner Fragen. Viele von unseren Vorurteilen wären damit nicht gleich beseitigt, aber erleichtert. Was man aber machen muß in den nächsten fünf, zehn, zwanzig Jahren – das hat mir vorgeschwebt als das Hauptthema dieses Meetings –, ist, den Leuten, die Vorurteile haben, die Feindbilder haben aus irgendeinem Grund, die neue Idee, nämlich keine mehr zu haben, zu verkaufen. Was habe ich davon, wenn ich mein Feindbild, mit dem ich bis jetzt sehr bequem gelebt habe – nämlich es gibt schlechte und gute Menschen, gibt rote und gibt schwarze Menschen, das läßt sich auf alles anwenden –, was habe ich davon, wenn ich diese Feindbilder abbaue? Die Welt ist netter organisiert, ist kein Durcheinander mehr, es gibt kein Chaos mehr. »Chaos« ist übrigens die griechische Übersetzung für das hebräische Wort »Tohuwabohu«, es steht auf der ersten Seite des Alten Testaments. Gott hat anscheinend keine gute Arbeit geleistet, er hat ja nur sechs Tage Zeit gehabt und kein Geld, und am siebten Tag hat er sich bereits ausgeruht und hatte

die Welt angeblich in Ordnung gebracht und hat die zwei Figürchen Mann und Frau – ohne auf Details näher einzugehen – auf die Erde gestellt und mehr oder weniger gesagt, das ist *euer* Problem. Ich habe meine Arbeit geleistet, ihr müßt jetzt die Welt weiter in Ordnung bringen. Was wir also machen müssen: Wir müssen dem Menschen mit Vorurteilen, dem Menschen mit Feindbildern verkaufen, daß es gescheiter, angenehmer, profitabler ist, die Feindbilder aufzugeben.

Horst-Eberhard Richter:
Ich möchte ein paar Fragen aufgreifen. Erstens die Frage, wie ist denn die Jugend beschaffen? Die letzten beiden großen repräsentativen Jugenduntersuchungen, die in der Bundesrepublik stattgefunden haben, die letzte 1985, haben etwas sehr Interessantes ergeben. Es ist so, daß etwas mehr als die Hälfte der Jugend bei uns ein optimistisches Zukunftsbild und etwas weniger als die Hälfte ein düsteres Zukunftsbild hat. Nach der Meinung der Regierenden sollte man jetzt die Optimisten als die großen Hoffnungsträger sehen. Die werden unsere Gesellschaft schon dahin bringen, wohin sie soll. Interessant ist, daß die Autoren dieser letzten sehr großen Studie, die auch viele Interviews gemacht haben, also nicht nur sozusagen Fragebogen verrechnet, herausgefunden haben, daß es genau umgekehrt ist. Sie haben gefunden, daß eigentlich bei den Optimisten eine relativ flache Einstellung mit oberflächlichen Freizeitverhaltensweisen überwiegt: Uninteressiertheit, was Politik anbetrifft, nirgends Engagement. Und bei den Pessimisten, die bedrückt sind, die eine düstere Vorstellung von der Zukunft haben, haben sie statistisch hoch signifikant bei einzelnen Verhaltensweisen gefunden, daß sie sich sehr interessieren, sehr viel mehr wissen, in der Freizeit mehr lesen, daß darunter auch ein relativ hoher Anteil sich engagiert, das heißt, sich kümmert. Das heißt, daß also eine Fähigkeit, die Bedrücktheit auszuhalten – vieles ist bei uns heute ja tatsächlich gefährlich –, diese Fähigkeit, das auszuhalten, führt, wie die Autoren meinen und was auch meinen Erfahrungen entspricht, eher zu einem Engagement, zu einer Entschlossenheit, auch etwas zu machen, sich einzumischen in der Gesellschaft. Resultat dieser Autoren: Hoffnungsträger für unsere Zukunft sind die, die eher eine düstere Zukunftsvorstellung haben, weil sie das nämlich ändern wollen, und nicht nur aushalten! Das nächste: Ja, wie ist das mit dem Festhalten am Feindbild. Ich habe gesagt, es gibt Verantwortliche, die sich tatsächlich Sorgen machen, es könnte dieses Feindbild Rußland verschwinden, aufgeweicht werden. Na, das ist ja nichts Böses, wenn man sich vorstellt, worauf jetzt unsere Abschreckungsideologie beruht oder sagen wir die psychologische Infrastruktur der Abschreckung. Wir leben auf beiden Seiten mit der Vorstellung, der andere greift nur deshalb nicht an mit seinen Atomwaffen, weil er weiß, wir würden ihn dann vernichten. Das bedeutet, daß in der Bevölkerung eine Entschlossenheit vorhanden sein muß, im Notfall von diesen fürchterlichen Waffen Gebrauch zu machen. Sonst würde ja die Abschreckung nicht funktionieren. Wenn auf der einen Seite plötzlich die Stimmung überwiegen würde, daß man sagt, die Waffen haben wir zwar, aber wir dürfen sie niemals anwenden, dann würde nach der augenblicklichen Abschreckungslogik die andere Seite sich sagen müssen: Prima, die drohen ja gar nicht mehr; die können ja gar nicht mehr abschrecken. Die wollen ja gar nicht. Insofern ist also eine Gefährdung dieser psychologischen Infrastruktur für diejenigen, die diese Kampagne machen, wirklich ein ernstes Problem. Und deshalb hat Verteidigungsminister Wörner neulich gesagt – den ziehe ich da als Zeugen heran –, wir müssen gegen die Friedensbewegung sein und gegen die Medien, die diese Wünsche jetzt nach Vertrauen und Verständigungsbereitschaft so sehr hochspielen; das sind lediglich Harmoniewünsche, Gefühle, die Realität ist aber nicht so. Und dann kommt die Realität, und die ist mörderisch ... Dieses Vertauschen von Wünschen und Realität wollte ich kritisieren. Und schließlich darf ich noch ein Wort des Dankes sagen, daß ich mich angeregt fühle durch das, was Herr Jungk gesagt hat. Ich meine auch – und das ist in meinem Referat zu kurz gekommen –, entscheidend ist, wenn man das denkend verarbeitet, was wir heute ja auch getan haben in den Referaten und Diskussionen, was in der Vergangenheit uns noch belastet, daß es darauf ankommt, es jetzt zukunftsorientiert anders zu machen, und daß jeder sich fragen muß, wie kann ich eigentlich das, was ich jetzt anders im Kopf habe aus meinen Erinnerungen, wie kann ich das zur Vorbeugung praktisch in meinem Leben, in meinem Wirkungsbereich ändern. Ich habe einmal geschrieben: »Wenn man nicht macht, was man denkt, dann kann man nach einer Weile auch nicht mehr denken, was zu machen ist, weil man allmählich auch im Denken korrumpiert wird.« Und deshalb meine ich, die beste Chance, wirklich aus der Vergangenheit zu lernen, ist auch jetzt, sich zu engagieren und etwas zu machen, und da ist für mich so einer wie Robert Jungk ein großes Vorbild.

Ernest Dichter

Die Angst vor den anderen

Sie fahren seit einiger Zeit im Schnellzug. Sie haben sich mit den Insassen im selben Coupé fast angefreundet. Bei der nächsten Station steigt ein neuer Passagier ein. Er hat schwere Koffer. Man muß Platz machen. Er ist der Eindringling, der Fremde, man haßt ihn. Er hat nichts verbrochen, aber er ist anders, er gehört einfach nicht dazu.

In fast jeder modernen Sprache gibt es ein Wort für den Fremden: »étranger«, lange Zeit fast automatisch mit »sal« assoziiert, »schmutzig« und »unverläßlich«. »Ausländer« ist ebenso negativ, aber bereits mit etwas Neid und Neugierde gemischt. Im Hebräischen werden die Nicht-Juden als »Gojim« bezeichnet, übersetzt heißt es auch »Fremder«, jemand, der mit den Sitten des Landes oder des Stammes nicht vertraut ist.

Wenn das schon bei der gleichen Hautfarbe und dem gleichen Benehmen der Fall ist, dann ist es kein Wunder, wenn es um so mehr auf Andersfarbige, Andersgläubige und verschiedene ethnische Gruppen zutrifft.

Wenn wir tiefer gehen, dann entdecken wir, daß fast alle von uns unter der Angstvorstellung litten, unsere Eltern seien eigentlich unsere Stiefeltern. Wir wären bloß adoptiert. Deshalb erlitten wir einen Schutzverlust. Wenn Fremde in unserer Umgebung leben oder mit uns in die Schule gehen, dann entsteht ein ähnlicher Schutzausfall. Wir fühlen uns verlassen und bedroht. Der geschickte Politiker und Demagoge kann diese Furcht ausbeuten. Er verwendet rationale Erklärungen. Die Gastarbeiter nehmen Arbeitsstellen weg, sie beuten die Sozialversorgung aus, ohne dazu beizutragen. Man sieht sie oft im Fernsehen als Komplizen bei Verbrechen.

Die »Fremden«, ob sie jetzt bei uns arbeiten oder in die Schule gehen, empfinden genau den Unterschied zwischen »uns« und »wir«. Sie formen deshalb ihre eigene Subkultur. Dort fühlen sie sich zu Hause. Ein Circulus vitiosus entsteht. Sie sind anders und wollen anscheinend auch anders bleiben.

Erst wenn man in die Tiefe geht, kann man wirklich verstehen, woher Feindbilder stammen. Wie das schon der Name klarmacht, sind das Urteile, die oft keinerlei Begründung haben. Eine psychologische Erklärung ist, daß man eigentlich sich selber haßt. Man sieht seine schlechten Seiten viel klarer im anderen und will sie durch Haß verleugnen.

Die vielen Schwiegermütterwitze oder die ethnischen Witze über Polen, Italiener etc. stammen oft daher, daß man sieht, wie die eigene Frau in einigen Jahren aussehen wird, oder daß man seine eigenen Fehler in einem anderen Volk entdeckt. Dasselbe trifft auch bei der Touristik zu. Viele Europäer machen sich über die Amerikaner lustig, obwohl sie einiges von ihnen übernommen haben, sei es nun Coca Cola oder Western und Krimis im Fernsehen. Sie wollen sich nicht so sehen, wie sie befürchten, daß die Zukunft es bringen wird.

Feindbilder sind bequeme Methoden, die Welt für sich zu organisieren. Alle, die einem nicht gefallen, werden zu Sündenböcken gemacht. Sie sind an allem schuld.

Wenn man versucht, den Voreingenommenen diese Neurose auszureden, dann ist man in Wirklichkeit dabei, dem Menschen mit Feindbildern das Leben wieder unbequem zu machen. Er muß umdenken lernen und meistens indirekt zugeben, daß er unrecht gehabt hat. Seine Überlegenheit, die er durch seine Vorurteile erzielt hat, wird ihm entzogen. Er muß lernen, mit Menschen zu leben, die er sein ganzes Leben lang angegriffen hat. Er wehrt sich natürlich dagegen und sucht mehr und mehr Tatsachen, die ihm anscheinend recht geben.

Eine Möglichkeit ist, den Menschen dazu zu bringen, sich in die Lage des Verleumdeten zu versetzen. Hätte er wirklich selber anders gehandelt? Hätte er wirklich den Mut gehabt, Widerstand zu leisten? Jeder will in seinem Leben nach oben. Eine bequeme Weise, dies zu erreichen, ist es, die anderen zu unterdrücken. Man schafft »Untermenschen« und wird dadurch automatisch zum Übermenschen, ohne sich besonders anstrengen zu müssen.

Leider beginnen wir bereits in den Volksschulen zu betonen, daß wir besser als die anderen sein müssen. Wir verteilen Noten für Überlegenheit, anstatt Kooperation zu betonen. Wenn das auf ein ganzes Land ausgedehnt wird, besonders wenn es klein ist wie Österreich, dann führt es zu einer besonderen Empfindlichkeit. Man spricht den anderen, den Großen, das Recht ab, sich in die Angelegenheiten des kleinen Landes einzumischen. Man reagiert dann im Geiste des »Justament«. Die Großen müßten Verständnis zeigen für diese Überempfindlichkeit. Die Kleinen müssen aber auch verstehen, daß sie nicht isoliert in der Welt reagieren können. Es gibt sehr wenig wirkliche Unabhängigkeit in der Welt. Wir sind eher von »interdependence«, von gegenseitiger Abhängigkeit, beherrscht.

Wenn Zentralamerika begonnen hat, Konflikte nicht mit Waffengewalt zu bereinigen, sondern dem Friedensplan des Staatspräsidenten von Costa Rica, Oscar Arias, zu folgen, dann sollte dies ja auch woanders möglich sein.

In der Wirtschaft gibt es so etwas wie einen »fresh start«. Man vergißt bewußt auf die Fehler und fängt neu an. Es muß nicht immer

Sieger geben. Es gibt einem leider ein gutes Gefühl, wenn man glaubt, sich rächen zu können. Noch schöner aber ist jenes der neuen Zusammenarbeit.
In einem Experiment wurde zwei vergleichbaren Gruppen eine gleichlautende Behauptung vorgelegt. In dem einem Fall war diese Feststellung angeblich von einem Vertreter einer liberalen Partei unterschrieben, im anderen Fall von einem Konservativen. Die Reaktionen waren völlig verschieden. Man hatte also auf die Unterschrift reagiert und nicht auf den Inhalt der Botschaft.
Feindbilder haben auch viel mit Eifersucht zu tun. In Amerika erleben wir jetzt, daß Kinder asiatischer Abstammung, wie Vietnamesen, Chinesen, Malaysier, zu den besten Schülern zählen. Sie werden von ihren Mitschülern unter allen möglichen Ausreden angegriffen. In Sansibar wurde ein Großteil der dort ansässigen Inder ins Meer getrieben. Sie waren meistens Kaufleute, verdienten mehr Geld, waren einfach tüchtiger. Der einzige Ausweg für die schwarze Bevölkerung war, zu versuchen, sie zu vernichten.
Dominanz muß nicht immer Geld sein. Höhere Intelligenz, Arroganz, Macht in jeder Form können Neid erzeugen. Aschenbrödel ist ein klassisches Beispiel. Sie war schöner als die anderen Töchter!
Märchen, obzwar das als Erklärung nicht populär ist, sind oft der Ursprung von Vorurteilen und Stereotypen. Da gibt es die Fee, die Hexe, Lösungen von Problemen durch Zauberei. Es gibt Weiße und Schwarze, entweder buchstäbliche oder symbolische Zweiteilungen. Später, wenn man erwachsen wird, entdeckt man, daß die Menschen eher grau sind. »Das Leben ist unfair« lernt man. Die Guten gewinnen nicht immer. Die Welt in Feindbilder zu teilen – da die Guten und dort die Schlechten –, ist bequem. Alles ist schön in Ordnung!
Da kommt dann jemand daher und erklärt, daß das alles nicht stimmt. Man wird angeklagt, unfair zu sein, Vorurteile zu haben. Je mehr dies zutrifft, desto mehr wehrt man sich. Der Amerikaner, der die Neger verteidigt, wird speziell im Süden als »nigger lover« beschimpft. Bei den Nazis war das Äquivalent »Juden-Freund«.
Der, der unbeeinflußt bleiben will und seine faire Haltung verteidigt, wird unter Druck gesetzt. Zu oft gibt er dann nach. Es gehört viel Mut dazu, abseits zu stehen. Das wird häufig von Anklägern übersehen, die sich vielleicht nicht viel anders verhalten hätten, wenn sie in der gleichen Situation gewesen wären.
Was auch oft übersehen wird, ist die Tatsache, daß sich Menschen ändern. Wir haben über Saulus-Paulus gelesen, auch über Maria Magdalena, aber im politischen Leben vergessen wir darauf.
Minoritäten wie die Neger in Amerika haben ihre eigene Kultur und ihren eigenen Lebensstil. Sie sind weniger auf unmittelbare Ziele ausgerichtet, haben einen anderen Zeitsinn. Dasselbe gilt aber auch in bezug auf die Unterschiede zwischen Franzosen und Deutschen. Als ich das erste Mal nach Paris kam, war ich schockiert, als ich sah, daß französische Arbeiter während der Arbeit sehr oft eine Flasche Wein tranken. Wie können sie je etwas erreichen? Der Anblick der Champs Elysées belehrte mich dann rasch eines besseren.

Bei Recherchen zu einer Studie über Marokko war ich verärgert über die schlurfende Gehweise der Araber. Erst als ich eine Dschellabah, das frauenkleidähnliche Gewand der Einwohner, probierte und dazu noch die malerischen Pantoffeln, wurde mir klar, daß es sich um einen Gang handelte, der von der Kleidung her bedingt war. Und diese wiederum hatte etwas mit dem Klima zu tun.
Einer Studie für eine deutsche Großwäscherei lag das Problem zugrunde, wie man die Deutschen dazu bringen könnte, öfter als einmal in der Woche das Hemd zu wechseln. Dabei sind wir überzeugt, daß diese Nation zu den saubersten der Welt gehört. Was ich das »Image« nenne, hat sehr oft wenig mit den Tatsachen zu tun.
Es gibt eine Reihe von Möglichkeiten, Vorurteile zu bekämpfen und die Furcht vor den anderen zu verringern. Moderne Medien sind dabei große Hilfen. Wir wollten weiße Bauherren davon überzeugen, daß sie nichts zu befürchten haben, wenn Neger in ihr Wohnhaus einziehen. Wir verfaßten einen Radio-Spot, in dem ein Hausbesitzer aufgeregt zum anderen sagt: »Bei uns sind Neger eingezogen!« – »Was ist passiert?« fragt der andere. »Nichts«, sagt der erste. Das war der Schluß der Einschaltung. Sie wurde des öfteren gebracht. Der Erfolg war gut. Wir fürchten uns vor dem, was wir nicht kennen. Das beliebteste Fernsehprogramm in den USA ist die Bill-Cosby-Show. Sie zeigt, humorvoll dargestellt, das Leben einer schwarzen Familie, welche die gleichen Probleme wie eine weiße Familie hat. Man ist also gewissermaßen auf Abenteuerreisen in einer fremden Kultur, hat nichts zu befürchten, im Gegenteil: es ist interessant und bequem.
Oft hilft es auch, wenn man sich über Vorurteile lustig macht. Damit hat man schon zur Zeit des Wiener Bürgermeisters Lueger operiert, der – wie bekannt – ein großer Antisemit war. In einem Witz hieß es damals, wenn das Wetter schlecht ist, sind der Jud' und der Radfahrer daran schuld. Wir haben diese Idee später aufgegriffen. Es handelte sich darum, Jugendliche vom Abwandern aus der Stadt Portland im Staate Maine abzuhalten. Es gab ein Gerücht, daß die alten Walfischer-Familien die Stadt beherrschten und an der Jugend nicht interessiert waren. Wir installierten eine kostenlose Telefonleitung, über die man den Bürgermeister oder seinen Stellvertreter erreichen konnte. Große Abdrücke von Schuhen auf dem Pflaster trugen die Aufschrift »Das ist der Weg zum Rathaus!«. Gleichzeitig veröffentlichte die größte Tageszeitung unsere Studie mit allen Beschwerden. Diese Zeitung wurde nämlich auch als »jugendfeindlich« angegriffen.
Eine Ausstellung, in der Feindbilder und deren falsche Hintergründe gezeigt werden, ist eine andere Möglichkeit. In Schulen könnte man beginnen, Kindern bereits die Furcht vor dem Wechsel zu nehmen. Man braucht die Kinder ja nur Woche für Woche in andere Bänke zu setzen. Damit vermeidet man die Bildung von Cliquen, und die Kinder sehen die Klasse von verschiedenen Gesichtspunkten. Das Rollenspiel wird von vielen Management-Trainingskursen verwendet. Der Vorgesetzte muß lernen, sich in die Situation des Angestellten zu versetzen und umgekehrt. In einem Hotel in Österreich haben

wir vorgeschlagen, daß die Gäste einmal in der Woche Kellner spielen sollten und umgekehrt. Das »Psychodrama« ist ebenfalls eine zielführende Methode. Sie wurde von einem Wiener Psychiater entwickelt, der sie zur Lösung von Ehekonflikten verwendete. Man erklärte sich selber einem sogenannten »auxiliary ego«, also einem anderen, der diese Rolle darstellen mußte. Wenn man sich dann selber sah, wurden einem viele Probleme klar.
Ich habe einige moderne Märchen geschrieben. In einem setzt sich ein hübsches Mädchen eine häßliche Maske auf. Als sie von niemandem zum Tanz aufgefordert wird, erlebt sie zum ersten Mal, was es heißt, häßlich zu sein, und steht nun anderen, nicht so hübschen Mädchen viel verständnisvoller entgegen.
Eine weitere Methode, mit der wir experimentiert haben, besteht darin, mittels eines Fragebogens versteckte Vorurteile zu entlarven. In einem solchen Fragebogen, den ich in einem Buch über Nationalismus verwendet habe, gibt es eine Skizze von lärmenden Gästen in einem Restaurant. Die Frage, die gestellt wird, lautet: »Welche Nationalität haben diese Gäste?« In der Antwort zeigte sich, daß es meist eine andere ist als die des Befragten.
Die Welt würde für die meisten von uns ganz anders aussehen, wenn wir uns von den Feindbildern, die wir alle in irgendeiner Form übernommen haben, befreien könnten. Wir würden dann nicht mehr die Schuld für unsere Probleme auf andere schieben, sondern die Verantwortung selbst tragen. Unsere Welt würde plötzlich viel reicher sein. Unsere wahre Identität zeigt sich erst dann, wenn wir nicht versuchen, uns auf Kosten der anderen als überlegen auszugeben.
Auch im Wirtschaftsleben können Vorurteile schädlich sein. Eine Zeitlang war man davon überzeugt, daß Japan ein Land ist, das nur westliche Ideen kopiert. Wann immer man las, »Made in Japan«, vermutete man sofort ein Billigprodukt. Dann erschienen in den USA eine Reihe von Anzeigen. In der Mitte eines sonst schwarzen Feldes war ganz klein zu lesen: »Made in Japan.« Dann wurde gefragt: »How come you are not laughing anymore?« – »Wie kommt es, daß Sie nicht mehr darüber lachen?« Jeder Leser überlegte diese Frage und entdeckte, daß es stimmte. Dann wurde in wenigen Worten erklärt, daß Japan und seine Kontrolle das erreicht hatten, denn die Qualität seiner Exportprodukte wurde scharf kontrolliert. Man kann also auch Vorurteile oder Feindbilder korrigieren, indem man Fehlerquellen vermeidet und dem anderen den vollkommenen Wechsel bewußt macht.
In ähnlicher Weise kann man auch Feindbilder auseinandernehmen und systematisch beweisen, daß sie nicht mehr zutreffen oder nie zutrafen. Man muß aber zusätzlich dem negativen Propagandisten fast herausfordernd gegenüberstehen.
Wir lernen leider sehr bald in unserem Leben, Stereotypen zu akzeptieren. Verbrecher in Fernsehspielen sind häufig dunkel, gute Menschen blond und blauäugig. In Wirklichkeit gibt es natürlich genauso viele blonde Verbrecher. Opern, Märchen, Sagen, alle sind mitschuldig an diesem Glauben an Stereotypen. Der »Glöckner von

Notre-Dame« muß erst darum kämpfen, geliebt zu werden, und beweisen, daß er ein guter Mensch ist. In meinem Buch über die Krankheit des Nationalismus verwende ich einen Test. Der Leser muß durch Photos erkennen, wer der Deutsche, der Engländer, der Franzose ist. In den meisten Fällen kann er es nicht.

Wenn ein Ausländer gut aussieht und teure Kleider trägt, dann ist er weniger gefährlich. Wenn alle Feinde im Krieg dieselbe Uniform trügen, würde es weniger Kriege geben. Man könnte sogar in Krimis den Menschen beibringen, daß der Verdächtige nicht immer derjenige ist, der einen Akzent oder geschniegeltes Haar hat. Es könnte Kurse geben, wie man zwischen der Wahrheit und falschen Vorstellungen unterscheiden lernt.

Ich glaube, man sollte weniger die Immoralität der Vorurteile und Feindbilder betonen als darauf hinweisen, daß derjenige, der ihnen zum Opfer fällt, dumm ist. Feindbilder sind weniger im Feind verankert als in den Menschen, die nicht richtig sehen können. Journalisten und Schriftsteller sollten die Leser und Fernsehzuschauer zu mehr Vernunft erziehen. Es sollte Videospiele geben, die das Bekämpfen von Feindbildern zum Inhalt haben.

Europa wäre schon längst vereint, wenn man die falschen Ideen über die verschiedenen Länder ins Positive umgewertet hätte, statt künstliche Grenzen einzurichten und die anderen Länder und Menschen als »Fremde« zu beschreiben.

Wir sollten lernen, uns nicht als Deutsche, Österreicher oder Franzosen zu sehen, sondern als Europäer und darüber hinaus als Bewohner des gleichen Planeten. Die Zeit ist vielleicht nicht so fern, wo wir die Weltraumbewohner als Freunde begrüßen können und müssen!

Hubert Feichtlbauer

Bundesrepublik Deutschland: Pampig, schlampig und verwandt

»Irgendwie fahren Deutsche und Österreicher in Korridorzügen aneinander vorbei«: Engelbert Washietls Diagnose (in: »Österreich und die Deutschen«, Wien 1987) bedient sich eines drastischen, aber keineswegs falschen Bildes. Zuerst freilich drängt sich Widerspruch auf: Nach allem, was geschehen ist, sollten wir einander fremd geblieben sein?

Geschehen ist: Drei Jahrhunderte lang trugen Herrscher des Hauses Österreich die Krone des Deutschen Reichs. Bis 1866 war Österreichs Geschichte eng mit der deutschen verflochten – auf Umwegen schmerzhaft auch noch danach. 1918 konnte nur ein Verbot der Alliierten verhindern, daß die »Republik Deutschösterreich« ein Teil des Deutschen Reichs wurde. 1938 wurde für den Sozialdemokraten Otto Bauer mit dem Anschluß Österreichs an Deutschland der »Anschluß an den Sozialismus« vollzogen, und für Kardinal Theodor Innitzer ging »die tausendjährige Sehnsucht unseres Volkes nach Einigung in Erfüllung«.

Die Desillusionierung holte uns mit Siebenmeilenstiefeln ein. 1945 sagten – ganz im Gegensatz zu 1918 – Christen und Kommunisten, Sozialisten und Liberale ein uneingeschränktes Ja zum selbständigen Staat Österreich. Das Bekenntnis zu einer eigenen österreichischen Nation nahm in den Folgejahren spektakulär zu. (Heute verstehen die Jungen die frühere Sprengkraft dieses emotionsgeladenen Themas überhaupt nicht mehr.) Aber als Österreich mit seinem 1986 gewählten Bundespräsidenten Kurt Waldheim international ins Schleudern kam, taten die Nachbarn westlich und nördlich des Inn wenig, um uns aufzufangen. Das »Korridor-Syndrom« zeigte Spuren. Einige höhnten über das späte Mißlingen des versuchten »Ausstiegs aus dem deutschen Totalschaden«, den wir bis hin zur Einführung einer »Unterrichtssprache« an Stelle von »Deutsch« in den Schulzeugnissen der ersten Nachkriegsjahre praktiziert hatten.

Es gehört zum Wesen eines Totalschadens, daß es daraus kein Entrinnen gibt. Deutschland, besiegt am Boden liegend, bekam 1945 von den Siegermächten die gesamte Kriegsschuld angelastet – akzeptierte sie und erstand neu aus Trümmern und Rauch. Österreich ließ sich als befreites Land feiern, sah wenig Grund zur Reue, zimmerte sein eigenes Aufbauwunder – und sah sich bestürzt erst gut vier Jahrzehnte später mit dem politischen Verursacherprinzip konfrontiert.

Das Verhalten der Wiederbegründer des demokratischen Österreich war keine »Lebenslüge«. Sie hatten vielfach vor 1938 für ein unabhängiges Österreich gekämpft, waren unter Hitler vertrieben, verfolgt, eingesperrt worden. Hätten sie den Alliierten die Schlitzohrigkeit vieler Landsleute einreden sollen, die aus anpasserischem Opportunismus Hitler unterstützt, hingenommen, mehr schlecht als recht irgendwie »mitgetragen« hatten?

Ein ganzes Volk ist nicht zum Heldentum berufen. Auch hat es die Helden in Österreich gegeben: neben 66.000 von Hitler umgebrachten österreichischen Juden bezeugen dies auch 32.000 nichtjüdische Opfer der Nazischergen, 100.000 Österreicher in Konzentrationslagern und Gestapo-Gefängnissen. 2.700 Österreicher wurden in der NS-Zeit wegen aktiven Widerstands hingerichtet. Und die 372.000 Toten des verbrecherischen Krieges waren nicht für ihr »Vaterland« gefallen oder im Bombenhagel gestorben. 23.000 in Kriegsverbrecherprozessen gefällte Urteile, 13.000 davon Schuldsprüche, bewiesen immerhin ein Bemühen um nachgereichte Gerechtigkeit.

Beim Versuch, überlebenden Opfern wenigstens symbolhaft materielle Entschädigung zu erweisen, blieb Österreich im Unterschied zur Bundesrepublik freilich in Dürftigkeit stecken. Niemand lud Davongejagte ernsthaft zur Rückkehr, zur Wiederinbesitznahme der geraubten Heimat ein. Kaum einer von denen, die in den dreißiger Jahren mit ihren Anschlußparolen und antisemitischen Wirtshausreden ungewollt Handlanger des NS-Systems geworden waren, fand 1945 die rechten Worte dafür. Das Nachdenken über die Doppelrolle der Österreicher (nicht Österreichs!) als Opfer und Täter haben sich viele von uns erspart.

Jetzt rächt sich diese Art von Sparsamkeit. Je rascher und je ehrlicher wir den Rückstand aufholen, um so rascher wird eine Rückkehr zu problemloser Freund-Nachbarschaft mit Deutschland möglich sein. Mit dem westlichen Deutschland, das wir immer meinen, wenn wir nichts zum Grundwort dazusagen. Österreichs Neutralitätsproklamation hat 1955 die Bonner Regierung beunruhigt. Die Sorge hat freilich bald Zustimmung, ja Genugtuung Platz gemacht. Ein 1957 geschlossener Vermögensvertrag hat tragfähige juristische Fundamente gelegt. Dann kamen die deutschen Urlauber: jedes Jahr mehr. 1981 waren sieben von zehn Ausländern, die in Österreich nächtigten, »Bundesdeutsche«. Nur leicht fiel die Statistikkurve danach ab. Im Sommer 1987 wurden 33 Millionen Nächtigungen deutscher Touristen gezählt.

Hat uns Touristenseligkeit wirklich einander nähergebracht? Es gibt Zweifel – aber auch ein herzhaftes »Ja« aus vieler Munde. Zu

»Ich könnte Österreicher sein, wenn die Österreicher mich ließen. Das hat etwas damit zu tun, daß mich meine Sprache sofort in eine Ecke rückt, egal was ich tue … Es gibt ›Horden‹ von österreichischen Schauspielern, die zum Beispiel Hamburg oder Wuppertal besetzt haben. Kein deutscher Regisseur, kein deutsches Publikum regt sich darüber auf, daß es österreichisches Idiom plötzlich im ›Hamlet‹ gibt. Hier in Österreich tut man das – umgekehrt – sehr wohl!«
Lutz Hochstraate, geboren in Dortmund, Intendant des Salzburger Landestheaters

bedauern bleibt, daß so wenige Österreicher in Deutschland Urlaub machen. Und offen ist die Frage, ob man mit DM-Preisen auf Speisekarten und »Eisbein« statt »Stelze« oder ribiselverleugnenden »Johannisbeeren« sich als Gastland einladend oder doch mehr anbiederisch präsentiert. Nicht offen bleibt die Frage, ob Otto Schulmeisters Buchtitel »Der zweite Anschluß« die wirtschaftspolitische Verflechtung tendenziell richtig wiedergibt. Er tut's.

Siebenunddreißig Prozent der österreichischen Exporte gehen in die Bundesrepublik Deutschland, die Hälfte unserer Importe kommt von dort. Selbst für den starken Nachbarn ist das kleine Österreich kein kleiner Fisch: Wertmäßig verkauft die Bundesrepublik an uns dreimal so viel wie an Japan und mehr auch als an ganz Osteuropa. Österreich ist immerhin der neuntgrößte Lieferant und der achtgrößte Abnehmer der Bundesrepublik Deutschland. Auch in den schwierigen Welthandelsjahren 1986 und 1987 stiegen diese Außenhandelswerte weiter an. »Würgegriff« ist's keiner, wie ihn ein Zeitgeschichtler in diesem Zusammenhang konstatieren zu müssen glaubt – eher schon ein Grund mehr, daß Österreich die wirtschaftliche Verflechtung mit allen Mitgliedern der Europäischen Gemeinschaften und nicht nur mit einem Favoriten verstärkt. Im selben Atemzug muß man freilich hinzufügen: und gegenüber Mittel-, Ost- und Südosteuropa offen bleibt, aber auch die Beziehungen zur übrigen Welt ausbaut und weiter vertieft. Denn nie war Österreich im eigentlichen Sinn »national« orientiert; immer war die österreichische Reichsidee übernational; der richtige staatsrechtliche Titel lautete bekanntlich »Heiliges Römisches Reich«, und der Zusatz »deutscher Nation« kam erst später und gewissermaßen schwerpunktsetzend hinzu. Nur 14 der 55 Millionen Bewohner der österreichisch-ungarischen Monarchie waren 1914 Deutsche.

Das heißt nicht, daß wir nicht das »Deutsche« an den Österreichern ungezwungen auch so benennen dürften – so wie die Schweizer, deren Loslösung aus dem Reich früher als die der Österreicher einsetzte, ungeniert von einer »deutschen Schweiz« und dem »Schweizerdeutsch« reden. Aber daß viele Österreicher an gewissen Vereinnahmungstendenzen des geplanten Museums der deutschen Geschichte in Berlin ihre helle Freude nicht finden mögen, sollten die Urheber dieser Pläne rechtzeitig verstehen, ehe ein neuer Konflikt darüber ausbricht.

Mit den bayerischen Freunden wird Österreich wohl auch über die atomare Wiederaufbereitungsanlage Wackersdorf ins reine kommen. Daß eines nicht mehr allzu fernen Tages für die Errichtung von Großbauvorhaben dieser Art ein internationales Mitspracherecht völkerrechtlich verankert sein wird, darf angenommen werden. Schon heute müssen Anrainer bei der Errichtung von Betriebsanlagen gefragt werden. Wo die Umweltbedrohung potentiell grenzüberschreitend ist, sollte es wohl auch eine internationale Anrainer-Mitsprache geben. Dazu müssen noch ein paar Jahre die Donau hinunterfließen – aber keine Tiroler Steine mehr auf Bayernköpfe fallen wie weiland zu Andreas Hofers Zeiten. Im übrigen handelt es sich hiebei um ein allgemeines Völkerrechtsanliegen.

Für den Rest der österreichisch-deutschen Konflikte genügt die Einsicht, daß es Vorurteile auch innerdeutsch und international gibt. Den Österreichern gehen die (nach einem Berliner Stabsmusikkapellmeister benannten) »Piefkes« auf die Nerven, den Bayern eben die »Saupreißen«. Und den Koreanern aus durchaus verwandten Gründen halt die Japaner. Deutsche Touristen benehmen sich in Österreich oft urig, lärmend, auftrumpfend – österreichische in Jugoslawien auch. Österreichern mag kurvenschneidendes Tempobolzen auf Autobahnen von Fahrern mit »D«-Kennzeichen als Manifestation überheblichen Herrenmenschentums erscheinen – Amerikanern geht es mit »A«-Fahrern nicht besser. Die Deutschen erscheinen uns pampig – wir ihnen schlampig. Was uns wirklich von ihnen unterscheidet, hat schon Karl Kraus benannt: die gemeinsame Sprache. Was uns untrennbar eint, ist das gemeinsame Schicksal aller Völker und Nationen auf unserem eng gewordenen Planeten Erde, der in Europa eine starke, friedliche Herzmitte braucht.

Ankunft des Königs Wilhelm I. von Preußen auf den Höhen vor Dub am frühen Morgen der Schlacht bei Königgrätz, 3. Juli 1866

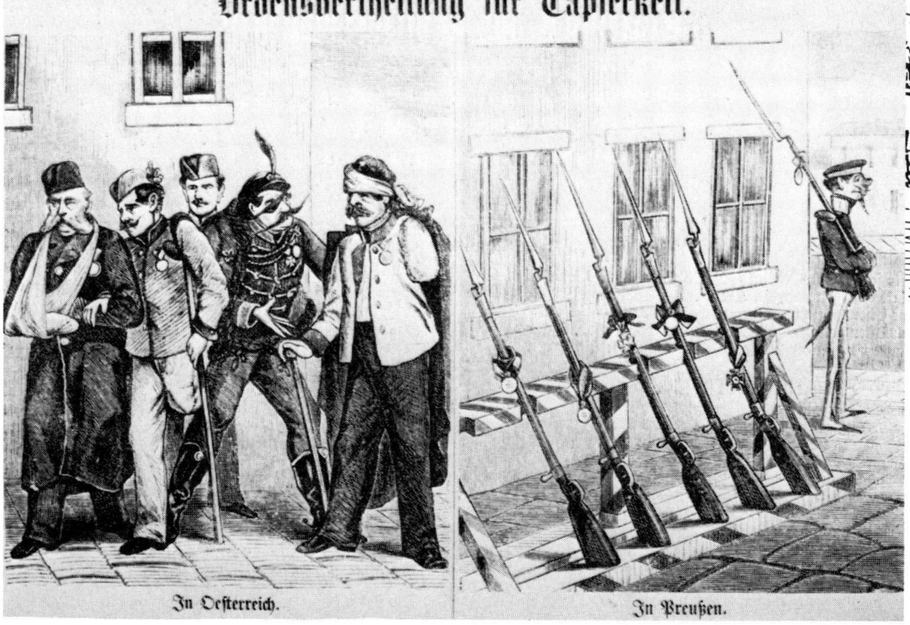

Karikatur aus dem Humoristischen Volksblatt »Kikeriki«, September 1866 (links)

1866 führt Österreich gegen Preußen Krieg und verliert die Schlacht bei Königgrätz. Nicht zuletzt die veraltete Bewaffnung trug zur Niederlage bei

Zur deutschen Flottenvorlage.

Austria: Wein' nicht, Kleiner! Wir sind arme Leut', ich kann Dir nicht so viel' Spielerei kaufen!

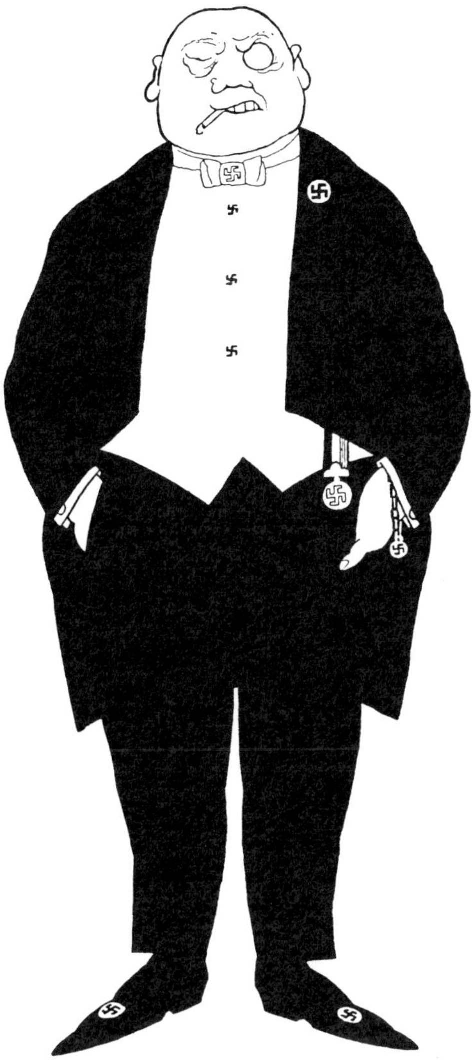

»Hier zeichne ich ein Feindbild: Den Deutschen finden Sie als Autofahrer, der Sie beim Überholen überholen möchte, der sieht, daß Sie selbst nicht vorfahren können, aber hinten schon ungeduldig blinkt und Sie nötigt, entweder aufzusteigen oder sonstwohin zu fahren ... Ich frage mich, ob es nicht die von mir als Herrenmenschentum und Besserwisserei empfundene Mentalität des Mittel- und Norddeutschen ist, die sich so negativ auswirkt, wenn wir vom Feindbild des Deutschen sprechen.«

Heinz Pürer, gebürtiger Österreicher, Universitätsprofessor für Publizistik und Kommunikationswissenschaften an der Universität München

»Die Deutschen sind mir zu trampelig und zu besserwisserisch, die Österreicher sind mir zu empfindlich.«

Michael Schmolke, gebürtiger Deutscher, Universitätsprofessor für Publizistik und Kommunikationstheorie an der Universität Salzburg

Karikatur aus der Zeitschrift »Kikeriki«, Februar 1900 (linke Seite)

Karl Arnold, Der Rassemensch (links)

Hitlerjungen, angetreten im Dienst des Staates

LEOPARD

März 1938: Hitlers Paradetruppen marschieren aus dem Wiener Burgtor auf den Ring zu (oben)

München, 1975: Die Waffenproduktion ist wieder ein Faktor der deutschen Wirtschaft. Die bewaffneten Kräfte der BRD zählen inzwischen zu den größten Armeen Europas. In Anwesenheit des Verteidigungsministers wird der erste westdeutsche Panzer, »Leopard«, an die Bundeswehr übergeben (linke Seite)

107
BB 042003

Drei deutsche Statussymbole: wirtschaftliche Tüchtigkeit, Mainzer Karnevalstreiben, »die Maß«

Feindbild Atomstaat, Befürworter und Gegner:
Ministerpräsident Franz Josef Strauß vor dem Kernkraftwerk in Gundremmingen, Mai 1985 (oben)
Anti-Wackersdorf-Demonstration in Schwandorf, Februar 1985 (unten)

Räumung eines Hüttendorfes von Atomkraftgegnern in Wackersdorf, Dezember 1985

Hubert Feichtlbauer

Italien: Wo schiefe Türme nicht fallen

»Kennst du das Land, wo die Zitronen blühn?...« Schon Goethe hat es wissen wollen. Das allgemeine »Ja!« wird aus vielen Gedankenverbindungen zum Stichwort »Italien« gespeist: Meer, Sonne, amore, papagalli, Autodiebe, Südtirol-Verlust, Aïda, Mafia...

»Die Österreicher nehmen das Leben zu ernst«, sagt ein italienischer Kellner mit Wien-Erfahrung. Wie unernst nehmen Italiener das ihre? Glauben wir, weil wir in den Urlaub nach Süden fahren, die Italiener verbrächten den Großteil ihres Lebens am Meer, Feiertage in lange Wochenend-»Brücken« verwandelnd, sofern die Zeit nicht gerade mit einem Streik totgeschlagen wird?

In der Tat liegt Italien in der internationalen Streikstatistik an führender Stelle. Das schier Unglaubliche daneben ist freilich auch eine Tatsache: Italiens Wirtschaftswachstum der letzten Jahre lag über dem Durchschnitt der westlichen Industrieländer; die jahrelang zweistellig galoppierende Inflation konnte auf unter fünf Prozent gedrückt werden; namhafte italienische Firmen haben ihren Weltruf ausgebaut; selbst der größte staatliche Industriekonzern IRI hat sich aus den roten Zahlen wieder herausproduziert.

Zwar stagnieren die Exporte, und das Defizit des Staatshaushalts frißt bereits mehr als zwölf Prozent des Werts aller Waren und Dienstleistungen auf – aber die Wirtschaft neben und jenseits der Gesetze (economia somerza, Schattenwirtschaft, noch deutlicher »Pfusch« genannt) macht noch einmal um die 30 Prozent allen Erzeugens, Veredelns, Verteilens und Leistens aus. 26 Millionen Touristen kommen jährlich aus aller Welt in das Land, und dem Fremdenverkehr ist schon ein Gutteil einst heiler Umwelt geopfert worden.

»Zuviel«, klagen die Kritiker und verweisen auf verschmutzte Meere und Überschwemmungskatastrophen, die auf rücksichtslose Bodenzerstörung rückführbar sind. Dennoch fahren wir weiter gern nach Lignano, Bibione und bella Venezia – und freuen uns, daß auch immer mehr Italiener nach Österreich kommen: zunächst auf Wochenendtrips, zunehmend auch zu längeren, vor allem winterlichen Urlauben. Schüler-, Jugend- und Vereinsreisen nehmen zu. Österreichische Schilehrer bekommen Italienischkurse verpaßt. Ein eigener Klub in Italien wirbt für nostalgische Österreichurlaube in edlem Wettstreit mit Österreichs Außenhandelsstellen und unserer Fremdenverkehrswerbung in Mailand und Rom (hier sogar mit einem echten Habsburger als Büroleiter). Österreichs zweitwichtigster Handelspartner rückt uns noch näher.

Wir ihm auch? Der Südtirol-Konflikt birgt seit sieben Jahrzehnten Sprengstoff, der immer wieder einmal explodiert – leider auch ganz im wörtlichen Sinn. Daß Teile der alten Doppelmonarchie 1918 an Italien verlorengingen, das, früher Bündnispartner Österreich-Ungarns, den Ersten Weltkrieg auf seiten der Siegermächte beendete, ist den Österreichern vertraut. Daß die Abtrennung Südtirols besonders schmerzte, weiß jedes Kind. Daß italienische Truppen 1918 nach Nordtirol marschierten und zwei Jahre lang in Innsbruck verblieben, ist daneben so gut wie total vergessen.

Ein nach dem Zweiten Weltkrieg unternommener Versuch, Südtirol mittels Volksabstimmung zurückzuholen, blieb auf der Strecke, weil die Siegermächte Italien für seinen Frontwechsel belohnen und für den Verlust von Triest entschädigen wollten. Schließlich wurde den Südtirolern 1969 von der Zentralregierung in Rom ein Maßnahmen-»Paket« zugestanden, das die Südtiroler Volkspartei und Österreich als brauchbare Grundlage für eine ehrliche Neuordnung akzeptierten. Ein paar Punkte der insgesamt 137 darin vorgesehenen Maßnahmen sind bis heute nicht durchgeführt, was die Frage aufwirft, ob der ganze Südtirolstreit nicht auch durch einige Eigenschaften des Volkscharakters beider Konfliktpartner zusätzlich erschwert wird.

Auf Tiroler Seite dürfte wohl eine gewisse Dickköpfigkeit manche Verhandlung belasten. Könnte es auf der anderen Seite das Prestigebewußtsein der Italiener sein, die ihren im Vergleich zu anderen Völkern im Eilzugstempo nachgeholten Nationalismus gern auch mit pompösen Siegesdenkmälern zelebrieren? Die Südtiroler irritieren solche Geßlerhüte aus Marmor und Stein, die sie außerdem an den Verrat ihres Deutschtums durch Hitler an Mussolini erinnern.

Das wieder paßt den Deutschtümlern nördlich des Brenner nicht in ihr Vorurteilsbild. Daß die Südtiroler in der faschistischen Ära entweder hätten auswandern oder sich total italianisieren lassen sollen, war ein Gipfelpunkt opportunistischer Machtpolitik.

Manche fürchten eine Neuauflage dieser Entwicklung, seit die Neofaschisten in Südtirol von Wahl zu Wahl stärker werden, während ihre Anhängerschaft im übrigen Italien schmilzt. Aber ob da ein Staatsbefehl, bei allen möglichen Anlässen die Trikolore zu hissen und ihr rituell Respekt zu zollen, nicht eher kontraproduktiv wirken muß? Wie in keinem anderen demokratischen Land machen in Italien Gesetze Beleidigungen des Präsidenten, der Nation, der Armee, der Beamten, der Fahne, des Papstes usw. zum Staatsdelikt.

»... ich kann nur über den kleinen Bereich unseres Hotelbetriebes sprechen und ich muß sagen, von ›Faulheit‹ ist wirklich nicht zu reden! Man kann auch nicht sagen, daß sich ein Italiener nicht an den Acht-Stunden-Tag hält. Natürlich hat der Italiener die Qualität, daß er nicht so partnerschaftlich ist, er weiß seine Rechte zu vertreten. Ich kenne die Verhältnisse in Österreich nicht, aber ich weiß, daß die Italiener – ich will nicht sagen konfliktreicher – aber selbstbewußter – sind, weil sie wissen, wenn sie ihre Arbeitskraft zur Verfügung stellen, daß sie einen Teil ihres Lebens zur Verfügung stellen. Das habe ich immer als Qualität angesehen, nicht als etwas Negatives – was vielleicht von Österreich aus der Perspektive des dauernden Streiks sehr negativ ausgelegt worden ist.«
Hanns Perkhofer, Tiroler Hotelier in Venedig

Ein allzu symbolwütiger Staat? Hängt das aber nicht andererseits damit zusammen, daß dieser Staat nie geliebt worden ist?
Italien ist 1.400 Jahre lang ein Staat gewesen, der in den Händen fremder Mächte lag: der Germanen und Deutschen, der Franzosen, Spanier und Österreicher. Dazwischen die rivalisierenden, einander befehlenden Stadtstaaten und Fürstentümer einschließlich des Kirchenstaates, der von allen Problemen nicht das geringste war. Der italienische Nationalstaat wurde erst mit der Besetzung des Kirchenstaates und dem Rückzug des Papstes in den Vatikan 1870 endgültig besiegelt. Das Volk ließ den Wechsel von Herrschaft und Macht mit gemischten Gefühlen über sich ergehen und versucht bis zum heutigen Tag, halb recht und halb schlecht an diesem Staat vorbeizuleben – auch seit er endlich der seine, der italienische, geworden ist. Neunundvierzig Regierungskrisen der Nachkriegszeit hat diese Republik scheinbar ohne größere Schrammen überstanden – warum sollte eine fünfzigste jegliche Aufregung wert sein?
Das Vorbeileben eines starken Volkes an einem schwachen Staat erklärt nicht nur den Erfolg der Wirtschaft trotz »evasioni fiscali«, Streiks und »Blaumachen« im öffentlichen Dienst, sondern auch jenes »typisch italienische« Phänomen, das mit dem Stichwort Mafia umschrieben wird: Justiz neben und hinter dem und meistens auch gegen den Staat. Ernsthafte und mutige Bemühungen der Republik in jüngsten Jahren, das süditalienische Mörderkartell zu zerschlagen, offenbaren auch in diesem Bereich einen Reifeprozeß. Daß Erzbischof Pappalardo von Palermo mit von der Anti-Mafia-Partie ist, hat Signalwert.
Nirgendwo ist die katholische Kirche so sehr ein Kind ihrer Umgebung wie in Italien, das sie ihrerseits mitgeprägt hat wie kaum noch ein zweites Land. Bewunderer sagen: Sie hat dieses Volk zu Künstlern und Humanisten von Weltrang gemacht – auch dort und dann, wo das Ursache-Wirkung-Verhältnis bestritten wird. Kritiker wenden ein: Die Kirche hat die Italiener zu äußerlich gehorsamen Untertanen erzogen, keine Reformation hat ihnen den Vorrang des Gewissens bewußt gemacht – also leben sie um so mehr auch am Gewissen und an der Kirche vorbei ein Fassadendasein!
Eines freilich hat die Kirche den Italienern niemals geraubt: ihre Sinnesfreuden. Sie essen und trinken, sie feiern und lieben mit der Ausgelassenheit und Vitalität eines Volkes, das einen ausgeprägten Sinn für Schönheit, Maß und Proportionen hat. Weltgeltung in Mode und Design verrät es wie ihre Kunst. Italiener lieben das Leben: Ist dies vielleicht auch der Grund, warum sie sich in Kriegen eher opportunistisch benehmen? Ist aber solcher Opportunismus andererseits nicht menschenfreundlicher als die Heldenpose militaristischer Völker?
»Katzelmacher« ist das böse Wort, mit dem Österreicher (aber doch immer seltener) ihre italienischen Nachbarn bedenken. Von »cazzuola« kommt (laut Professor Adam Wandruszka) das Wort, also »Maurerkelle«, und Rastelbinder sind damit gemeint. Aber das Volk Leonardos, Raffaels, Michelangelos, Tizians und Berninis, das Land, in dem ein Dante, ein Goldoni und ein d'Annunzio schrieben, ein

Monteverdi und ein Verdi komponierten, über das Literaten und Philosophen, Maler und Architekten einen Sternenhimmel der Außerordentlichkeit stülpten: kann ein solches Land als Heimat von Kesselflickern umschrieben werden?

Eher kann man da wohl einen anderen Schluß aus dem, was alles zum italienischen Nationalcharakter gehört, ziehen: Je größer die Vitalität eines Volkes, um so größer auch seine Vielfalt. Je mehr Licht, um so mehr Schatten. Je mehr Originalität, um so größer die Extreme: Armut, Arbeitslosigkeit und Analphabetismus wetteifern innerhalb Italiens mit Reichtum, Hochleistung und Gipfelkultur. Den Nord-Süd-Konflikt der großen Welt tragen die Italiener in ihren eigenen Grenzen aus.

»Wenn man einen Menschen liebt, so liebt man ihn trotz seiner Fehler und mit seinen Fehlern ... Nicht anders verhält es sich mit einem Land ...«, resümiert Robert Dvorak sein Italienbuch »Der schiefe Turm« (Herford, 1982), in dem er auch Zweifler überzeugt: »In Italien muß das Schiefe nicht fallen, nur weil es schief ist.« Nicht von jedem Land kann solches behauptet werden.

Kriegspostkarte aus dem Ersten Weltkrieg: In deiner Hand seh'n wir den Mordstahl blinken, um tückisch alte Freunde zu bekriegen, wir kämpfen zwar gen dich nur mit der Linken, doch sei gewiß, wir werden dennoch siegen!

Brigantenfreundschaft.

Österreichische Kriegspostkarten und Plakate aus der Zeit des Ersten Weltkriegs

Italienische Leinwandgrößen: Marcello Mastroianni (links), Sophia Loren (rechte S

Italienischer Polit-Alltag: Ilona »Cicciolina« Staller wird als Mitglied der Radikalen Partei 1987 ins Parlament gewählt

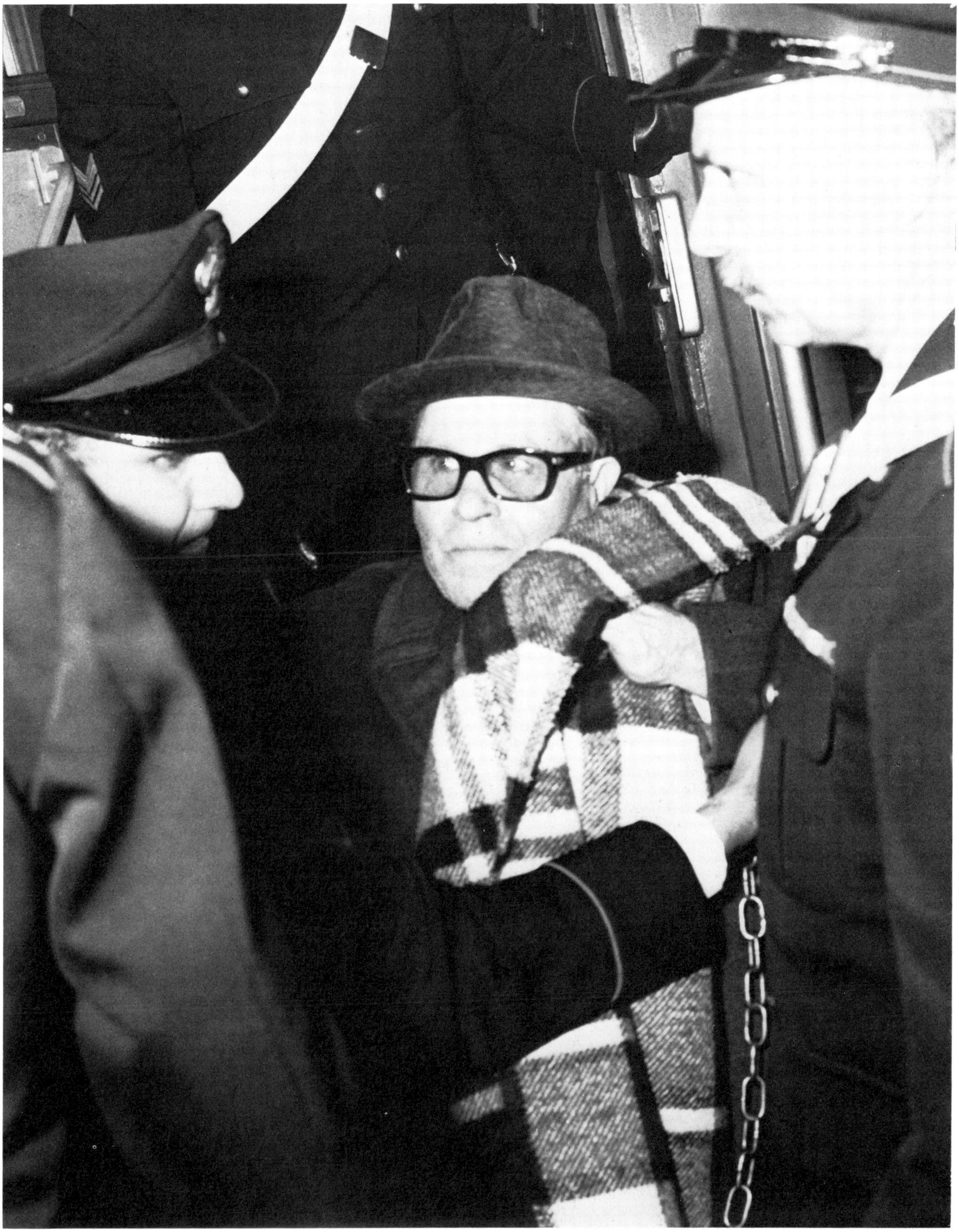

Rom 1971: Der Mafiaboß Frank Coppola, genannt »Drei-Finger«, auf dem Weg zur Gerichtsverhandlung

»Ich möchte vor allem gegen das Klischee vom ›fröhlichen Italiener‹ auftreten. Die italienische Literatur hat eine unendliche Melancholie. Es gibt kaum einen traurigeren, tragischeren Dichter als Leopardi . . .«
Adam Wandruszka, emeritierter Universitätsprofessor für Österreichische Geschichte an der Universität Wien

HUBERT FEICHTLBAUER

Jugoslawien: Wir heißen auch Kolaric

Ein deutlich als Ausländer gekennzeichneter Arbeiter beugt sich zu einem Dreikäsehoch herab, der zu ihm aufsieht. Daneben der Text: »I haaß Kolaric, du haaßt Kolaric – warum sogns' zu dir Tschusch?« Das Plakat hat im Jahr 1970 Aufsehen erregt und internationale Preise errungen. Es war eine Art Geschenk der Werbebranche an die Fremdarbeiter, die man in Österreich heute allgemein Gastarbeiter nennt. Werden sie als solche auch behandelt?

»Nein«, sagen die Kritiker an Österreichs Ausländerpolitik: Sie machen vielfach die Drecksarbeit in den Betrieben, zahlen für schäbige Wohnungen (Mikrozensus März 1987: 66 Prozent der Gastarbeiter leben in Kleinwohnungen mit unter 45 Quadratmeter, 45 Prozent gar in Substandardquartieren) horrende Mietzinse (Substandarddurchschnitt: 1100 Schilling), verlieren als erste den Arbeitsplatz, werden noch immer verspottet und gehänselt und bei Gewaltdelikten als erste verdächtigt: »Der Gavrilo war's vom Zwanzgerhaus ...«

Wie der Gavrilo Princip, der am 28. Juni 1914 das österreichische Thronfolger-Ehepaar in Sarajevo erschossen und damit den Ersten Weltkrieg ausgelöst hat. Aber daß es unter den Gastarbeitern anteilsmäßig mehr Verbrecher als unter den Einheimischen gibt, stimmt nicht: Laut Sicherheitsbericht des Innenministeriums ist das Gegenteil der Fall! Und überdurchschnittlich viele Gastarbeiter (von denen es 1973/74 mehr als 200.000 in Österreich gab, zu Sommerende 1987 immerhin noch 150.000) verlieren ihren Arbeitsplatz nicht zuletzt deshalb, weil sie in unterbeschäftigten Wirtschaftszweigen – Bauwirtschaft! – arbeiten, und nicht nur, weil sie Ausländer sind.

Richtig ist, daß die Sozial- und Wirtschaftspartner Neueinreisen bremsen – aber die schon mehrere Jahre in Österreich lebenden ausländischen Arbeitskräfte gelten überwiegend als Stammpersonal, und niemand denkt ernsthaft ans Heimschicken. Wir möchten ja

»Vierzig Prozent der jugoslawischen Schüler erreichen keinen qualifizierten Hauptschulabschluß. Die Lehrer haben sich diesem Problem dadurch entzogen, daß sie meistens die Kinder in die Sonderschulen abgeschoben und gesagt haben: ›Die sind mangelnd intelligent, die können eben nicht Deutsch lernen.‹ Damit hat man das Problem an die Ausländer delegiert.«
Dr. Helga Matuschek, Soziologin

auch nicht, daß die 95.000 Österreicherinnen und Österreicher, die in der Bundesrepublik Deutschland und in der Schweiz berufstätig sind, bei der ersten Konjunkturflaute als Muster ohne Wert retourniert werden!
Also müssen wir damit rechnen, daß viele dieser Ausländer für immer in Österreich bleiben werden? Sicher. Auch wenn davon wenig geredet wird. Tausende haben im übrigen schon die Staatsbürgerschaft. Und was soll schlecht daran sein? Haben nicht auch Tausende Zuwanderer aus Böhmen und Mähren (wie jedes Wiener Telefonbuch verrät) schon in Monarchiezeiten unsere Erbmasse bereichert? Ist Österreich nicht für 300.000 Flüchtlinge aus Südosteuropa und dem Sudetenland nach dem Zweiten Weltkrieg eine neue Heimat geworden, zu deren Wiederaufbau sie entscheidend beitrugen?
Dann müssen wir ihnen freilich auch eine faire Bildungschance gewähren. Schon heute ist jeder fünfte Pflichtschüler in Wien ein Gastarbeiterkind. Warum wird ein Drittel von ihnen einfach in Sonderschulen abgeschoben, wo, würde nur der Intelligenzgrad gemessen, sicher ihr Platz nicht wäre? Offenbar nur aus sprachlichen Gründen. Müßte da nicht zum Beispiel der Wiener Schulversuch mit eigenen »Begleitlehrern« (für Deutschunterricht) verstärkt gefördert und auch auf andere Bundesländer ausgedehnt werden?
Die Vorurteile gegen Gastarbeiter sind zu einem Gutteil die bekannten Vorurteile gegen alles Fremdländische überhaupt. Wirtschaftliche Schwierigkeiten dienen im Bedarfsfall als (vermeintliche) Argumentationshilfe: »Sie räumen unsere Sozialkassen aus!« Aber auch das stimmt nicht. Familienbeihilfen beziehen Gastarbeiter in voller Höhe nur, wenn ihre Familien in Österreich leben. Für Kinder daheim gibt es lediglich sechzig Prozent. Geburtenbeihilfen (nach dreimonatiger Beschäftigung) und Karenzgeld erhalten sie wie Österreicher – aber in die Arbeitslosenversicherung haben Gastarbeiter bisher um weit über eine Milliarde Schilling mehr eingezahlt als herausbekommen, und die ersten Pensionen für Jugoslawen werden frühestens um 1990 fällig – eingezahlt wird von ihnen aber, seit sie bei uns sind!

»... solche Vorurteile Fremden gegenüber gibt es ja auch in Jugoslawien, etwa in Slowenien gegenüber innerjugoslawischen Staatsbürgern, die als Gastarbeiter in Slowenien arbeiten ... Da sind sehr böse Aussagen gemacht worden von serbischen Schülern in der Presse in Laibach, wo allen Ernstes gesagt wurde, die Slowenen müsse man abschaffen, die Slowenen seien überheblich in Jugoslawien und so weiter ...«
Dr. Josef Feldner, Jurist, Obmann des Kärntner Heimatdienstes

Ob die Vermutung stimmt, daß an einem Teil der Vorurteile gegen die »Tschuschen« auch die Vergangenheit schuld ist? »Serbien muß sterbien!« hieß es, als österreichische Soldaten 1914 gegen Serbien in den Krieg zogen. Und »Haut den Bosniak ins G'nack!« Nach dem verlorenen Krieg mußten österreichische Patrioten mit Waffengewalt Soldaten des neugeschaffenen Königreichs Jugoslawien von Restösterreich abwehren, ehe 1920 eine international überwachte Volksabstimmung in Südkärnten Klarheit zugunsten Österreichs schuf.
Nach dem Zweiten Weltkrieg erhob das kommunistische Jugoslawien gegen Österreich neuerlich Gebietsforderungen, die freilich spätestens mit dem Staatsvertrag 1955 endgültig und offiziell gegenstandslos geworden sind. Aber an Greueltaten jugoslawischer Partisanen im Grenzgebiet erinnern sich viele Kärntner noch heute mit Grauen. Was man freilich dazusagen muß: Kärntner Slowenen waren während der Naziherrschaft enteignet, verfolgt und in Kon-

zentrationslager verschleppt worden. Jugoslawien hat im Krieg die höchsten Blutopfer pro Kopf der Bevölkerung zu erbringen gehabt. Die Heimsuchung traf ein Land, das Jahrtausende hindurch mehr Kriegsschauplatz als Friedensregion gewesen ist.
Seit der Steinzeit besiedelt, haben Illyrer und Kelten, Griechen und Römer, Slawen, Magyaren und Skipetaren, Osmanen und Habsburger um dieses Territorium gekämpft. Immer war das Land zwischen Großmächten, Blöcken und Reichen eingeklemmt. Neben Serben, Slowenen, Kroaten, Mazedoniern, Montenegrinern und Albanern leben Tschechen, Slowaken, Ungarn, Deutsche, Italiener, Russen und Türken in der heutigen Socialistička Federativna Republika Jugoslavija. Orthodoxe Christen, Katholiken, Muslime und Kommunisten haben das Land geprägt, das diese ganze Vielfalt (zu der auch zwei Schriften gehören: Cyrillisch und Latein) heute verkraften soll. Es verkraftet sie, wie man weiß, nur mit der allergrößten Mühe. Die Konflikte innerhalb Jugoslawiens sind gewaltig und werden mit gewaltigen ethnischen Vorurteilen gegeneinander ausgetragen. Aber das rechtfertigt nicht überholte Vorurteile der Österreicher gegen Völker und Volksgruppen, mit denen uns eine vielhundertjährige Geschichts- und auch Kulturtradition verbindet.
Seit dem sechsten nachchristlichen Jahrhundert siedeln Slowenen auf einem Gebiet, das heute zur Republik Österreich gehört. Seit dem 16. Jahrhundert gilt gleiches von Kroaten. An der Abwehr militärischer Einfälle der Osmanen (1473 fand der erste statt) waren Slowenen ebenso wie deutschsprachige Kärntner beteiligt. Damals machten slowenische Partisanen (»Hajduken« hießen sie zu jener Zeit) den türkischen Eroberern das Leben schwer. Sollte das blutgetränkte Land, das zum Heimatboden eines gemeinsamen Kulturkreises geworden ist, nicht endlich Frieden finden?
Wie man einen solchen Frieden am besten sichert, müssen gewiß vor allem jene Bundesländer entscheiden, in denen Volksgruppenminderheiten leben, also vor allem Kärntner und das Burgenland. Man kann schon verstehen, daß viele Kärntner über die selbstgerechte Art, wie Politiker und Journalisten aus Wien und anderswo ihnen Ratschläge erteilen, oft sauer sind. Deshalb sollte man wünschen, die Betroffenen selbst kämen mit ihren Problemen ins reine. Aber zu den Betroffenen zählen die ethnischen Minderheiten auch. Es sollte keine Entscheidungen ohne oder gegen sie geben.
Von allen Details einer sinnvollen Regelung einmal abgesehen, bleibt die Frage: Was ist an zweisprachigen Ortstafeln ärgerniserregend? 1972 gab es in Kärnten darüber noch einen gewaltsam ausgetragenen Glaubenskrieg. Und warum wollen so viele nicht einsehen, daß es auch für Kinder deutschsprachiger Eltern ein Vorteil und nicht eine Belastung ist, eine slawische Sprache wenigstens wurzelhaft im Klassenzimmer mitzulernen?
Im übrigen geht es nicht nur um verbriefte Rechte. Vielleicht ist das einer der einschneidenden Unterschiede zwischen der Situation in Kärnten und im Burgenland: daß die kroatische Minderheit in Österreichs jüngstem (und daher um so liebenswerterem) Bundesland sich ungenierter in der Öffentlichkeit als Teil des täglichen

Lebens darstellen kann, ja sogar vorgezeigt wird: Tamburizzakapellen sind unübersehbarer Teil der burgenländischen Folklore. Slowenische Chöre treten zwar bei kirchlichen und familiären Festen, kaum aber bei gemeinsamen Volks- und Dorffeierlichkeiten in Kärnten auf. Wer dort Slowenisch redet, wird leicht als Provokateur empfunden. Wie viele Schallplatten mit deutschsprachigen und slowenischen Liedern auf ein und derselben Scheibe kann man aus Kärnten beziehen?

»Man sollte weniger das Unmoralische von Feindbildern betonen als die Tatsache, daß Feindbildpflege einfach dumm ist«, meinte der austroamerikanische Motivforscher Ernest Dichter beim »Feindbild«-Symposium im ORF-Landesstudio Salzburg. Was letztlich von jedem Volk Europas gilt, trifft auf das österreichische im besonderen zu: Das Blut vieler Stämme, Rassen und Völker pulst in unseren Adern. Die Mischung macht nicht minder-, sondern höherwertig. Wie arm – genetisch, intellektuell, emotionell, kulturell arm – ist ein reinrassiges Volk! Wie reich ist ein Land, in dem die Traditionen und Fähigkeiten, die Märchen, Sagen, Bräuche, Trachten, Lieder und Namen eines ganzen Kontinents leben!

Ein jeder von uns ist mehr, als sein Name verraten kann. Ich, du, er, sie, wir alle heißen auch Kolaric. Ein Glück für Österreich!

Feindbilder von gestern verwandeln sich in Urlaubsromantik von heute: die Brücke von Mostar

Sarajevo, 28. Juni 1914: Das Attentat auf den österreichischen Thronfolger Franz Ferdinand und seine Frau, Sophie v[...] Hohenberg, löst den Ersten Weltkrieg aus

Österreichische Kriegspostkarten aus der Zeit des Ersten Weltkriegs (rechte Seite)

»Wenn Jugoslawien heute als Vielvölkerstaat ähnliche Probleme zu haben scheint, wie sie die Monarchie hatte, so soll[...] wir uns nicht darüber freuen, wir sollen sie auch nicht als typische Beispiele ›Bei den anderen ist es auch so‹ vorführe[...] Dann kommen wir nämlich zu jener Gesinnung, die sagt: Ich kann eigentlich ruhig stehlen, denn andere stehlen auch – n[...] erwischen darf man mich nicht ...«
Wolf In der Maur, Journalist

MONTENEGRINISCHER FELDHERR
MIT SEINER ARMEE.
DER
FELDHERRENHÜGEL
AM LOWCEN.

Zurückwerfen der Serben über die Save
K.TH.ZELGER.14.
SAVE

»Meine Mutter, die ich zu überreden versucht habe, von Belgrad nach Wien zu ziehen, sagt: ›Ich möchte nicht ständig in Wien leben. Die Österreicher haben uns in diesem Jahrhundert zweimal besetzt.‹ Da sage ich, das war doch im Ersten Weltkrieg, und im Zweiten Weltkrieg, da waren es die Deutschen. Es stimmt ja, aber das ist alles schon längst überwunden. Ich versuche ihr zu erzählen, daß es viel mehr Gemeinsames gibt ...«
Milo Dor, Schriftsteller

Wien, 1967: Der jugoslawische Staatschef Marschall Tito mit seiner Frau Jovanka (rechte Seite)

Mai 1980: Ein treuer Mitstreiter des ehemaligen Partisanen Tito bei den Trauerfeierlichkeiten für den verstorbenen Staatschef

I haaß Kolaric
du haaßt Kolaric
Warum sogns'
zu dir Tschusch?
Aktion „Mitmensch" der Werbewirtschaft Österreichs (IAA)

»Ich bin von Anfang an als ›Tschusch‹ verspottet worden. Ich hab' mich aber einfach angepaßt und hab' gemerkt, daß es dadurch leichter geht, indem ich die Sprache besser lern', indem ich mein Land mehr oder weniger verstoße und sag': Ich bin kein Jugoslawe, ich will ein Österreicher werden.«
Pavo Janjić, Jugendbetreuer, in Bosnien geboren, »Gastarbeiterkind«

Auf dem Wiener Südbahnhof fühlen sich Jugoslawen und Türken der Heimat ein Stück näher

Ein Plakat soll helfen, das Feindbild »Gastarbeiter« aufzulösen (linke Seite)

Hubert Feichtlbauer

Sowjetunion: Jeder Schuß ein Ruß?

»Die Russen und die Serben, die hau'n wir jetzt in Scherben«, sangen Soldaten der österreichisch-ungarischen Monarchie, als sie im Ersten Weltkrieg gegen Rußland in den Krieg zogen. Auf einen noch kürzeren Nenner brachte ein anderer Kampfpoet die Stimmungslage im Habsburgerreich: »Jeder Schuß ein Ruß, jeder Stoß ein Franzos' ...«

Im Zweiten Weltkrieg kämpften wieder Österreicher auf russischem Boden, diesmal freilich in den Uniformen der deutschen Wehrmacht und nicht im Auftrag eines österreichischen Staates, den es zu dieser Zeit nicht mehr gab. Aber Kriegsgegner in zwei Weltkriegen während einer Generation zu sein, hinterläßt Spuren. Die Spuren der Besatzungsjahre nach 1945 kamen dazu: Soldaten der Roten Armee plünderten Geschäfte, vertrieben Menschen aus ihren Wohnungen, vergewaltigten Frauen, nahmen Straßenpassanten ihre Armbanduhren ab und entführten Hunderte Österreicher aus politischen Gründen auf Jahre, manche für immer.

Diese »politischen Gründe« muß man sich dazudenken, wenn man das Entstehen des Feindbilds »Russen« verfolgt: Denn Frauen belästigt und Wohnungen requiriert haben auch Soldaten der westlichen Besatzungsmächte. Aber die standen politisch auf seiten Österreichs, wenn es bei den Staatsvertragsverhandlungen darum ging, die volle Souveränität der wiedererstandenen Republik Österreich zu erringen.

Die Russen sagten dazu zehn Jahre lang »Njet«, legten ihr Veto ein und machten der österreichischen Regierung Schwierigkeiten, wo es nur ging. Kann es erstaunen, daß 1955, als der Staatsvertrag endlich doch unterzeichnet wurde, die meisten Österreicher den Abzug vor allem der sowjetischen Besatzungstruppen als »Befreiung von den Befreiern« empfanden? Die Erinnerungsbilder von einer saufenden, zu Gewaltexzessen neigenden, primitiven Soldateska schufen oder

bestärkten die Vorurteile über ein vermeintlich rückständiges, ungebildetes, brutales Volk, das unser Land und viele seiner Bewohner der Freiheit beraubte.
An diesem Beispiel läßt sich die Herausbildung und die Funktion von Stereotypen und Vorurteilen, also gefühlhaft gefärbten Urteilen über Personengruppen, die nicht auf wissenschaftlicher Basis getroffen, aber durch persönliche Erlebnisse bestärkt werden (Definition nach Ernst Gehmacher), besonders anschaulich darstellen: Wir erleben das Verhalten von Soldaten, die – wie in jedem Krieg – brutal und primitiv handeln. Sie vertreten ein Land, das die Interessen unseres eigenen Staates mißachtet. Unser Land protestiert dagegen öffentlich. Wir übernehmen und verstärken diesen politischen Protest durch den persönlichen Protest, zu den uns eigene Erlebnisse motivieren. Das Feindbild ist perfekt.
Wenn man es zerlegt, ist es nicht schwer, seine Elemente zu sortieren. Krieg macht brutal – immer, überall. Die Sowjetsoldaten hatten ihrerseits Greueltaten, verübt von Einheiten der deutschen Wehrmacht, erlebt. Sie brannten auf Rache. Daß es die Deutschen umgekehrt sahen, bestätigt nur diesen Mechanismus: Jede Seite fühlt sich im Recht und sinnt auf Vergeltung an der anderen. Wahr bleibt hinter all dem freilich: Auch wer ehrlich die »österreichische Heimat« zu verteidigen glaubte, hätte nicht vergessen dürfen, daß zuerst Hitler die Heimat der Russen angegriffen hatte – nicht umgekehrt. Heimat ist ein Begriff, der den meisten Russen einen heiligen Schauer über den Rücken jagt. Deshalb konnte Stalin ja zum »Großen Vaterländischen Krieg« gegen Hitler auch die Nichtkommunisten seines Landes (einschließlich der Kirchen) motivieren.
Daß »die Russen« nicht geistig minderwertig sind, widerlegen Hunderte große Namen aus Literatur und Musik, Wissenschaft und Kunst. Puschkin, Gogol und Tschechow, Tolstoi und Dostojewski verbieten jeden Gedanken an Primitivität und Barbarei. Mussorgski und Rimski-Korsakow, Tschaikowsky, Prokofjew und Schostakowitsch, das Bolschoi-Theater und »Sputnik«, der erste künstliche Erdtrabant im All, bezeugen die Leistungskraft dieses Volkes.
Aber auch hier gilt, was bei jedem Stereotyp zu beachten ist: Wenn einige russische Soldaten stehlen und vergewaltigen, sind nicht alle Russen so. Aber auch nicht jeder Russe ist Ballettänzer oder Poet. Und auch nicht ein Säufer, obwohl hinter der Anti-Alkoholismus-Kampagne von Generalsekretär Gorbatschow offenbar doch ein nationales Problem steckt. Lew Kopelew, der heute in Deutschland lebende Schriftsteller und Literaturwissenschaftler mit zeitlos-russisch wirkender Patriarchenfigur, meint dazu, bis zum Kriegsende hätten Russen Arbeit und Feste sorgsam auseinandergehalten: Alkohol auf Feldern, in Fabriken oder Büros sei bis dahin unvorstellbar gewesen. Dafür hat man immer gern und auch ausgelassen seine Feste gefeiert. Inzwischen ist die Zeit traurig geworden und der Drang übermächtig, sich ein kleines, mickriges Fest aus der Flasche zu verschaffen. Ob hier Michail Sergejewitsch, wie die Russen ihren Gorbatschow vertraulich nennen, als »Mineralsekretär« die Wende schaffen wird?

»Ich wurde öfters gefragt, wieso ich ein bißchen Deutsch sprechen kann und ob das in der Schule überhaupt unterrichtet wird. Sogar Deutsch! Und Englisch war auch schon nicht sehr glaubwürdig ... Ich mußte sagen, daß es absolute Tatsache ist, daß in jedem Dorf – ob gut oder schlecht – im Stundenplan jeder Schule zumindest eine Fremdsprache steht!
Es gab vor neun Jahren so einen Streß in dem Betrieb, wo ich damals gearbeitet habe, und damit ich das besser verstehe, daß vor Weihnachten alle sehr viel zu tun haben, hat mein damaliger Chef zu mir gesagt: ›Wenn es bei Ihnen im Winter kalt ist, dann geht ihr alle zusammen in den Wald, Holz sammeln, und dann macht ihr ein großes Feuer ...‹ Das war eine Vorstellung von Rußland im zwanzigsten Jahrhundert! Ich persönlich – und viele Russen, die jetzt nach Wien gekommen sind – waren überrascht über die Möglichkeiten, die Wohnungen zu beheizen, was das Öl betrifft beispielsweise. Oder über die Wohnungen, die vermietet werden, ohne jegliche Möglichkeit zu heizen! Die Vorstellungen über Rußland waren genau verkehrt ...«
Jüdische Emigrantin (aus dem Publikum), lebt in Wien

Was naturgemäß auch zu der Frage führt, ob ein Stalin nur in Rußland erwachsen konnte, wo Jahrhunderte hindurch Gewaltherrscher das Volk geknechtet haben. »So wie nach Ende der (1861 aufgehobenen) Leibeigenschaft noch eine Sklavenseele weiterwirkte, haben die Jahre des Personenkults im Bewußtsein von Millionen Menschen Wurzel geschlagen«, zitiert Otto Hörmann in seinem Buch »Von Breschnew zu Gorbatschow« (Graz, 1987) einen heute lebenden Moskauer Literaten. War, ist das russische Volk besonders geeignet für Tyrannenherrschaft? »Wes das Korn, des die Prügel«, sagt ein russisches Sprichwort. Nehmen »die Russen« von jedem Brotgeber die dazugehörigen Prügel hin? Einig sind sich auch regimekritische Russen darin, daß das Fehlen einer verbreiteten demokratischen Geschichtstradition dem Entstehen von Gewaltherrschaften zuträglich ist. Aber gilt das dann nicht auch vom »Volk der Dichter und Denker«, in dem Hitler zur Macht kommen und es in ein Land der Richter und Henker verwandeln konnte?
Alexander Sergejewitsch Puschkins Erzählung »Die Hauptmannstochter« spielt in einer Zeit, da (wieder einmal) ein Robin Hood den Aufstand gegen die Zarenherrschaft (damals der Zweiten Katharina) versuchte: der Kosakenführer Pugatschow, der Terror mit Terror brechen wollte. Reinhold Schneider sah in dieser Erzählung »eine Art dichterische Deutung Rußlands« und seines Volkes, »seiner Leidenskraft und seiner Menschlichkeit«, aber auch eines Tyrannen, »der dieses Volk zugleich mißhandelt und liebt«. Nun wird jeder Tyrann jeweils behaupten, er liebe sein Volk und müsse es unter gegebenen Umständen zu seinem Glück auch durch Gewalt zwingen. Jossif Wissarionowitsch Dschugaschwili, der sich Stalin nannte, rechtfertigte damit die Deportation von 25 Millionen Bauern (die »großen« unter ihnen, die Kulaken, brachte er gleich um), die Ausrottung ganzer Völkerschaften, die »Säuberung« der eigenen Partei von allen seinen Rivalen – ein Blutbad von monströsem Ausmaß.
Aber der Kommunist Stalin wurde immerhin vom Kommunisten Chruschtschow (freilich erst nach seinem Tod) entzaubert. Selbst das von der eigenen Ideologie her gewiß nicht gewaltscheue kommunistische System trägt heute einen Hauch von Entsetzen über die Blutherrschaft der Stalin-Zeit an sich – was manche schon zu wahrer Freundbildpflege animiert.
Dieses Regime ist freilich noch immer kommunistisch genug, um von Demokraten des Westens entschieden abgelehnt zu werden. Und das ist ein Spezialproblem im vorliegenden Fall: Wie baue ich ein allfälliges »Feindbild Rußland« ab, und wie gehe ich gleichzeitig mit dem »Feindbild Kommunismus« ehrlich, gerecht, auch friedenstiftend, aber ohne Verharmlosung um? Der Spott Lenins in seinem Brief an Tschitscherin aus dem Jahr 1918 ist legendär geworden: »Nützliche Idioten« im Westen, schrieb er, seien charakterlos und kurzsichtig genug, der Roten Armee Waffen zu schicken, die Sowjetwirtschaft zu sanieren und dann »auch noch den Strick zu liefern, an dem wir sie aufhängen werden«.
Der Ausweg liegt, wie bei allen Stereotypen, im Bewußtmachen des

»Als ich von Moskau im Juli 1945 zurückkam, landete ich mit einem Flugzeug in Aspern. Da war ein russischer Jeep, und ich sagte: ›Ich möchte nach Wien hinein.‹ Sagt der: ›Komm mit!‹ Ich sage: ›Wie gefällt es dir in Österreich?‹ Sagt er: ›Das ist ein unanständiges Volk. Stell dir vor, da gehen die Männer in schmutzigen Unterhosen mit nackten Knien spazieren!‹ Das waren Lederhosen, die hat er nicht gekannt . . .«
Ruth Mayenburg, Schriftstellerin, emigrierte als Kommunistin 1938 nach Moskau; nach dem Krieg Generalsekretärin der »Österreichisch-Sowjetischen Gesellschaft«, 1966 aus der KPÖ ausgetreten

Problems. Man kann Feindbilder beibehalten und darauf trotzdem menschenwürdig reagieren. Wichtig ist die Erkenntnis: Jede Vereinfachung ist irreführend, jede Verallgemeinerung gefährlich. So wie die Sowjetunion nicht nur von »den Russen« bewohnt ist, sondern fast jeder zweite Sowjetbürger schon heute einem nichtslawischen Volk angehört, ist nicht jeder Sowjetbürger (sondern nur jeder fünfzehnte) Mitglied der KPdSU. Nicht alle Kommunisten denken und handeln gleich.
Zwar hat die UdSSR früher viele internationale Verträge gebrochen, aber alle mit Österreich abgeschlossenen hat sie peinlich genau erfüllt. Den Kommunismus als politisches System abzulehnen und die Völker der Sowjetunion mit all ihren Stärken und Schwächen zu respektieren, ist nicht nur möglich, sondern unerläßlich. Aber auch die Gewißheit, daß das heutige Rußland die Spuren von siebzig Jahren Marxismus/Leninismus, aber gleichzeitig von tausend Jahren Christentum an sich trägt, mag Vorurteile und Urteile umgewichten helfen.
Alle Völker dieser Erde sind älter, stärker, wichtiger als ihre Dynastien und Herrschaftssysteme.

Der nachdenkliche Bär.

„Vorn geht 's mir schlecht, hinten geht 's mir schlecht — wenn ich mich umdrehen tät', ging 's mir nicht vorn und hinten besser?“

Ich hab' mich vor den Russen gefürchtet, weil aus dem Volksempfänger Meldungen gekommen sind über das, was die ussen getan haben. Ich hab' aber das Bild sofort relativieren können, weil ich auf dem Land aufgewachsen bin und ontakt zu den russischen Kriegsgefangenen gehabt habe, die auf einem Bauernhof arbeiteten. In dieser Phase, noch ährend des Krieges, hab' ich gesehen, daß diese einfachen Menschen liebenswürdige Menschen sind . . .«

urt Wild, Österreichische Schiffswerften AG

uf dem Höhepunkt des kalten Krieges: das waffenstarrende Moskau zum 50. Jahrestag der Oktoberrevolution, November 1967

uf den Plakaten des 1.-Mai-Aufmarsches 1968 wird die USA als Aggressor in Vietnam verurteilt (unten)

»Alkoholismus ist kein russisches Nationallaster, das ist eines der vielen Klischees, es ist zum Teil hier geboren worden. In einem der ersten westeuropäischen Bücher über Rußland, des Freiherrn von Herberstein – der Botschafter des Kaisers Maximilian –, da gab es schon diese Beschuldigung: Die Russen sind Säufer und verprügeln ihre Frauen . . .«
Lew Kopelew, Schriftsteller, geboren in der Ukraine, lebt in der BRD

Westeuropäische Klischeevorstellungen vom russischen Alltag

»Wir sind hier sieben Jahre, und die ersten Eindrücke waren die ›Unterschiede‹ – zum Teil sehr peinliche Eindrücke: ›nein, das versteh' ich nicht, das will ich nicht, das kann ich nicht . . .‹ Ich glaube, es gibt nur einen – sehr schweren – Weg: Erstens Verstehen, und zweitens Dulden. Ich muß das Andere nicht lieben, und Sie müssen das auch nicht lieben, zum Beispiel ›die russische Seele‹, die Landschaft, Gewohnheiten . . .
Aber: Wir alle müssen einander dulden. Wir müssen miteinander sprechen. Wir müssen versuchen, einander zu verstehen . . .«
Raissa Orlowa-Kopelew, sowjetische Schriftstellerin, wurde 1981 zusammen mit ihrem Mann Lew Kopelew ausgebürgert

Bonn, 1978:
Militärische Ehren für Gegner von gestern und mögliche Partner von morgen

Säulenheilige des 20. Jahrhunderts: Juri Gagarin, der als erster Mensch in den Weltraum geflogen ist, und Wladimir Iljitsch Lenin, Vater der russischen Revolution

Im Schatten der alten Zaren – der Rote Platz in Moskau (rechte Seite

Hubert Feichtlbauer

Vereinigte Staaten von Amerika: Wie Jesus und Lloyd George

Vor siebzig Jahren haben die USA Österreich den Krieg erklärt. Davon ist sicher kein Feindbild zurückgeblieben. Die meisten sind sich dessen überhaupt nicht mehr bewußt. Auch, daß der zehnte von den legendären Vierzehn Punkten des US-Präsidenten Woodrow Wilson entscheidend zur Zerschlagung der Doppelmonarchie beigetragen hat, haben wir der Sternenbanner-Republik längst verziehen.

Nach dem Zweiten Weltkrieg ist nahezu ausschließlich ein Freundbild USA in den Herzen der Österreicher erwachsen: US-Truppen brachten neben Frieden auch Schokolade, Zigaretten, Kaugummi und Coca-Cola mit. Amerikaner schickten CARE-Pakete in unser hungerndes und frierendes Land, luden unsere Studenten zu kostenlosen Studienaufenthalten zu sich und unterstützten uns bei den Staatsvertragsverhandlungen, die die damalige Sowjetregierung nahezu zehn Jahre lang blockierte. Und während sich die östliche Besatzungsmacht auch noch ehemals »reichsdeutsche« Vermögenswerte teuer ablösen ließ, schenkte uns die USA diese und extra eine Milliarde Marshallplan-Schilling noch dazu: Kein Wunder, daß wir 1955 von den GIs aus Idaho und Missouri als Befreiern und nicht Besatzern fast wehmütig Abschied nahmen.

Erst allmählich machte die Begeisterung für alles Amerikanische einer differenzierten kritischen Einschätzung der USA Platz – vor allem in den letzten Jahren des Vietnamkrieges. 1986 und 1987 schlug diese Kritik dann bei vielen Österreicherinnen und Österreichern in Wut und Enttäuschung um. Eine IMAS-Umfrage ergab, daß im Mai und Juni 1987 ganze 85 Prozent der Österreicher von einer Verschlechterung der Beziehungen zu den USA (und 37 Prozent gleichzeitig von einer Besserung des Verhältnisses zur Sowjetunion) sprachen. Natürlich hatte die Entscheidung der US-Regierung, dem amtierenden österreichischen Bundespräsidenten Kurt Waldheim als

»Privatperson« die Einreise in die USA zu verweigern, diesen Stimmungsumschwung maßgeblich beeinflußt.
Dabei konnte man im übrigen deutlich erleben, wie sehr Freund- und Feindbildpflege ein Vorgang äußerst selektiver Kommunikation und Urteilsbildung ist: Kritiker der Vietnam- und der Rüstungspolitik der USA verwandelten sich in dieser Frage plötzlich zu Bewunderern der Moral in der amerikanischen Politik; USA-Anhänger scheinbar unerschütterlicher Machart dagegen wurden zu heftigen Kritikern. Beide mußten sich dabei mit einer altbekannten Tatsache herumschlagen: daß die Politik der USA seit jeher stark zwischen den Polen Idealismus und Pragmatismus pendelt. Clemenceau hat dies einmal mit den Worten beschrieben: »Manchmal reden die USA wie Jesus Christus und handeln wie Lloyd George.«
Eher an Lloyd George erinnert in diesem Zusammenhang naturgemäß die Tatsache, daß keine US-Regierung wohl je auf die Idee kommen wird, Staatsmänner von Großmächten, die zum Teil sicher mehr als der Wehrmachtsoberleutnant Waldheim von Kriegsverbrechen gewußt haben mußten, auf eine schwarze Liste zu setzen. Auch haben Geheimdienstleute des Pentagon in den späten vierziger Jahren nicht gezögert, in allen Kriegsarchiven Europas Karteikarten deutscher Raketenforscher mit Nazivergangenheit verharmlosend umzuschreiben, wenn diese Forscher (wie etwa Wernher von Braun) für US-Weltraumprojekte dringend gebraucht wurden.
Zum anderen wieder beschämen US-Medien-Meinungsbildner in Österreich und in anderen demokratischen Staaten mit der Unbarmherzigkeit ihrer an die eigene amerikanische Adresse gerichteten Kritik. Da werden Präsidentschaftskandidaten im halben Dutzend politisch umgebracht, noch ehe ihr Kandidaturzug den Kopfbahnhof verlassen hat – ob nun amouröse Affären oder Rauschgifttorheiten ferner Studentenjahre oder auch nur ein Hang zu politischen Plagiaten Disqualifizierung signalisieren. Die enorme Kraft zu demokratischer Selbstreinigung, die das politische System der USA so stark macht, macht Kritik an Kritikexzessen dann so schwer.
Insofern Waldheim nicht als Einzelperson, sondern als Typ kritisiert wird, gilt das, was von jedem Stereotyp zu sagen ist: Ein Urteil trifft für mehr als nur eine Person, aber in keinem Fall für alle Personen gleicher Nationalität zu. Daß aber auch nach fast zwei Jahren Waldheim-Debatte in den USA nicht alle Amerikaner alle Österreicher für Nazis oder Kriegsverbrecher oder auch nur für Lügner oder Opportunisten halten, darf als erwiesen angenommen werden. Erwiesen ist auch, daß das Erscheinungsbild eines Landes in einem anderen Land nur langsam entsteht und auch wieder nur langsam veränderbar ist.
Österreich wird in den USA, sofern man damit überhaupt etwas anfangen kann, seit eh und je mit Mozart und Sängerknaben, Opernball und Lipizzanerquadrillen in Verbindung gebracht. Keine LD-Blasstahlinnovation nach dem Krieg und kein Wirtschaftswunder haben daran etwas zu ändern vermocht. Österreichs Wirtschaft handelt richtig, wenn sie sich zur Geschäftsanbahnung dieser Voraussetzungen klug bedient, statt sie unklug zu verdrängen.

»Ich bin immer wieder gefragt worden im amerikanischen Fernsehen, wie stehen Sie denn als Deutscher zu diesem Trauma ›Holocaust‹? Dann hab' ich immer gesagt – ich habe damals in der Schweiz gelebt – ich bin in Wien geboren worden. Sofort haben sich die Mienen aufgehellt: ›ah you are Austrian‹. Österreich wurde einfach ausgeklammert. Österreich ist für die Amerikaner: Mozart, Strauß, Walzer, Heurigen, schöne Länder.
Erst durch Waldheim wurde überhaupt den Amerikanern bewußt, daß auch Österreich eine Teilschuld, eine Mitschuld an dem Holocaust-Geschehen hat . . .«
Maximilian Schell, Schweizer Regisseur und Schauspieler (»Das Urteil von Nürnberg«), in Wien geboren

Andererseits fällt es schwer, ins Positivimage anderer Länder einzubrechen. Mit Wintersport, Schifahren, aber auch Schierzeugung wird in den USA laut einer Untersuchung in den Jahren 1983 und 1985 (Schweiger, Kurz, Wusst) vor allem die Schweiz identifiziert – obwohl dieses Land überhaupt keine Schier erzeugt, Österreich aber jeden zweiten Alpin- und jeden dritten Langlaufschi der Welt produziert. Und bei der Assoziation »Wein« liegt Österreich in den USA seit je hinter der Bundesrepublik Deutschland und der Schweiz. Dafür trauten auch nach dem Weinskandal 1985 die Amerikaner mehrheitlich den Deutschen und keineswegs den Österreichern Weinverfälschung zu. Antisemitismus übrigens auch – da können die Zeitungen offenbar noch so oft schreiben, die Deutschen hätten die Vergangenheit besser als die Österreicher bewältigt! Eine Mehrheit der Amerikaner bleibt offenbar noch für einige Zeit dabei: Die Deutschen sind fähig und gefährlich. Man bewundert und fürchtet sie.
Ein Großteil der Österreicher wird daher auch nach dem ganzen Waldheim-Konflikt beim alten Amerikabild bleiben: Bewunderung für Tüchtigkeit, Eigeninitiative, Toleranz, Selbstvertrauen und Selbstkritik – Überlegenheitsdünkel in puncto Kultur, Geschmack, Geschichtsverständnis. Wie immer ist an all dem etwas dran und jede Verallgemeinerung dieser Art auch wieder falsch.
Die Tüchtigkeit »der« Amerikaner ist groß, weshalb man von den USA auch als dem »Land der unbegrenzten Möglichkeiten« schon lange, ehe Neill Armstrong als erster Mensch 1969 den Mond betrat, sehnsüchtig träumte. Aber in unserer Generation sind auch die USA an viele Grenzen der Machbarkeit gestoßen: an politische (Supermächte können Kleinstaaten nicht mehr diktieren), wirtschaftliche (die US-Staatsschuld wächst bald im Lichttempo), psychologische (oft hülfe Seelenkenntnis eines Volkes mehr als ein ganzer Raketenbinkel) und andere Grenzen.
Ganz stark sind die Amerikaner in ihrer Lernbereitschaft. Mit geradezu naiver Bildungsgläubigkeit stürzen sich immer neue Generationen in das Abenteuer Lernen – und lassen auch andere daran teilhaben. (Ausgedehnte Schüler- und Studentenaustauschprogramme, die das Amerikabild auch Tausender Österreicher positiv beeinflußt haben, bezeugen das bis zum heutigen Tag.) Nur fremde Sprachen, die doch den Zugang zur Seele fremder Völker eröffnen, erlernen sie kaum. Englisch als Weltsprache, uns allen ein Segen, wird so den Amerikanern indirekt auch zum Fluch.
Sind die Amerikaner, weil sie soviel lernen und mit dem Ergebnis soviel zustande bringen, intelligenter als die Europäer? Kein Fachmann hat dies je behauptet. Aber ein österreichischer Manager hat den Unterschied kürzlich einmal in einem Zeitungskommentar sehr anschaulich erklärt, indem er eine Fußballerfahrung schilderte. Ein US-Lehrer wird einem mäßig begabten Schüler nach drei mickrigen Torschüssen sagen: »Great, Jimmy! Great! You can do it! Try it again!« Ein österreichischer Lehrer würde im selben Fall den patscherten Hans wissen lassen: »Du hast zwei Linke. Der Nächste!«
Das ist nicht eine Frage der Lehrmethode. Das ist eine Frage der

inneren Einstellung. Die meisten Amerikaner haben ein unbändiges Selbstvertrauen: »Wenn einer will, dann kann er auch.« Das bringt viele sehr weit – aber viele auch ins Dilemma. »Unverschuldete Not« wird seltener als hierzulande einem Menschen zugebilligt. Irgendwie meinen viele Amerikaner, die Randgruppen der Gesellschaft hätten ihr Schicksal wenigstens zu einem Gutteil selbst mitverschuldet. Jetzt sollen sie zusehen, wie sie sich wieder herauswursteln! Deshalb ist der US-Sozialstaat zwar besser als sein europäischer Ruf, aber sicher unterentwickelt im Vergleich zum westeuropäischen Versorgungsstaat. Dafür hat die bis weit in Selbständigenkreise hineinwirkende Versorgungs- und Subventionsmentalität vieler Mittel- und Westeuropäer eine Menge Innovationspotential schon kaputtgemacht.
Deshalb sind die Amerikaner noch immer optimistischer als die meisten Europäer und daher auch viel stärker bereit, ihr Land, ihr politisches System, ihre gesellschaftlichen Einrichtungen und ihre Lebensformen zu verteidigen. Auch mit der Waffe in der Hand. Auch mit immensen finanziellen Opfern: »High noon« im Weltmaßstab. Kein Gesetz wird den Amerikanern je ihren Revolver auf dem Nachttisch rauben. Auch nicht die Bereitschaft, diesen gegebenenfalls in Form von Selbstjustiz gegen New Yorker U-Bahn-Rowdies anzuwenden, die heute an die Stelle des einstigen Feindbilds Indianer getreten sind.
Die Ausrottung der Indianer bleibt im übrigen selbstverständlich ein dunkles Kapitel der US-Geschichte – aber genaugenommen der Geschichte der ersten Europäer auf dem amerikanischen Kontinent! Deshalb darf man, wenn man sich die oft besonders wütende Kritik von Europäern an der amerikanischen Indianerpolitik vor Augen hält, an das Wort Horst-Eberhard Richters vom »Feindbilder«-Symposium in Salzburg denken: »Jede Seite haßt an der anderen, was sie als eigenes Problem nicht wahrhaben will.«
Amerika ist mit Stereotypen nicht beizukommen. Schon die Chiffre »USA« muß man sich mehr als viertausendmal zweitausend Kilometer lang zusammendenken.

San Francisco, 1982: Mit allen Ehren wird die reparaturbedürftige »Cable-Car« verabschiedet

»Unser Problem als Europäer ist, daß Amerika eigentlich ein Betriebsunfall war. Es wurde auf der Fahrt nach Asien entdeckt, war aber nicht Asien. Wir haben es bei Amerika mit einer riesigen europäischen Verdrängung zu tun. Darum auch ›kulturlos‹, ›geschichtslos‹, ›manierenlos‹ . . .«
Reinhold Wagnleitner, Institut für Geschichte, Universität Salzburg

»Im Grunde genommen finden viele Leute – zumindest in meiner Generation – vieles phantastisch an Amerika. Im Kopf wissen sie alles Negative, aber im Herzen haben sie eine gewisse Sehnsucht nach Amerika, und das erzeugt eine eigene Neurotik.«
Robert Buchacher, Journalist

Der gute alte Uncle Sam fordert seit zweihundert Jahren Tatkraft vom Volk, und der Präsident läßt ein Feuerwerk steigen, um der Welt einmal mehr Größe und Stärke Amerikas zu demonstrieren

)ie Präsidenten Washington, Jefferson, Roosevelt und Lincoln aus Stein (oben) blicken auf eine neue Generation: ;chwarz und Weiß haben sich verschwestert (linke Seite)

Wirklich beeindruckend war die Freundlichkeit der Leute, wie sie mich aufgenommen, in die Familie integriert haben. In er Schule ist sofort irgendwer zu mir gekommen, hat mich mitgenommen, ich hab' dazugehört!«

1artha Kozlicek, österreichische Austauschschülerin in den USA

Genf, 1985: Gestern noch Prototypen gegenseitiger Verteufelung, inzwischen als »Ronnie« und »Gorbi« Lieblinge der politische Weltbühne

Genf, 1985: Ob auf Schlachtfeldern der beiden Weltkriege, ob als tödliche Grenze um Konzentrationslager oder als Eisern Vorhang quer durch Europa – der Stacheldrahtverhau als ein Symbol feindlicher Trennung. Hier dient die Absperrung dem Schut der Verhandlungsdelegationen (rechte Seite)

Warnung
macht die Truppe von der Schusswaffe Gebrauch.
Mise en garde
Vous pénétrez dans une zone gardée militairement.
A la sommation (HALT) vous devez vous arrêter
immédiatement et suivre les instructions de la troupe.
Si vous n'obtempérez pas à cette sommation, qui sera
faite une seule fois, la troupe ouvrira le feu.
Avviso
State entrando in una zona sorvegliata militarmente.
All' ordine (ALT) vogliate fermarvi immediatamente
e seguire le istruzioni della truppa.
In caso di trasgressione di quest' ordine, che sarà
impartito una sola volta, la truppa aprirà il fuoco.
Warning
You are now entering a military guarded area.
When called upon to (HALT) stop immediately and
implicitly obey instructions from the troops.
The troops are under orders to shoot if the
first warning to stop is ignored.
Atención
Vd. penetra en una zona guardada militarmente.
A la voz de (ALT), Vd. debe pararse inmediatamente
y esperar las instrucciones de la tropa.
Si Vd. no atiende
tropa hará fuego.
IL COMANDO MILITARE

»Zwei Jungunternehmer beschließen, sie machen einen Würstelstand auf, damit sie zu Geld kommen. Dazu brauchen sie in Österreich hundertachtundzwanzig Behördenvorgänge. In Amerika gehen sie zum Friedensrichter, zahlen zwei Dollar fünfzig, und haben's.«
Edwin S. Kiefer, Generaldirektor von General Motors in Wien

»Als Unternehmer ist Amerika zu bewundern, als Sozialfall ist Amerika zu bedauern – aber diese zwei Dinge sind Ausdruck *einer* Lebensweise.«
Lonnie Johnson, Stellvertretender Direktor des Institute of European Studies in Wien

Larry Hagman wurde durch seine Darstellung des »bösen J. R.« in der TV-Serie »Dallas« zu einem der bekanntesten Fernsehstars auf allen Kanälen (rechte Seite)

Grüße aus dem Land der schnellen Karrieren und tiefen Abstürze – die Medien machen's möglich als Teil der Mattscheiben-Ideologie: Washington, 1968: Richard Nixon gewinnt die Präsidentschaftswahlen (oben)

New York: »Alles was dick ist, kommt zu Sig Klein« (unten)

LH
100

Sind die Schwarzen wirklich frei?
Grabstein des Kämpfers für Freiheit und Gleichheit, Martin Luther King, der 1968 ermordet wurde

Eines der bekanntesten »Feindbilder« der Welt: das Präsidentenehepaar Nancy und Ronald Reagan

Hubert Feichtlbauer

Tschechoslowakei: Schezko jedno darf nicht sein!

Vor hundert Jahren waren 65 Prozent der Bewohner Wiens heimatscheinlose Fremde, die Hälfte davon Tschechen. Kann man sich vorstellen, was passieren würde, wäre dies heute der Fall? Gewiß: Auch damals hatten es die Zuwanderer nicht leicht, Fuß zu fassen. Auch sie hatten Ablehnung, Vorbehalte, Diskriminierung zu ertragen. Dennoch sangen Altwiener und Neuwiener wacker das Volkslied »Wien ist Wien, aber ohne Tschechen wär 's hin« mit und hörten Bürgermeister Karl Lueger 1891 im Reichsrat verkünden: »Ich sehe in jedem Tschechen, in jedem Slowenen meinen österreichischen Mitbürger.« Und bei leutseligeren Anlässen sagte derselbe Lueger, der mit den Juden nicht gerade zimperlich umging: »Laßt 's mir meine Böhm' in Ruh'!«

Das war freilich ein Appell, der im Reichsrat und in der Regierung noch mehr als im Volk verhallte. Vergeblich pochten die Vertreter Böhmens auf die in der Verfassung von 1867 allen Nationen zugesicherte, staatsrechtlich aber nur den Ungarn gewährte Gleichberechtigung. Gegen Ende des Ersten Weltkriegs liefen Tausende Tschechen aus der k. u. k. Armee ins Lager des Gegners über. Freilich: 900.000 dienten bis zur letzten Stunde treu ihrem Kaiser, ehe sie 1918 Bürger der von Thomas Masaryk begründeten Tschechoslowakischen Republik (ČSR) wurden.

Eine lange gemeinsame Geschichte wirft ihre Schatten auf das heutige Verhältnis zwischen Österreich und der Sozialistischen Tschechoslowakischen Republik (ČSSR), das für uns zur schwierigsten Nachbarsbeziehung geworden ist. Ist nur die Geschichte an diesen Problemen schuld? Wohl nicht, wenn man an die gegenwärtige Situation denkt: eine tote Grenze, an der wie nirgends sonst der Eiserne Vorhang noch immer sehr eisern ist. Eine tödliche Grenze, an der noch immer geschossen wird, wenn Bewohner der ČSSR, die anderswo einfach Koffer packen und eine Bahnfahrkarte lösen

müßten, auf abenteuerlichen Fluchtwegen die rettende österreichische Freiheit zu erreichen versuchen. Eine toddurchlässige Grenze, wenn man an das in Temelin bei Budweis, 90 Kilometer nördlich von Linz, entstehende größte Kernkraftwerk Europas denkt. Bei den schon in Betrieb stehenden Atomkraftwerken Dukovany und Bohuvice werden derzeit oberirdische Atommüllager (von »geringer« Strahlung) errichtet: Tschernobyl-Gefahren direkt vor der Haustür, zumal »östliche« Kernkraftanlagen als viel störanfälliger und risikoreicher als »westliche« gelten.
Passen solche Tatbestände zu Charaktermerkmalen, die zu unserem »Feindbild Tschechen« gehören? »Brutal«, »schlampig«, »falsch« sind einige von ihnen. Oder läßt sich alles auf die Erklärungsformel »Kommunismus« bringen? Ganz ohne Frage hat die brutale militärische Niederwerfung des Versuchs, im Prager Frühling 1968 einen »Sozialismus mit menschlichem Antlitz« zu verwirklichen, zum »Feindbild ČSSR« nicht allein in Österreich beigetragen. Aber sind nicht in und nach jenen Augusttagen 1968 neben viel Heroismus auch typische Charaktermerkmale der Tschechen sichtbar geworden: Anbiederungs- und Anpassungsfähigkeit im schlimmeren, schlaumeierischer Alltagsopportunismus im günstigeren Fall?
In der Figur des braven Soldaten Schwejk ist diese Überlebenskunst zu Literaturgröße verdichtet worden. Schwejk, der »gehorsam ist dem Gott, der die Flinten wachsen ließ und das Korn, in das man diese wirft« (Alfred Polgar), desertiert und sabotiert nicht – er überlebt als pedantischer Mitläufer, der obrigkeitliche Anordnungen durch Wörtlichnehmen ad absurdum führt. Charakterschwäche? Wenn ja – vielleicht eine, die die historische Verwandtschaft der heutigen Österreicher mit diesem westslawischen Brudervolk verrät? Prager und Wiener haben im Lauf dieser Geschichte viel überleben müssen. Zählen da im Rückblick die Siege und Niederlagen mehr als das Überstehen? Diese Frage hat schon Rainer Maria Rilke, der Prager Rilke, formuliert: »Wer spricht von Siegen? Überstehen ist alles ...« An Moldau und Donau haben die Menschen in jahrhundertelangem Ringen mit ihrem Schicksal Mongolen- und Hussitenstürme, Schweden und Russen und Hitler überstanden. Wer möchte da an die Ewigkeit der jüngsten Besetzung glauben?
Prag gehört, ähnlich wie Wien, nicht einem einzigen und schon gar nicht allein einem anderen Land. Seine Farben sind Rot und Gold – wie die Farben Spaniens, und damit ist es Westen; wie die von Byzanz, womit es auch dem Osten gehört; wie jene von Rom, und damit gehört es der Welt. Das hat mit einem Anflug von Geschichtsmythologie der große Böhmenkenner und -liebhaber Willy Lorenz (»Monolog über Böhmen«, 1964, »Abschied von Böhmen«, 1973) ins Treffen geführt. Von ihm wird auch die These vertreten, daß der Erwerb Schlesiens durch Friedrich II. von Preußen 1740 das prekäre Gleichgewicht zwischen tschechisch- und deutschsprechenden Böhmen und damit den Frieden in und um Böhmen so nachdrücklich gestört habe, daß sich daraus alles spätere Unglück ableiten ließe: Die Deutschen versuchten, durch alle möglichen Schul-, Amtssprachen- und Wahlrechtstricks die Balance bzw. Vorherrschaft wieder-

herzustellen, was zu Entfremdung, Haß und 1918 zum Abfall führte. Das daraus für beide Völker erwachsende Unglück hatte František Palacký schon 1848 vorausgesehen, als er die in der Frankfurter Paulskirche tagende Nationalversammlung wissen ließ: »Wahrlich, existierte der österreichische Kaiserstaat nicht schon längst, er müßte im Interesse Europas und der Humanität geschaffen werden.« Worum es dem gewiß nicht schwärmerischer Habsburg-Liebe verdächtigten »pater patriae« der Tschechen ging, war die Erhaltung eines übernationalen Kaiserreichs, das seiner Meinung nach allein imstande sein würde, das Aufgehen kleinerer Völker in damaligen Supermächten zu verhindern.

Er behielt recht. Im März 1938 mußte Schuschnigg-Österreich vor Hitler kapitulieren, im März 1939 die Hácha-Tschechoslowakei. Der ehemalige tschechoslowakische Ministerpräsident Eduard Beneš nahm dem Staatspräsidenten Hácha diese Kapitulation sehr übel. Zehn Jahre später und hundert Jahre nach dem Palacký-Brief mußte derselbe Beneš vor Stalin kapitulieren.

Die ČSSR wurde ein Vasall Moskaus, das seinen Anspruch 1968 militärisch noch einmal bekräftigte. Daß – über Betreiben von Beneš – 1945 drei Millionen Deutschböhmen (»Sudetendeutsche«) unter menschenunwürdigen Bedingungen und Verlust ihrer Vermögen aus ihrer Heimat vertrieben worden waren, hat der Tschechoslowakei ihre Unabhängigkeit nicht gerettet. Aber auch Vertreibung und Konfiskation haben in diesem Land Tradition. Während des Dreißigjährigen Krieges enteigneten zuerst die böhmischen Rebellen kaisertreue Adelige, nach der Schlacht am Weißen Berg lief es umgekehrt, und nach Wallensteins Tod wurde dessen Besitz (etwa ein Drittel ganz Böhmens) aufgeteilt. Hunderttausende mußten 1648 das Land verlassen, weil sie nicht zwangskatholisch werden wollten. 1918 wurde ein Teil des Adelsbesitzes, 1939 das Vermögen der Juden und der katholischen Kirche, 1945 das Besitztum der Deutschen, aber auch das der tschechischen »Großkapitalisten« (Škoda, Bata u. a.) enteignet. Was heißt hier siegen? Überstehen ist alles . . .

Die vielen historischen Hinweise sollen mithelfen, die Erinnerung an die Tatsache wachzuhalten, daß die heutigen Bewohner Österreichs und der ČSSR Täter und Opfer, damit aber auch Schwestern und Brüder einer langen gemeinsamen Geschichte sind, in der niemals die einen nur die Guten und die anderen die Bösen waren. Vom Österreich unserer Tage ist nicht nur das Wiener Telefonbuch nicht wegzudenken, aus dem uns so manche Wurzel (Koren), Karotte (Mrkvička) oder Turteltaube (Hrdlička) entgegenlächeln. In der Regierung macht ein Finanzminister glauben, daß er billig (Lacina), ein Verteidigungsminister, daß er entbehrlich (Lichal), und ein Kanzler, daß er rabenschwarz (Vrany) sei. Wer, zum Kuckuck (Kukacka), hat ihnen wohl diesen Floh (Blecha) ins Ohr gesetzt?

Aber pomali (langsam): Wir können nicht vergessen, um wieviel besser (lepschi) es Österreich ging, weil Schneider und Schuster, Tischler, Schlosser, Köchinnen und Ammen ihren Weg von Prag, Budweis, Olmütz und Brünn nach Wien gefunden haben, aber auch die Vorfahren der Familien Renner und Schärf, Jonas und Felix

(Kreisky!), ein Clemens Maria Hofbauer (früher Dvořak) und eine Marie Ebner-Eschenbach. Und nicht zu vergessen die böhmischen Juden, die allesamt keine böhmischen Dalken waren: Franz Kafka und Franz Werfel, Stefan Zweig und Karl Kraus, und natürlich Sigmund Freud.

Sie allein würden genügen, daß uns nicht alles eins (schezko jedno) sein kann, was nördlich von Retz, Drosendorf und Litschau passiert. Eine Verstärkung der wirtschaftlichen Beziehungen, ein Ausbau der kulturellen Kontakte, eine ständige Betonung unseres Interesses für das Schicksal der Christen in Böhmen, Mähren und der Slowakei, ein Weiterwerken an Brücken aus Musik, Theater und Poesie hilft Feindbilder ab- und Freundschaften aufbauen. Wir sind eine große mitteleuropäische Familie, und nichts beweist das mehr als aller Streit, den wir miteinander schon hatten.

Nicht nur das gute Bier kommt aus dem Königreich Böhmen, sondern auch der Panslawismus, der mit seiner Sprengkraft viel zum Untergang der Monarchie beigetragen hat

Die Hauptaufgabe der Czechen ist,

wie Kramarz sagt, die Pläne der Regierung zu durchkreuzen! Also, sie wollen durchaus einen Friedhof haben!

»Das gesamte gegenseitige Vorurteil beruht auf einem sehr simplen Phänomen: Bekanntlich kann man sich nie so gut hassen wie in einer Familie, nie ist ein Krieg so grausam wie ein Bürgerkrieg. Der Witz ist, daß eine weitgehende Identität – nicht nur abstammungsmäßig – zwischen Böhmen und Österreich besteht. Deswegen ist ja die Feindschaft so groß, weil man im anderen die eigenen Schwächen erkennt!«
Karl Schwarzenberg, Forst- und Gastwirt

»Die Vorurteile, die man in Wien und Niederösterreich gegen die Böhmen hat, haben die Westösterreicher gegen die Wiener. Und gegen die Niederösterreicher. Weil wir die gleichen Leidenschaften haben, die gleichen Ansichten, oder gern so essen und so trinken . . .«
H. C. Artmann, Schriftsteller

Was vom alten Böhmen geblieben ist, sind unzählige Namen im Wiener Telefonbuch, Powidltatschkerl und Lobeshymnen auf die Iglauer Ammen

Die enge Verbindung mit Böhmen und Mähren läßt sich noch Anfang der sechziger Jahre feststellen, als Österreicher die Gräber ihrer Verwandten in der ČSSR besuchen durften (linke Seite)

Die astronomische Uhr in Prag schlägt seit 1490 für Tschechen und Deutsche (rechte Seite). Mit dem Einmarsch Hitlers im März 1939 beginnt das Ende der deutschsprachigen Bevölkerung innerhalb der Grenzen der Tschechoslowakei

November 1962 : Das kommunistische Prag feiert in noch herzlicher Verbundenheit mit dem Großen Bruder den 45. Jahrestag d Oktoberrevolution

Vir müssen sehr vorsichtig sein, wenn wir ein politisches Regime, das wir nicht mögen, mit den Menschen, die dort ben, gleichsetzen ...«
itz Muliar, Schauspieler

956
955
950

ne der wenigen Möglichkeiten der Tschechen, den Sowjetrussen Paroli zu bieten: 1972 besiegt die tschechische Eishockeymann-haft in Prag den Weltmeister Sowjetunion (oben)

68 ist Alexander Dubčeks »Frühlings-Politik« jäh zu Ende: Am 21. August besetzt die Rote Armee die Stadt Prag (linke Seite)

ch bin zehn Jahre in Österreich, und zur gleichen Zeit kamen einige Dutzend Leute, eigentlich aus der gleichen Ecke. ese Leute versuchen seit Jahren schon Anschluß zu finden an die alten tschechischen Organisationen, und es ist ihnen s heute nicht gelungen, weil diese Bemühungen abgeschlagen werden. Und zwar deutlich in den Blättern der Minderheit Wien, aber auch dadurch, daß plötzlich eine Mauer des Schweigens existiert.«

vel Kohout, Schriftsteller, Unterzeichner der Charta 77

Hubert Feichtlbauer

Österreich: Nicht lieben – nur ertragen ...

Der klare Blick, der off'ne, richt'ge Sinn – da tritt der Österreicher hin vor jeden«: Ob Franz Grillparzer damit wirklich den Nagel auf den rotweißroten Kopf getroffen hat? Spricht nicht mancherlei dafür, daß viele von uns über andere Österreicherinnen und Österreicher getrübten Blickes, ohne Offenheit und rechten Sinn ihr Urteil fällen – wirklich fällen, wie einen Baum, der anderen dann auf den Kopf fällt?

Daß die Länder, die unser heutiges Österreich bilden, schon seit dem Regnum Noricum, seit mehr als 2000 Jahren also, »ein Zusammenstrebendes« seien, hat Richard Meister auf dem Österreichischen Historikertag in Graz schon 1953 nachzuweisen versucht. Um 1500 herum war dieses Ziel in etwa erreicht. In der Folge wuchs das Reich durch Heiratsverträge und kriegerische Eroberungen auf ein Vielfaches dieser Größe an. 1918 war umfangmäßig wieder so einigermaßen der alte Kern von 1500, diesmal als »Rest«, in einem Staat vereint.

Aber es war ein Staat, »den keiner wollte«. Seine Teile verfolgten unterschiedliche politische Ziele. In Kärnten wurde gekämpft, um Gebietsverluste an Jugoslawien zu verhindern. Westliche Bundesländer dagegen strebten offen einen Anschluß an die Nachfolgerepublik des Deutschen Kaiserreiches an. Vorarlberg wollte zur Schweiz, wurde aber zurückgewiesen. Aus dieser Zeit blieben viele Stereotypen, auch Feindbilder, erhalten.

»Alles Schlimme geschieht in Wien«, ist eins davon. Am »Wasserkopf Wien« wird vor allem das Überwuchern der Bürokratie, eine vermutete Neigung zu Indolenz, unbekümmerter Verschwendung öffentlicher Mittel bis hin zur Korruption scharf kritisiert. Aber auch das oft nicht sehr gewinnende Auftreten von Wienern in Urlauberrudeln trägt zu dieser kollektiven Schelte bei. Hier muß man sich vor vorschnellen Urteilen (also auch wieder Vorurteilen) hüten: Kritik ist noch nicht »Feindbildpflege«. Gewisse Verallgemeinerungen im

Urteil prägen die meisten unserer Einstellungen und sind, wenn durch Fakten tendenziell belegbar, noch nichts Böses. Schlimm wird die apodiktische Verallgemeinerung: »Alle Wiener sind Schlawiner.« Oder: »Alle Vorarlberger sind raffgierig.« Oder gar: »Alle Burgenländer sind Hohlköpfe.«

Die Unhaltbarkeit solcher Vorurteile gegenüber einem ganzen Bundesland beweist schon die Tatsache, daß regionale Spottziele manchmal wandern – vom Mühlviertel zum Burgenland zum Beispiel. Und daß auch andere Völker ihre »Burgenländer« haben. Und daß ganz Österreich für Schweizer Witzeerzähler »Burgenland« ist. Kein Spaß mehr ist es, wenn der (in den meisten Staaten übliche) Vorbehalt gegen die Zentralbehörden in der Hauptstadt von Landespolitikern wider besseres Wissen als Vehikel populistischen Stimmenfangs mißbraucht wird: Man heizt die Volksstimmung gegen »Wiener« Entscheidungen an, die in Wirklichkeit auch im eigenen Land nicht anders getroffen worden wären oder hier vielleicht sogar mitbeschlossen worden oder schlicht unvermeidbar sind.

Verallgemeinerung gehört immer zum Klischee. Zum Vorurteil wird das Klischee, wenn es mit dem Anspruch auf ernsthafte Gültigkeit auftritt, stark gefühlsmäßige Wertungen enthält und nicht auf Grund eigener Erfahrung, sondern überwiegend durch Fremdbestimmung (Erziehung, Umgebungseinfluß, Massenmedien) zustande kommt. Kennzeichnend ist dann in weiterer Folge das bekannte Phänomen selektiver Wahrnehmung: Was in dieses Vorurteil paßt, wird aus der Zeitung, dem Fernsehen, einer Wirtshausdiskussion oder einem Vortrag begierig aufgenommen und ins bestehende Bewußtseinsbild eingefügt; was nicht dazupaßt, wird gar nicht wahrgenommen oder jedenfalls schnell vergessen.

So werden Vorurteile zu schlimmen Feindbildern: Wer keine Arbeit hat, ist ein Taugenichts oder »Sozialschmarotzer« (nur weil es einige von dieser Sorte halt auch gibt). Wer gegen eine der uns liebgewordenen Lebensgewohnheiten protestiert oder gar demonstriert, unterminiert den Staat und die Gesellschaftsordnung. Wer sich einer ungewöhnlichen Haar-, Bart- oder Kleidungstracht verschreibt, ist ein Rebell, dem manche (nur halb im Scherz) neben dem Haarabschneiden am liebsten gleich auch ein Kopfabschneiden verordnen möchten.

Vielen stereotypen Vorurteilen liegt Angst, oft unbewußte Angst, oft bloße Angst vor Anderssein, zugrunde. Anderssprachige erwecken in primitiven Gesellschaften Angst. 97.000 Österreicherinnen und Österreicher bekannten sich bei der Volkszählung 1981 zu einer anderen als der deutschen Muttersprache, darunter etwa 26.000 zu Kroatisch, rund 18.000 zu Slowenisch, 15.000 zu Ungarisch, 7.000 zu Tschechisch. Nur irrationale Gemüter können sich vor einer »Überfremdung« durch solche Minderheiten fürchten. Freilich kommt bei manchen Kärntnern auch eine (objektiv sicher nicht mehr begründete) Angst vor einer neuerlichen Gefährdung der Grenzen hinzu. Bei der Ablehnung ausländischer Gastarbeiter spielt neben der Fremdartigkeit bei vielen wohl auch Angst vor zuviel Konkurrenz am Arbeitsplatz und um Arbeitsplätze mit. (Aber wie man weiß,

»Ich glaub', daß Feindbilder nicht dadurch entstehen, daß man den Feind ausgemacht hat, sondern gerade dann, wenn man ihn eigentlich nicht kennt. Wie den Liebhaber der Frau, den man nicht kennt, den baut man auf zu weiß Gott was. Der Liebhaber der Frau, den man kennt, der ist dann schon greifbar.
Ich würde unterscheiden zwischen ›Feinden‹ und ›Feindbildern‹: Feinde möcht' ich gerne haben dürfen. Ich möchte das auch nicht durch Wortklauberei herabmildern müssen in ›Gegnerschaft‹. Beim Bundespräsidentenwahlkampf ist von ›Wahlauseinandersetzung‹ gesprochen worden – das war der schlimmste Wahl›kampf‹ seit der Gründung der Zweiten Republik! Das kann man mit Wörtern immer machen, ›Konkurrenz‹ wär' noch ein bißchen weniger ...
Ich würde gerne ›Feinde‹ haben dürfen, aber ›Feindbilder‹ ist etwas anderes, da hab' ich etwas Abrufbares, auch etwas, wo man auf Pfiff eine ganze Nation in Uniform stecken kann. Das hat nichts mehr mit persönlichen Feindschaften zu tun ...«
Michael Köhlmeier, Vorarlberger Schriftsteller

erhöht diese Sorge die Bereitschaft genügend vieler Österreicher, deren oft primitive Arbeit zu übernehmen, nicht merklich.)
Durch Unwissenheit verursachte Angst mag hinter der bisweilen lieblosen Ablehnung von AIDS-Kranken lauern. Daß aber nicht wenige in unserem Land alle geistig und körperlich Behinderten am liebsten in geschlossene Anstalten verbannt sähen, hängt wohl mit der irrationalen Ablehnung alles von der Norm Abweichenden zusammen. Aber was ist die Norm? Wer bestimmt, wer definiert sie? Wer kann von sich sagen, »normal« zu sein, um sich von den »Abnormalen« abzugrenzen? Sind Rothaarige, Glatzköpfe und Brillenträger kraft unterdurchschnittlicher statistischer Häufigkeit schon abnormal? Oder »Emanzen« keine »normalen Frauen« mehr?
Am »Feindbild Emanze« läßt sich eine andere Art von Angst demonstrieren: Man schlägt den Esel und meint den gefürchteten Sack! Selbstverständlich sind alle für die Gleichberechtigung der Frau mit dem Mann, für gleichen Lohn für gleiche Arbeit, für gleiche Aufstiegschancen im Beruf, und wie all die schönen Formeln heißen mögen. In Wirklichkeit aber fürchten sich noch immer viele Männer vor den Konsequenzen solcher Grundsätze. Sie halten sich selbst im stillen immer noch für gescheiter, tüchtiger, zäher als »die Frauen«. Ausgesprochen wird das aber nur noch entweder in Witzform oder in Form von Stellvertreterschelte: nicht »die Frauen«, sondern »die Emanzen« werden abgelehnt – als ob man nicht auch die Frauenemanzipation wie jedes andere Anliegen, ob von Männern oder Frauen vertreten, geschickt oder ungeschickt, überzeugend oder kontraproduktiv verfechten könnte!
Am stärksten trifft alles bisher Gesagte auf das schlimmste, weil erwiesenermaßen tödliche Feindbild unserer Gesellschaft zu: das Feindbild Jude. Viele Juden sind anders als Nichtjuden, machen aus diesem Anderssein oft kein Hehl, provozieren die Umwelt sogar durch dessen Betonung. Im Altertum provozierten sie durch ihren Eingottglauben die götterreichen Griechen und Römer, besonders jene unter ihnen, die selbst als Machtgötter auftraten. Im Mittelalter schlossen christliche Herrscher die Juden von den meisten Berufen aus, wußten sie aber als Geldverleiher gut zu gebrauchen, und Christen konnten ihre eigenen Finger vom verbotenen Zinsnehmen lassen. Das war dieselbe heuchlerische Doppelmoral, die noch heute manche Einstellung gegenüber Prostituierten prägt.
Das Feindbild Jude wurde im Lauf von Jahrhunderten emotional wie kein zweites aufgeladen: »Christusmörder«, »Hostienschänder«, »Zinswucherer«, »Kapitalismuserfinder«. Die Angst vor überdurchschnittlich hoher Judenkonkurrenz in Intelligenzberufen ließ sich zusätzlich zum Schüren von Antisemitismus mobilisieren. Als dann einer kam, der nach ein paar demonstrativen Vorbereitungshandlungen flugs zur »Endlösung« schritt, war der Boden dafür im christlichen Kleinbürger- ebenso wie im proletarischen Klassenkämpfermief entsprechend vorbereitet.
Der Antisemitismus beweist auch, daß Vorurteile nicht von Erfahrung, sondern von Verführung leben: Antisemit kann man auch sein, ohne einen einzigen Juden zu kennen – genauso wie man Anti-

Antisemitismus (oder jede andere Version einer stereotypverfallenen Haltung) verkörpern kann, ohne das kollektive Feindbild zu kennen. Ein anschauliches Exempel dafür liefert seit 1986 die Waldheim-Debatte in Österreich. Die einen halten Kurt Waldheim für den Inbegriff des politischen Lügners und Opportunisten, und alle, die an ihm auch etwas Verteidigenswertes finden, für unverbesserliche Nazis und Antisemiten. Die anderen erblicken in jeder auch noch so differenzierten Kritik an Waldheim Autoritäts- und Vaterlandsverrat, Ausfluß einer sozialistischen Österreich- und einer jüdischen Weltverschwörung: Feindbild Österreich total?
Hoffentlich ist das jetzt auch ein irriges Vorurteil, das von der Wirklichkeit bald widerlegt wird. Die Wirklichkeit ist immer komplexer als ein Schwarzweißbild davon. Jede soziale Gruppe, jedes Volk hat Stärken und Schwächen, kann von anderen lernen und hat Grund, Eigenverhalten zu verbessern. Die Vielfalt von Eigenschaften und Lebensformen bereichert jede Gesellschaft, Einförmigkeit ist der Tod allen Lebens. Anderssein ist Voraussetzung für die Einzigartigkeit jedes Menschen. Um es nicht mit einem Klassikerzitat, sondern mit einem Popsänger zu sagen: »A jeder g'hört zu aner Minderheit« (Wolfgang Ambros). Anderssein macht Wesen und Würde des Menschseins aus. Keineswegs muß man das andere und die anderen immer lieben. Nur ertragen muß man es und sie, um Mensch zu sein.

». . . es wurde von der deutschen und der österreichischen Hochschülerschaft bei einer internationalen Konferenz ein Fragebogen und ein Profil erarbeitet für den Antisemitismus. Der Fragebogen wurde dann verglichen mit den Antworten der chinesischen Studenten, die auch an diesem Seminar teilgenommen haben. Wir waren alle vollständig erschüttert! Es waren genau die gleichen Charakteristika: Was man den Juden vorgehalten hat, haben die Malayen der chinesischen Minderheit vorgeworfen! Sowohl die positiv besetzten, als auch die negativ besetzten. Zum Beispiel: ›Sie sind sehr familienergeben, sie halten zueinander – jede Minderheit hält zueinander –, sie sind sehr intelligent, aber sie sind Streber, sie wollen immer die Macht haben, sie sind die Ausbeuter . . .‹
. . . je primitiver ein Mensch, desto größer sind seine Vorurteile, desto schwerer ist er zu überzeugen durch Fakten, durch Tatsachen. Was mich zur Raserei bringen kann, ist der Ausdruck: ›Wenn alle Juden so wär'n wie Sie, gäb's kan' Antisemitismus‹ . . .«
Dr. Minna Lachs, geboren in Ostgalizien, seit 1947 Pädagogin in Wien, Vizepräsidentin der österreichischen UNESCO-Kommission

Wien, 1987: Vor dem Zeichen des österreichischen Widerstandes am Stephansdom gedenken viele Wiener der Opfer des Faschismus

FP und VP wollen im „heiligen Land" aufräumen

Soziale Aussteiger, landläufig „Sandler" genannt, haben nach Meinung der Tiroler FP und VP im „heiligen Land" Tirol nichts verloren. Wenn es nach dem Willen der beiden Parteien geht, soll die Tiroler Polizei Obdachlose und andere des „Sandelns" verdächtigte Personen zukünftig öfter als bisher ins Polizeigefängnis abschieben.

„Sandler schaden dem Tourismus"

Im Fremdenverkehrsland Tirol fürchten Politiker und Behörden die „Stadtbildverschandelung" durch Obdachlose, die ihrer Ansicht nach zahlenmäßig immer stärker überhand nehmen. Am Klischeebild der Sauberkeit und des Wohlstands im Land, das Touristen so gerne vorgehalten wird, darf

gangener (brauner) Zeiten hinter diesem Antrag steckt: Die Auseinandersetzung mit gesellschaftlichen Randgruppen erachten die Herren von ÖVP und FPÖ als unnotwendig. Eine Verschärfung des Tiroler Polizeigesetzes würde nichts anderes bedeuten als die Kriminalisierung von Obdachlosen infolge ihrer wiederholten Inhaftierung, ihrer Abdrängung in die Illegalität.

Die Kriminalisierung von Obdachlosen könne nur die Verschärfung dieses sozialen Problems zur Folge haben, stellen die Tiroler Kommunisten fest. Mit Polizeimaßnahmen sei es noch nie gelungen, diese Probleme zu lösen. Hingegen sei eine Radikalisierung der Betroffenen zu erwarten, die von ihren stadtbekannten Plätzen immer wieder vertrieben würden, um nach ihrer Haftentlassung wieder zurückzukehren. Denn wo kann man schon hingehen als Obdachloser mit ein paar Schillingen und ein paar „Tschik" in der Tasche?

Die KPÖ und der sozialpolitische Arbeitskreis befürworten gezielte Maßnahmen, die den Obdachlosen echte Hilfe bieten sollen. Maßnahmen, mit denen sich nicht der Fremdenverkehrsausschuß und nicht der Rechts- und Gemeindeausschuß befassen sollte, sondern einzig und allein der Sozialausschuß. Der sozialpolitische Arbeitskreis, von der KP Tirol unterstützt, fordert den Tiroler Landtag auf, den FP-VP-Antrag nicht zu unterstützen, sondern einen Antrag zu formulieren, der die Auseinandersetzung mit den sozialen Ursachen des Obdachlosenproblems sowie die Erarbeitung von Verbesserungsvorschlägen für die Be

Nur die Luxemburger und Franzosen trinken noch mehr:

Österreich weltweit bei Alkoholkonsum an dritter Stelle!

Bericht auf der Seite 6

Hierzulande braucht man immer einen Schuldigen: das eine Mal Schwule und Lesben, das andere Mal ethnische Minderheiten oder Gastarbeiter (oben und rechte Seite). Herbst 1972: Polizeieinsatz im Kärntner Ortstafelkonflikt (unten)

»Ich arbeite mit Langzeitarbeitslosen, mit Obdachlosen, sogenannten ›Sandlern‹, und die sind wirklich ›das Letzte‹ in dieser Gesellschaft. Das Letzte, weil man noch runtertreten kann, wenn's einem schon sehr schlecht geht, auf die, die irgendwo am Straßenrand liegen.«
Peter Wandaller, Sozialarbeiter

Gegenüber jemandem, den man persönlich kennt, kann man kein Feindbild entwickeln, das kann ein Feind sein. Aber das Stereotyp, das reduzierte Feindbild, das steht für mich für ›Entfernung‹, für ›wenig Information‹, für ›Abgrenzung‹, für ›Reduzierung‹.«
Peter Vitouch, Psychologe und Medienforscher, Universität Wien

Terroristen beherrschen die internationale Szene, und der Staat rüstet gegen Feinde von innen und von außen und stellt die Einsatzgruppe »Kobra« auf (oben)
1984 treten Intellektuelle aus allen politischen Lagern gegen den Bau des Kraftwerks Hainburg auf (rechts unten)

»Auhirsch« Günther Nenning (links)

STIHL
STIHL

»Ich glaube mit Freuden feststellen zu können, daß immer mehr Frauen, die ganz normale Frauen geblieben sind – wenn ich das ausdrücken darf –, sich durchsetzen. Ich hoffe, daß das eine Wendung in unserer Gesellschaft ist, daß man eine Frau nicht zwingt, sich sozusagen ›gewaltsam‹ durchsetzen zu müssen, das setzen ja viele mit einer ›Emanze‹ gleich ...«
Erwin Ringel, Psychiater, Universität Wien

Konfrontation zweier Gesinnungen: Punk-Lady (rechts)
Opernball 1987: Eröffnung (linke Seite, oben); Bundespräsident Dr. Kurt Waldheim, flankiert von Vizekanzler Dr. Alois Mock und dem bayerischen Ministerpräsidenten Franz Josef Strauß (linke Seite, unten)

Dokumentation

Die Autoren der Beiträge

Ernest Dichter, Dr. phil., geboren 1907 in Wien, Psychologe und Marktforscher, Emigration 1938 in die USA, 1946 Gründung des »Institute for Motivational Research« mit Filialen in 15 Ländern, Berater von Wirtschaftsunternehmen und Politiker, Gastprofessor an verschiedenen Universitäten, zahlreiche Publikationen

Peter Dusek, Dr. phil., geboren 1945, Studium der Geschichte und Germanistik, 1970/71 Redakteur der »Presse«, seit 1982 Leiter des Historischen Archivs des ORF, Universitätslektor

Hubert Feichtlbauer, Dr. rer. pol., geboren 1932, Studium in Wien, journalistische Tätigkeit bei verschiedenen Zeitungen (u. a. Chefredakteur der Printmedien »Furche«, »Kurier«, »Wochenpresse«), im ORF »Club 2«-Diskussionsleiter, derzeit Leiter der Pressestelle der Bundeswirtschaftskammer

Oswald Panagl, o. Univ.-Prof., Dr. phil., geboren 1939, Doktorat in Klassischer Philologie und Sprachwissenschaft, seit 1979 o. Universitätsprofessor für Allgemeine und Vergleichende Sprachwissenschaft an der Universität Salzburg, von 1987 bis 1989 zum Dekan der Geisteswissenschaftlichen Fakultät gewählt

Alfred Payrleiter, geboren 1935, seit 1959 journalistische Tätigkeit in verschiedenen Printmedien; als stellvertretender Chefredakteur und späterer Hauptabteilungsleiter »Politik und Zeitgeschehen« seit 1967 beim ORF, seit 1984 Hauptabteilungsleiter »Wissenschaft und Bildung«

Hugo Portisch, Dr. phil., geboren 1927, seit 1947 Journalist (stv. Leiter des Österreichischen Informationsdienstes in New York, Chefredakteur des »Kurier«, seit 1968 Chefkommentator des ORF). Zahlreiche TV-Dokumentationen und Publikationen (u. a. Herausgeber der Bände »Die Wiedergeburt unseres Staates« und »Der lange Weg zur Freiheit« nach der ORF-Serie »Österreich II«), derzeit Arbeit an »Österreich I«

Horst-Eberhard Richter, Dr. phil., Dr. med., geboren 1923, Psychiater, Psychoanalytiker, seit 1962 Universitätsprofessor für Psychosomatik, ab 1973 Geschäftsführender Direktor des Zentrums für Psychosomatische Medizin an der Universität Gießen, seit 1982 Vorstand der bundesdeutschen Sektion der Internationalen Ärzte zur Verhütung des Atomkriegs; zahlreiche Publikationen

Karl Heinz Ritschel, Prof. Dr. phil., geboren 1930, Beginn der journalistischen Laufbahn als Redakteur im »Bildtelegraf«, Chefredakteur der »Wikorr«, ab 1959 bei den »Salzburger Nachrichten«, seit 1964 Chefredakteur

Michael Schmolke, Dr. phil., geboren 1934, 1970 Habilitation für Publizistik und Kommunikationstheorie an der Universität Münster, 1971-1973 Wissenschaftlicher Direktor am Deutschen Institut für wissenschaftliche Pädagogik, seit 1973 Ordentlicher Universitätsprofessor für Publizistik und Kommunikationswissenschaft an der Universität Salzburg

Friedrich Urban, Ing., geboren 1944, seit 1968 im ORF tätig (Assistent des kaufmännischen Direktors, Leitung der Abteilung Organisation, seit 1984 Intendant des Landesstudios Salzburg)

Verantwortliche und Mitarbeiter der Sendereihe »Feindbilder«

Sendungsgestaltung

Dr. Kurt Liewehr
Hannes Eichmann

Filmgestaltung:

BRD: Peter Liska
Italien: Dr. Uta Tschernuth
Jugoslawien: Peter Payer
UdSSR: Dr. Hannes Zimmermann
USA: Dr. Hannes Zimmermann
ČSSR: Peter Liska
Österreich: Peter Liska

Einladungen und Auswahl
der Diskussionsteilnehmer:

Dr. Caroline Kleibel-Hirschvogl (Universität Salzburg)
Dr. Hans Spatzenegger (ORF Salzburg)
Dr. Katharina Krawagna-Pfeifer (»Salzburger Nachrichten«)

Mitglieder der Senatsarbeitsgruppe »Feindbilder«

Dr. Alfred Autischer, Institut für Kommunikationsplanung
Univ.-Prof. Dr. Gerhard Botz, Institut für Geschichte
Dr. Peter Dusek, Leiter des Historischen Archivs im ORF
Hannes Eichmann, Redakteur im ORF-Landesstudio Salzburg
Univ.-Prof. Dr. Klaus Faupel, Senatsinstitut für Politikwissenschaften
Univ.-Prof. Dr. Hans Goebl, Institut für Romanistik
Univ.-Prof. Dr. Rudolf Gönner, Institut für Erziehungswissenschaften
Univ.-Prof. Dr. Friedrich Gottas, Institut für Geschichte
Univ.-Prof. Dr. Stefan Grössing, Institut für Sportwissenschaft
Univ.-Prof. Dr. Adolf Haslinger, Institut für Germanistik
Dr. Heide Hullermann, Institut für Psychologie
Viktor Mayer-Schönberger, Pressereferent der ÖH
Univ.-Prof. Dr. Oswald Panagl, Institut für Sprachwissenschaft
Univ.-Doz. Dr. Karl-Josef Parisot, Abteilung für Didaktik der Mathematik
Univ.-Doz. Dr. Johannes Pichler, Institut für Österreichische Rechtsgeschichte
Dr. Gertraud Putz, Institut für Christliche Gesellschaftslehre
Univ.-Prof. Dr. Michael Schmolke, Institut für Publizistik
Univ.-Prof. Dr. Christoph Schreuer, Institut für Völkerrecht
Dr. Hans Spatzenegger, ORF-Landesstudio Salzburg, Abt. Wissenschaft
Univ.-Prof. Dr. Henn-Jüri Uibopuu, Institut für Völkerrecht
Ing. Friedrich Urban, ORF-Landesstudio Salzburg
Dr. Reinhold Wagnleitner, Institut für Geschichte

Diskussionsteilnehmer

Österreich und die Bundesrepublik Deutschland

Diskussionsleiter
Dr. Hubert Feichtlbauer, Publizist

Dr. Brigitte Hamann, Historikerin
Balthasar Hauser, Gastwirt
Lutz Hochstraate, Intendant, Landestheater Salzburg
Univ.-Prof. Dr. Gerhard Jagschitz, Historiker
Peter Pollak, Wirtschaftsmanager
Karl Popp, Wirtschaftsmanager
Univ.-Prof. Dr. Heinz Pürer, Professor für Publizistik und Kommunikationswissenschaften, Universität München
Barbara Rütting, Schauspielerin, Autorin
Erich Schleyer, Schauspieler
Univ.-Prof. Dr. Michael Schmolke, Professor für Publizistik und Kommunikationstheorie, Universität Salzburg
Jochen Steinmayr, Journalist
Dr. Engelbert Washietl, Publizist
Univ.-Prof. Dr. Erika Weinzierl, Historikerin

Österreich und Italien

Diskussionsleiter
Dr. Hubert Feichtlbauer, Publizist

Prof. Louis Barcata, Journalist
Arrigo Bergo, Café- und Eissalon-Besitzer
Dr. h. c. Silvio Furlani, Wahlrechtsexperte
Univ.-Prof. Dr. Hans Goebl, Romanist
Dr. Eva Klotz, Abgeordnete zum Südtiroler Landtag
Prof. Marta Lantieri, Leiterin des Opernstudios der Staatsoper (1982–1986)
Univ.-Doz. Dr. Brigitte Mazohl-Wallnig, Historikerin
o. Univ.-Prof. Dr. Oswald Panagl, Philologe
Hanns Perkhofer, Hotelier in Venedig
Univ.-Prof. Dr. Raimondo Strassoldo, Soziologe
Em. Univ.-Prof. Dr. Adam Wandruszka, Historiker

Österreich und Jugoslawien

Diskussionsleiter
Dr. Hubert Feichtlbauer, Publizist

Dr. Bucar Bojan, Universitätsdozent für politische Wissenschaft und Journalismus in Laibach
Milo Dor, Schriftsteller
Javorka Dovidkovic, Putzfrau
Dr. Josef Feldner, Obmann des Kärntner Heimatdienstes
Dr. Valentin Inzko, Fachinspektor für den Slowenischunterricht an Höheren Schulen
Pavo Janjić, Internationales Jugendzentrum Salzburg
Alenka Kemptner, Lektorin für Slowenisch
Mag. Gerd Lau, Pädagoge
Prälat Domherr Rafko Lesnik, Leiter des Pastoralamtes am Ordinariat Laibach
Dr. Helga Matuschek, Soziologin
Wolf In der Maur, Journalist
Dr. Thomas Pluch, Schriftsteller, Journalist
Dr. Gertraud Putz, Theologin

Österreich und die Sowjetunion

Diskussionsleiter
Dr. Hubert Feichtlbauer, Publizist

Dr. Otto Hörmann, Journalist
Lew Kopelew, Schriftsteller
Ruth Mayenburg, Schriftstellerin, Übersetzerin
Raissa Orlowa-Kopelew, Schriftstellerin
Nina Rabinowitsch, Designerin, Malerin
Julia Rabinowitsch, Schülerin
Univ.-Prof. Dr. Henn-Jüri Uibopuu, Völkerrechtler
Dipl.-Kfm. Dr. Kurt Wild, Wirtschaftsmanager

Bilder der BRD-Diskussion:
Der Tisch der Historiker (oben): Brigitte Hamann, Gerhard Jagschitz, Erika Weinzierl (von links nach rechts)
Der Tisch der Künstler (unten): Lutz Hochstraate, Barbara Rütting, Erich Schleyer (von links nach rechts)

Österreich und die Vereinigten Staaten von Amerika

Diskussionsleiter
Dr. Hubert Feichtlbauer, Publizist

Robert Buchacher, Journalist
Univ.-Prof. Dr. Klaus Faupel, Politologe
Dipl.-Ing. Helmut Fennes, Generalsekretär von AFS-Österreich (Austauschprogramme für Soziales und Interkulturelles Lernen)
Eugen Freund, Journalist
Mynda Grimaldi, amerikanische Austauschschülerin
Dr. Lonnie Johnson, stv. Direktor des »Institute of European Studies«
Dipl.-Ing. Edwin S. Kiefer, Wirtschaftsmanager
Helmut Koller, Photograph
Martha Kozlicek, österreichische Austauschschülerin
Maximilian Schell, Schauspieler
Helga Wagner, Schmuckdesignerin
Dr. Reinhold Wagnleitner, Historiker

Österreich und die ČSSR

Diskussionsleiter
Dr. Hubert Feichtlbauer, Publizist

H. C. Artmann, Schriftsteller
Dr. Emil Brix, Sekretär des Bundesministers für Wissenschaft und Forschung, Historiker
Miroslaw Brozak, Obmann der Vereinigung der Tschechischen und Slowakischen Minderheiten in Österreich
Dr. Monika Glettler, Historikerin
Dr. Jan Havranek, Dozent an der Karls-Universität in Prag
Pavel Kohout, Schriftsteller
Fritz Muliar, Schauspieler
Univ.-Prof. Dr. Oswald Panagl, Philologe
Karl Erbprinz von Schwarzenberg, Forst- und Gastwirt

Österreich und die Österreicher

Diskussionsleiter
Dr. Hubert Feichtlbauer, Publizist

Eva Deissen, Journalistin
Beate Klarsfeld, »Nazi-Jägerin«
Michael Köhlmeier, Schriftsteller
Dr. Minna Lachs, Pädagogin
Univ.-Prof. Dr. Erwin Ringel, Neurologe und Psychiater
Dr. Werner Schneyder, Schriftsteller und Kabarettist
Univ.-Doz. Dr. Peter Vitouch, Psychologe, Medienforscher
Dr. Peter Wandaller, Sozialarbeiter
Dr. Hermann Withalm, Jurist und ÖVP-Politiker

Die Gestaltung der Sendung

1. Redaktionssitzung
zur Vorbereitung der einzelnen Sendungsaufzeichnungen

In den Redaktionssitzungen im Sitzungszimmer des ORF-Landesintendanten werden am Tag der Veranstaltung ca. zwei Stunden vor dem Aufzeichnungstermin das Regiekonzept, der Ablauf und inhaltliche Details der Sendung besprochen. Die eigentliche Vorbereitungsarbeit begann im Juli 1986, also eineinhalb Jahre vor der ersten Fernsehaufzeichnung der »Feindbilder«-Diskussionsreihe. In acht Sitzungen einer Senatsarbeitsgruppe an der Universität Salzburg wurden von den Veranstaltern (ORF-Landesstudio Salzburg, Universität Salzburg und »Salzburger Nachrichten«) die Themen, Inhalte und Einladungslisten zu den einzelnen Veranstaltungen festgelegt.

Redaktionssitzung. Moderator Dr. Hubert Feichtlbauer und ORF-Landesintendant Ing. Friedrich Urban

2. Regiebesprechung
mit Mitarbeitern der Technik im Publikumsstudio

Regisseur Dr. Kurt Liewehr und Produktionsleiter Ing. Rupert Schnöll besprechen ca. eine halbe Stunde vor Aufzeichnungsbeginn den geplanten Ablauf der Sendung mit den drei Kameramännern Heinz Herzig, Günter Degn und Günther Steps, den Beleuchtern und dem Tonmeister. Es werden dabei insbesondere die einzelnen Kamerapositionen und der Zeitpunkt der Filmzuspielungen festgelegt.

Regiebesprechung mit Regisseur Dr. Kurt Liewehr (Mitte links), Produktionsleiter Ing. Rupert Schnöll (Mitte rechts) und den Mitarbeitern der Technik

Die Bühne

3. Bühnenaufbau
gestaltet von Alexander Milojevic und
Albert Kutzelnig

Das Bühnenbild mit einer Phototapete als zentralem Hintergrund soll durch ein Signal die Themen, Inhalte und Ziele der Sendung optisch ausdrücken und unterstützen.

4. Tonregieplatz (RP 3)

Hier wird der Ton vom Publikumsstudio mittels vierzehn Mikrophonen übertragen und vom Tonmeister Ing. Anton Rümmele gemischt. Für die Hörfunksendung »Journal Panorama« in Ö1 wird die Diskussion auf Magnetband aufgezeichnet und anschließend von Redakteur Hannes Eichmann und Tonmeister Ing. Anton Rümmele bearbeitet.

5. Fernsehregieplatz

Der Fernsehregieplatz ist die Schaltzentrale für die Fernsehaufzeichnung. Regisseur Dr. Kurt Liewehr und Bildmeister Hans Jörg Schlederer wählen aus den angebotenen Kameraeinstellungen jeweils das Sendungsbild aus. Das ausgewählte Bild und der Ton wird auf Magnetband aufgezeichnet. Für die endgültige Fernsehfassung einer Sendung sind zwei Bearbeitungstage notwendig. Dabei wird mittels Kopiervorgang das Ausgangsmaterial auf die gewünschte Länge (75 bis 90 Minuten) gekürzt und die Inserts (Namensunterblender) zugesetzt.

Redakteur Hannes Eichmann (links) und Tonmeister Ing. Anton Rümmele

Regisseur Dr. Kurt Liewehr (rechts) und Bildmeister Hans Jörg Schlederer bei der Aufzeichnung der »Feindbilder«-Sendung.

Bildnachweis

Archiv Christian Brandstätter, Wien, S. 89, 90 (3), 91, 101 (2); ORF, Historisches Archiv, S. 158–160; Verlagsarchiv S. 75–79 oben, 109, 133, 134 o.; Votava, Wien, S. 79 u., 80–85, 92–95, 99, 100, 102–105, 110–115, 119–129, 134 u., 135–141, 145–153. Schutzumschlaggestaltung unter Verwendung von Albrecht Dürer, Studien zur Proportionslehre

CIP-Titelaufnahme der Deutschen Bibliothek
Feindbilder : wie Völker miteinander umgehen / hrsg. vom ORF-Landesstudio Salzburg u.d. Histor Archiv d. ORF.
Mit begleitenden Essays von Dr. Hubert Feichtlbauer. –
Wien[redacted]cheriau, 1988
ISBN 3-218-00467-5
NE: Feichtlbauer, Hubert [Mitverf.]; Österreichischer Rundfunk ‹Wien› / Landesstudio ‹Salzburg›

Lektorat Ilse Walter
Gestaltung Michaela Trummer
Herstellung Gerhard Kellinger
Satz datacon, Wien
Reproduktionen Beissner & Co., Wien
Druck Josef Gerstmayer, Wien
Bindung Frauenberger, Neudörfl/Leitha
ISBN 3 218 00467 5

IDEENBUCH

Moderne Beete

IDEENBUCH

Moderne

Beete

Marion Lagoda hatte schon als Kind offensichtliche Freude an Pflanzen und der Arbeit im elterlichen Garten im Bergischen Land. Sie studierte Kunstgeschichte und Germanistik, volontierte und arbeitete als Redakteurin bei der Rheinischen Post in Düsseldorf. Nach Heirat, Umzug nach Frankfurt am Main und der Geburt ihrer beiden Kinder wandte sie sich als Journalistin verstärkt Gartenthemen zu. Ihre Reportagen über Pflanzen und Gärten erschienen zunächst vor allem in der Frankfurter Rundschau. Heute schreibt sie Reportagen und Kolumnen für viele Gartenmagazine und veröffentlicht Fachbücher. Die Leidenschaft ihrer gärtnerischen Praxis gehört dem Grün ihres Reihenhauses in Hamburg, wo sie mit ihrer Familie lebt. Sie zieht Kräuter und gestaltet Blumenbeete, die während des ganzen Jahres und bei jedem Wetter eine Augenfreude sind. Ihr besonderes Interesse gilt dabei der Gärtnerei auf knapp bemessenem Grund und unter den oft ungünstigen Bedingungen einer Großstadt.

Vorwort

Mut zu neuen Wegen Wenn wir darangehen, ein Beet anzulegen, haben die meisten von uns als Vorbild immer noch die traumhaften Mixed Borders der berühmten englischen Gärten im Sinn. Es sind vor allem farblich perfekt durchkomponierte Beete, die während der Blüte von einzigartiger Schönheit sind. Beete aber auch, die in einem modernen Privatgarten schon aufgrund ihrer Ressourcen schluckenden Pflegeintensität kaum mehr funktionieren.

Aber wie sehen moderne Beete heute aus? Und was macht sie modern? In den vergangenen Jahren haben sich bei der Gestaltung zeitgemäßer Beete drei Entwurfstendenzen herauskristallisiert. Zum einen ist es der naturnahe Stil, in dem vor allem Stauden und Gräser die Protagonisten sind. Hier geht es nicht mehr um das einzelne Gewächs, sondern um robuste, wildhafte, standortbedingt zueinander passende Pflanzengemeinschaften, die von dauerhafter Schönheit sind und nicht nur während zwei oder drei Monaten des Jahres punkten.

Dieser Wunsch nach Kontinuität hat auch einem gegenläufigen Gartenmodell zu neuer Aktualität verholfen, nämlich der mit formal geschnittenen, immergrünen Hecken gestalteten architektonischen Anlage. Der Stil, ursprünglich im Barock zu Hause, passt einfach gut zu moderner Architektur und ziert zum Beispiel als Parterre perfekt und pflegeleicht elegante Stadtgärten und Entrees. Ein drittes Beetmodell geht vom Garten als erweitertem Wohnraum aus. Auch hier ist für die ausufernden, klassischen Rabatten im wahrsten Sinne des Wortes kein Platz mehr. Solche Beete kommen mit einer minimalistischen Bepflanzung aus, welche die Verbindung zum Haus hält. Malerische Effekte sind hier nicht gefragt, sondern pragmatische Konzepte, die das behagliche Leben im Freien selbst unter widrigsten Großstadtbedingungen ermöglichen. Dafür gibt es neue Materialien. Beton, Plastik, Glas und Stahl haben längst Einzug in den grünen Bereich gehalten und geben zeitgemäßen Beeten eine vielleicht zunächst ungewohnte, aber gleichwohl aufregende, faszinierend neue und erfrischende Anmutung.

Alle drei Beetmodelle werden in diesem Buch in sehr unterschiedlichen Variationen vorgestellt. Sie sollen Ihnen Anregungen geben und helfen, Ihren persönlichen Pflanz-Stil zu finden und mit ungewohnten Gewächsen und Materialien zu experimentieren. Vor allem aber sollen sie Mut machen, im eigenen Grün ganz neue, spannende Wege zu gehen.

„Ein guter Garten muss ein Kunstwerk sein. Es ist wichtig, dass man die Grundprinzipien von Kontrast, Textur, Dimension und Proportion versteht. Am wichtigsten jedoch ist die Idee!“ (Roberto Burle Marx)

IDEENBUCH

Moderne Beete

Grundlagen moderner

Beetgestaltung

Das Spiel mit Farben und Formen Ein Beet soll zum Standort passen und zu jeder Jahreszeit gut aussehen. Voraussetzung dafür ist, dass man den eigenen Garten genau kennt. Es macht zum Beispiel einen grundsätzlichen Unterschied, ob man sein Grün auf dem Land beackert oder in der Stadt.

Auf dem freien Gelände sind die Pflanzen Wind und Wetter sehr viel mehr ausgesetzt als im geschützten Binnenklima zwischen hohen Mauern, wo durchaus auch Exoten gedeihen können, die deutlich weiter südlich zu Hause sind. Auch die jeweilige Region, in der man gärtnert, gibt Hinweise auf die Pflanzenauswahl. Im meist milden Küstenklima Norddeutschlands und in den Weinbaugebieten im Südwesten der Republik überleben selbst Mittelmeergewächse den Winter, wenn sie auch bisweilen geschützt werden müssen. In den Mittelgebirgen und im Alpenvorland würden diese nur bis zu einer gewissen Toleranzgrenze frostharten Pflanzen in der kalten Jahreszeit erfrieren.

Wer sein Beet ganzjährig attraktiv gestalten will, muss zuallererst darauf achten, dass die Pflanzen die ihnen zusagenden Bedingungen im Garten vorfinden. Das macht sie robuster, sie sehen besser aus, leben länger und sind pflegeleichter. Ganz abgesehen davon, dass eine Pflanzung mit Gewächsen, die dieselben Bedürfnisse haben, stets harmonisch wirkt. Darüber hinaus sollte bei der Auswahl der Pflanzen nicht allein die Blüte ausschlaggebend sein; die dauert schließlich nur wenige Wochen. Beziehen Sie daher auch Laub, Beerenschmuck, Samenstände, Textur und den gesamten Habitus einer Pflanze in die Planung mit ein. Wie Sie mit Pflanzen gestalten, hängt natürlich auch von bestimmten Vorlieben ab. Liegt der Reiz eines Beetes für Sie zum Beispiel im Rhythmus und der Dynamik, die eine Pflanzung bestimmt? Dann legen Sie geschwungene Drifts mit Gräsern und wildhaften Stauden an wie auf dem Bildbeispiel auf Seite 12 vorbildlich ausgeführt.

Klassiker im neuen Look *Dieses Motiv der Beetgestaltung erinnert noch an die klassische englische Mixed Border, präsentiert sich aber in einem modernen, frischen Gewand mit einer ungewöhnlichen Farbskala von Pink, Rot, Creme und Grüngelb sowie einer naturhaften Anmutung. Ins Auge sticht hier jedoch vor allem die Vielfalt der Blütenformen. Da gibt es die Ähren des scharlachroten Kerzenknöterichs (Persicaria amplexicaulis), die gelbgrünen Dolden des Bronzefenchels (Foeniculum vulgare 'Atropurpureum'), rispige Blauraute (Perovskia 'Blue Spire') in zartem Violett und die duftigen Wolken des Knöterichs (Persicaria polymorpha) in einer sanften Skala von Creme bis Rosarot. Durch ihren wiederholten Einsatz in der Pflanzung ergibt sich eine Abfolge von Ruhe und Spannung. Ihre Aufsehen erregende Wirkung bezieht die Doppelrabatte aus der gleichzeitigen und darüber hinaus relativ lang anhaltenden Blüte der verschiedenen Stauden sowie der dichten Bepflanzung und der meisterhaften Höhenstaffelung. Kleines, aber nicht unwesentliches Detail: das kleine Rasenstück in der Mitte des Wegs, das das Auge zur Ruhe kommen lässt.*

Vielleicht fasziniert Sie auch das Spiel mit Farben, Formen und Textur. Das Foto auf Seite 8/9 zeigt, wie raffiniert ein Dialog zwischen modernen Materialien und den umgebenden Pflanzen auch im kleinen Kontext gelingen kann. Kontinuität, Pflegeleichtigkeit und eine attraktive Wintersilhouette wiederum finden Sie eher, wenn formale Elemente aus immergrünen Gewächsen ins Konzept mit einbezogen werden wie auf dem Foto oben, wo exakt geschnittene, hohe Eibenwände eine formvollendete Kulisse für die berauschend schöne hochsommerliche Doppelrabatte geben und das lebhafte Geschehen in den Beeten zusammenhält.

TIPP

Ohne sogenannte Füllerpflanzen wie Frauenmantel, Katzenminze oder Schleierkraut kommt kein Garten aus. Sie sind in der Regel die Nebendarsteller im Beet, welche die Protagonisten, etwa Rosen oder Prachtstauden, sanft umschmeicheln.

Teamgeist Diese Pflanzung ist ein Beispiel dafür, welch malerische Effekte großzügige Pflanzungen in Gruppen entfalten. Die weiß blühende Sorte 'Green Edge' und die rosarote 'Rubinglow' des Sonnenhuts (*Echinacea purpurea*) winden sich mit den violetten Kerzen der Prachtscharte (*Liatris spicata*) in geschwungenen Drifts durchs Terrain. Der wiederholte Einsatz der verschiedenen Arten hält das Beet optisch zusammen und gibt dem Ganzen Rhythmus und Dynamik. Beispielhaft ist auch die Verwendung unterschiedlicher Blütenformen. Die hohen, straffen Kerzen der Prachtscharte und auch die anderen eher vertikal ausgerichteten Gewächse dieser Pflanzung halten die kraftvolle Präsenz des Korbblütlers Sonnenhut im Zaum und binden ihn in die Gesamtwirkung des Beetes mit ein.

Multikulti Die Buddha-Figur dient als Blickfang in dieser Anlage und bringt eine leicht asiatische Note in den kleinen Stadtgarten, der im Übrigen nach dem klassischen Rezept vieler berühmter europäischer Gärten gestaltet wurde: formale Struktur, überbordende Bepflanzung. Modern ist der helle Bodenbelag aus einer Kombination von Holz, Stein und Kies, der den schattigen Standort glatt vergessen macht. Vielmehr wirkt die Anlage licht und freundlich und die vornehmlich in Grün und Weiß gehaltene Bepflanzung strahlt wohltuende Ruhe und Eleganz aus. Die durch die baulichen Elemente erzeugte strenge Linienführung wird verwischt von den gelbgrünen Blütenwolken des Frauenmantels (*Alchemilla mollis*), die duftige Leichtigkeit in den massiv eingefriedeten Garten bringen.

Formidabel Das französische Wort „Parterre“ bedeutet „am Boden“ und bezeichnet kunstvoll gestaltete, flach angelegte Beete, deren Reiz sich oft erst von höherer Ebene aus erschließt. Parterres galten lange als zu künstlich für den zeitgenössischen Geschmack und indiskutabel für moderne Gärten, da sie im Barock für ganz andere Dimensionen konzipiert worden waren. Der französische Absolutismus des 16. und frühen 17. Jahrhunderts war die hohe Zeit dieser artifiziellen Gartenmode, ihr Star André le Notre, der geniale Chefgärtner Ludwigs XIV., der für den Sonnenkönig die monumentalen Parterres von Versailles anlegte. In diesem Stil gärtnert heute niemand mehr. Gleichwohl erkannte man in den vergangenen Jahren, dass die Grundidee dieser grünen Kunst sehr wohl auch im Kleinen funktioniert, wie das Beispiel dieses Buchsbaumparterres zeigt. Niedrige, exakt getrimmte Hecken bilden rechteckige Beete, in denen wiederum verschiedene Formelemente aus Buchsbaum wie Kugeln, Quadrate und Rechtecke wachsen. Die Sonnenflecken, die durch das Laub hoher Bäume auf Rasen und Karrees schillern, heben die Konturen hervor und bringen Lebendigkeit in die elegante kleine Anlage. Die ist im Übrigen sehr pflegeleicht. Der Buchsbaum muss ein-, höchstens zweimal im Jahr geschnitten werden. Die meiste Arbeit macht hier der Rasen.

Spannend Inmitten der ruhigen Gesamtwirkung dieser grünen Heckenlandschaft darf es auch schon mal richtig aufregend zugehen. Umrahmt von niedrigen, exakt getrimmten Buchsbaumeinfassungen blühen samtig rote Pfingstrosen (*Paeonia* 'Buckeye Belle') und rubinfarbene Sterndolden (*Astrantia* 'Hadspen Blood') sowie dunkelviolette *Iris* 'Black Swan' und duftiger, purpurlaubiger Bronzefenchel (*Foeniculum vulgare* 'Giant Bronze').

Linientreu Die Wurzeln einer Geometrisierung des Gartenraums gehen zwar auf Renaissance und Barock zurück, nichtsdestoweniger muss eine lineare Beetgestaltung nicht in der Historie verhaftet sein. Dieser repräsentative Garten mit unterschiedlich hohen Hecken aus Eibe (*Taxus baccata*), Buchsbaum (*Buxus*) und einer Hochhecke aus Hainbuche (*Carpinus betulus*) sowie einem rechteckigen Wasserelement wirkt elegant und modern. Die Gehölze bieten zum Teil ganzjährigen Sichtschutz. Vor allem aber schaffen sie Räume, in deren ruhiger, grüner Umgrenzung selbst wilde oder dramatisch auftretende Pflanzengesellschaften üppig Blüten treiben dürfen.

Harmonie der Gegensätze Hier treffen zwei Welten aufeinander und vereinen sich zu einem überraschend stimmigen Ganzen. Wie ein Steg ragt die in kühlen Grautönen gestaltete Terrasse mit dem sachlichen Bauhausmobiliar in das von Kieswegen durchzogene, eher konventionell gestaltete Beetgefüge, in dem sich Rosen, Rittersporn und Lavendel in dezenten Weiß-, Blau- und Rosétönen zu einem erlesenen Ensemble verbinden. Gemütliche Buchsbaumkugeln geben den Beeten Struktur und tragen zum Landhaus-Charme der Pflanzung bei. Die Harmonie zwischen dem pragmatisch gehaltenen Ambiente auf der Terrasse und dem romantisch bepflanzten Garten wahrt der Hingucker der kleinen Anlage, eine Einfassung aus Cor-Ten-Stahl, die mit ihrer kompakten Ausdruckskraft den Kontrast zwischen Moderne und Tradition ausgleicht. Das Beispiel zeigt, wie sich neue Materialien ganz selbstverständlich auch in ein überwiegend klassisches Ambiente einfügen und unterschiedliche Stile zusammenführen können.

1 *Weißbuchenhecke*
2 *Eibenhecke*
3 *Terrasse*
4 *Cor-Ten-Stahl-Einfassung*
5 *Buchsbaum-Formation*
6 *'Diana'-Rosen*
7 *Lavendel*
8 *Kerzen-Palmlilien*

Klassische Moderne Verbinde strenge Formen mit romantischem Überschwang: Die klassische Gartenformel hat auch im modernen Grün nichts von ihrem Charme verloren. Die Beete in dieser Anlage sind akkurat rechtwinklig ausgelegt. Von der Terrasse aus fällt die geometrische Struktur allerdings kaum auf, weil die Blütenfülle die Grenzen teilweise verwischt. Vor allem in den berühmten englischen Anlagen wurde dieser Trick oft angewendet und er hilft auch heute noch, aus einem schlichten Grün ein kleines Kunstwerk zu machen. Dafür benötigt man nicht einmal solch großzügig bemessenes Terrain, wie wir es von den Gärten Großbritanniens kennen. Auch kleine Gärten profitieren von einer geradlinigen Struktur, die in ihrer Akkuratesse auch in blütenloser Zeit überzeugt – selbst dann, wenn die Beete nicht traditionell mit Buchsbaum eingefasst sind. Bis auf die Cor-Ten-Stahl-Abgrenzung wurde hier weitestgehend auf Beeteinfassungen verzichtet. Mit grobkörnigem Kies belegte Wege führen an den scharf abgegrenzten Rabatten vorbei, was die Pflege ein wenig aufwendig macht, weil die Steine immer mal wieder in die Pflanzungen geraten. Nichtsdestoweniger erlaubt diese Gestaltung, dass das Blütenmeer nonchalant über die Ufer treten kann, was ausdrücklich gewünscht ist. Die Bepflanzung selbst innerhalb der hohen Hecken aus Weißbuche auf der rechten und Eibe auf der linken Seite ist ausgesprochen traditionell.

Stimmungsträger Es muss nicht immer Teakholz sein. Zu der kraftvollen Ausstrahlung der Gesamtanlage tragen hier die modernen Stühle und Deckchairs aus gebürstetem Stahl sowie der quadratische Sonnenschirm bei.

In den Beeten wachsen umgeben von großzügig eingesetzten Lavendelsträuchern verschwenderisch blühende, weiße 'Diana'-Rosen als niedrige Büsche und als Hochstämmchen. Für Höhe sorgt auch der Rittersporn, der in verschiedenen Sorten und den schönsten Blautönen seine majestätische Wirkung entfaltet. Doch trotz dieser Reminiszenz an die Gärten des vergangenen Jahrhunderts entfaltet die Anlage einen ganz eigenwilligen Reiz, der keineswegs nostalgischer Natur ist. Dies liegt vor allem an der asymmetrischen, auf den ersten Blick nicht ganz erkennbaren Anordnung der Beete, die dazu anregt, den Garten zu erkunden. Die klassische Sichtachse ist noch vorhanden, doch sie wird im Zentrum des Gartens unterbrochen. Dort rücken die sechs kompakten, flachkugeligen Buchsbäume die Achse optisch einen Kick nach rechts, sodass eine unterschwellige Dynamik entsteht. Die Buchsbäume sind schon aufgrund ihrer Wuchtigkeit der eigentliche Blickfang in dieser Anlage. Sie verbreiten zum einen das typische Landhausflair, zum anderen entfalten sie, wie im modernen Grün üblich, kraft der Wiederholung eine stark skulpturale Wirkung. Für interessante Strukturen innerhalb der Beete sorgen Kerzen-Palmlilien (*Yucca gloriosa*) mit ihrem schwertförmigen Laub. Ihre großen, cremeweißen Rispenblüten bringen dann im Herbst einen Hauch Exotik in die Pflanzung.

Wegbereiter Eine Beeteinfassung aus Cor-Ten-Stahl ist noch nicht allzu gebräuchlich. In diesem Garten trägt sie maßgeblich zu der zeitgemäßen Atmosphäre bei. Eine Begrenzung durch niedrige Buchsbaumhecken zum Beispiel würde der Anlage ein vollkommen anderes Gepräge geben.

Ensembleleistung Gärtnern mit Pflanzengesellschaften heißt eine Geheimformel für die moderne Beetgestaltung, die in dieser Doppelrabatte meisterlich umgesetzt wurde. Man setzt auf eher wenige, dafür massiert gepflanzte und vor allem pflegeleichte Gewächse wie robuste Wildastern (*Aster divaricatus*), verschiedene Knötericharten, purpurnen Wasserdost (*Eupatorium*) und Gräser, die als Füller und Strukturgeber dienen. Vor allem die Rasenschmiele (*Deschampsia cespitosa*) erweist sich in dieser Pflanzung als vorbildliche Nachbarin des Kerzenknöterichs (*Persicaria amplexicaulis* 'Blackfield'), weil das diffuse, cremeweiße Gespinst des Grases die scharlachroten Blüten erst richtig zur Geltung kommen lässt. Das zeigt exemplarisch, dass es bei der Beetplanung sinnvoll ist, Pflanzen nicht als Individuen zu betrachten, sondern als Gemeinschaftswesen, die sich gegenseitig in ihrer Wirkung unterstützen. Die Pflegeleichtigkeit resultiert unter anderem aus der dichten Bepflanzung, bei der der Boden bedeckt ist und Unkraut keine Chance hat. Außerdem haben die Stauden und Gräser in den beiden Beeten alle dieselben Bedürfnisse. Sie mögen einen mäßig feuchten Standort, der auch halbschattig sein darf, was wiederum einen geringeren Pflegebedarf gewährleistet, weil die Pflanzen unter den ihnen gemäßen Bedingungen einfach gesünder sind und weniger gepäppelt werden müssen.

Farbgestaltung

Elegant oder temperamentvoll Die auf die Töne der Blüten konzentrierte Beetgestaltung wurde einst von der Engländerin Gertrude Jekyll perfektioniert und findet nach wie vor glühende Bewunderer, die die raffinierten Farbschemata der Grand Dame der grünen Kunst für den Inbegriff einer gelungenen Gartengestaltung halten. Ihre Spezialität waren Gärten, die in nur einer Farbe blühen. Insbesondere ihre Behandlung der Farbe Weiß war bahnbrechend und hat die gesamte Blumengärtnerei nachhaltig beeinflusst. Am Beispiel dieses weißen Beetes in Rosemoor Garden, einem Garten der Royal Horticultural Society im englischen Nord Devon, lässt sich gut dokumentieren, wie vielgestaltig und spannungsvoll eine monochrome

Queen der Rabatte *Gertrude Jekyll (1843–1932) hat wie kaum eine anderer Gärtnerin den heutzutage als typisch englisch geltenden Gartenstil geprägt. Sie war eine Schülerin von William Robinson, dem streitbaren Verfechter einer natürlichen, auf dem Einsatz von alten Bauerngartenblumen und Wildstauden basierenden Gartengestaltung. Eine Auffassung, die damals revolutionär war und nach wie vor moderne Gartengestalter inspiriert. Als ausgebildete Malerin mit subtilem Gespür für Formen und Farben und exzellenten Pflanzenkenntnissen gestaltete sie in den 80er-Jahren des 19. Jahrhunderts ihre ersten Gärten, die seitdem gleichsam zum Synonym für farblich meisterhaft durchkomponierte Rabatten wurden. Erstmals schuf sie monochrome Beete in Rosa und Purpur, in verschiedenen Gelbnuancen und auch in Weiß, was später Vita Sackville-West zur Anlage ihres legendären Weißen Gartens in Sissinghurst Castle anregte. Insgesamt schuf Gertrude Jekyll über 400 Gärten in Europa und in den USA. Ihre Artikel und Bücher beeinflussen auch heute noch Gärtner in aller Welt, wenn auch die schwelgerische Opulenz, die ihre Beete auszeichnet, im modernen, meist kleinformatigen Grün nur schwer umzusetzen ist.*

Pflanzung aussehen kann. Man sieht vor allem: Weiß ist nicht gleich Weiß. Die großen Blütendolden der Hortensie (*Hydrangea arborescens* 'Annabelle') schimmern ins Grünliche, die Körbchenblüten der Sommermargeriten (*Leucanthemum × superbum* 'Phyllis Smith') wirken durch die gelben Röhrenblüten in der Mitte eher cremefarben und einzig der knöpfchenhafte Flor der Lichtnelken (*Lychnis*) besticht mit klarem Weiß und dazu mit grauem Laub, das zusätzlich Abwechslung in die Pflanzung bringt. Einfarbige Gärten in Weiß oder in zurückhaltenden, pastelligen Tönen werden auch künftig zu den Lieblingen garteninteressierter Menschen gehören. Sie wirken ruhig und elegant und wer unsicher ist beim Kombinieren verschiedener Koloraturen, kann bei dieser Gestaltung nicht viel falsch machen. Aber es gibt auch eine andere Strömung, die temperamentvollere Pflanzungen mit leuchtenden Blüten und Laub in dramatischen Farben in den Blickpunkt rückt, wie auf dem Foto auf Seite 22/23. Die Kombination für einen sonnigen Standort aus gelb-roten Dahlien 'Moonfire' mit fast schwarzem Purpurlaub, goldgelbem Zweizahn (*Bidens aurea* 'Sunshine') mit fedrigen Blättern und grün-gelb blühender Wolfsmilch (*Euphorbia sikkimensis*) strahlt Heiterkeit und Optimismus aus und dürfte auch Menschen überzeugen, die sonst kein Gelb in ihren Beeten dulden. In den Kontext solch lebhafter Pflanzungen passen auch exotische Vertreter wie etwa der Amarant oder die Fackellilie in mal elegischen, mal glühenden Farben. Für derartige Zusammenstellungen braucht es ein bisschen Mut und möglicherweise gelingt ein solch feuriges Beet nicht auf Anhieb. Deshalb ist es ratsam, zunächst mit einjährigen Sommerblumen zu experimentieren.

Ruhe durch Farbanalogie Auch hier sorgt die relativ einheitliche Farbgebung für Harmonie bei einem spätsommerlichen Traumpaar. Das zarte Rosa und die anmutig schlichte Blütenform der Anemone (*Anemone japonica* 'Hadspen Abundance') macht ihren etwas unordentlichen Wuchs wett. Fliederfarbenes Schleiereisenkraut (*Verbena bonariensis*) gibt den hingebungsvollen Begleiter. Langweilig wird es zwischen den beiden dennoch nicht, denn die beträchtlichen Unterschiede in Blütenform und Habitus bringen den Kick in die monochrome Pflanzung.

TIPP

Lassen Sie die Samenstände von Akelei und Eisenkraut stehen. Beide Pflanzen samen sich an ihnen zusagenden Standorten bereitwillig selbst aus. So wahren Sie auch den Bestand der recht kurzlebigen Staude Akelei und der einjährigen Verbena bonariensis im Garten.

Ruhe durch Wiederholung Die ruhige Wirkung dieser im Mai zur Hochform auflaufenden Pflanzung beruht auf der Wiederholung. Die sattvioletten Blütenkugeln des Zierlauchs (*Allium aflatunense* 'Purple Sensation'), weiß-rosafarbene Akelei (*Aquilegia*) und Veilchen (*Viola*) in verschiedenen Blautönen ziehen sich hier in einem langen Band durchs Terrain.

TIPP

„Hohe Pflanzen hinten, niedrige vorne" hieß lange das eiserne Prinzip der Beetgestaltung. Die hohe Fackellilie macht sich hier dennoch gut in der ersten Reihe, weil ihr vertikaler Habitus mit den hoch sitzenden Blüten Durchblicke erlaubt. Auch hohe Gewächse mit einem lockeren, luftigen Blütenstand sind nicht zu einem Platz im Hintergrund verdammt. Vorne im Beet zwischen niedrigen Gewächsen bringen sie zwanglose Natürlichkeit in die Pflanzung.

Licht im August Mitten im Spätsommer, wenn in den meisten Gärten schon eine gewisse Tristesse die Oberhand gewinnt, zeigt sich dieses Beet mit sonneliebenden Stauden, die allesamt einen nährstoffreichen, aber durchlässigen Boden bevorzugen, von einer exquisiten Seite. Gerade die schon etwas müde wirkenden Töne der Schafgarbe (*Achillea* 'Paprika') in sanftem Rot sowie der apricotfarbenen Fackellilien (*Kniphofia* 'Tawny King' bzw. *Kniphofia caulescens*) zeichnen die Pflanzung mit zurückhaltender Noblesse aus. Bänder von dunkelblau-violett blühendem Steppensalbei (*Salvia nemorosa* 'Caradonna') und graugrünlaubigem Rosmarin ziehen sich durch die Pflanzung und bringen durch ihren straff aufrechten Wuchs zusätzlich Ruhe in das Geschehen.

TIPP

Ton-in-Ton-Pflanzungen leben vom gekonnten Spiel mit Farbabstufungen. Bei der starken Farbe Rot muss man dabei ein bisschen aufpassen. Rot kann mit leichter Tendenz zum Orange daherkommen und wirkt dann warm und temperamentvoll. Magenta-, Purpur- oder Himbeerrot dagegen nähern sich auf dem Farbkreis schon leicht dem Blau-Violett und wirken deutlich kühler. Wenn Sie noch unsicher sind – bei der Farbkombination sollten Sie Blüten in warmem Rot nicht mit solchen in kühlem Rot zusammensetzen, da sie nur selten miteinander harmonieren.

Leuchtende Beispiele Ein bisschen Spektakel gefällig? Dann ist diese Frühlingspflanzung in temperamentvollen Rottönen genau das Richtige. Grundsätzlich ist es immer ein bisschen heikel, Rosa und Orange zu kombinieren. Aber die orangefarbenen Tulpen werden von großzügigen Bändern von Maßliebchen (*Bellis perennis*) durchzogen, die nicht allein in sattem Pink leuchten, sondern auch in dunklem Karmesin, und hier und da von Weiß durchbrochen werden. Vor allem das tiefe Rot bringt zusammen mit dem Laub in der Komplementärfarbe Grün zusätzlich Spannung ins Beet. Diese Kombination ist sicherlich ungewöhnlich und kann, wenn nur eine einzige Komponente falsch gesetzt wird, arg danebengehen. Da die Pflanzung mit Tulpen und einjährigen *Bellis* aber sowieso nur bis spätestens Mai Bestand hat, kann man einen Versuch wagen.

Kontrastprogramm Dieses Staudenbeet lebt von dem spannenden Gegensatz von Blüten in warmen Sonnenfarben und dem fast schwarzen Laub des Purpurglöckchens (*Heuchera micrantha* 'Palace Purple'). Purpurglöckchen werden meist an halbschattige Standorte gepflanzt, wo sie in ihrer Eigenschaft als Blattschmuckstaude auch dunkle Winkel beleben. Andererseits gedeihen sie aber auch, wie in diesem Fall, bestens in sonnigen Bereichen, wenn der Boden frisch und durchlässig ist. Wird es dort im Sommer zu trocken, muss die Pflanze jedoch unbedingt gewässert werden. Ihre Blätter geben in dem abgebildeten Beet das dramatische Passepartout für die goldgelben Blüten von Taglilie (*Hemerocallis* 'Stella de Oro') und Goldrute (*Solidago*) sowie der orangefarbenen Steppenkerze (*Eremurus* × *isabellinus* 'Pinokkio'). Steppenkerzen sind in unseren Gärten immer noch selten anzutreffen. Die zum Teil mannshohen Stauden werden in der Regel als Solitär gepflanzt. Die Nachbarschaft anderer Gewächse ist aber durchaus zu empfehlen, weil das Steppenkerzenlaub bereits während der Blüte langsam einzieht und unansehnlich wird, was in diesem Falle von der *Heuchera* gnädig bemäntelt wird. Deren rispiger und ziemlich unscheinbarer Flor konkurriert nicht mit den imposanten Blütentürmen der *Eremurus*, sorgt aber gleichwohl für Transparenz und Luftigkeit in der von starken Protagonisten beherrschten Szene. Zu diesen gehört auch die Goldrute. Wir kennen sie hierzulande als Siedlerin auf Brachen und verwilderten Plätzen, wo ihre weithin sichtbaren, goldgelben Blütenrispen für auffallende Farbtupfer sorgen. Und vielleicht liegt es an ihrer allgegenwärtigen Präsenz an meist öden Orten, dass wir sie so wenig zu schätzen wissen. Es gibt etwa 130 Arten, die fast alle in Nordamerika zu Hause sind. Inzwischen sind jedoch auch interessante Züchtungen der robusten Staude auf dem Markt, die wahre Hingucker sind und nicht den unbändigen Ausbreitungsdrang der Urform besitzen.

Trendblüten Die Gattung *Heuchera* sorgt seit einigen Jahren mit aparten Neuzüchtungen für Furore. Sie warten zum Teil mit großen Blüten in auffälligen Farben auf wie etwa die korallenrote 'Hollywood' oder die himbeerfarbene 'Rave On'. Aber wie bei den altbekannten steht auch bei den neuen Sorten vor allem das Laub im Vordergrund. Außer in Purpur überrascht es in pudrigen Pfirsichtönen wie 'Midas Touch' oder in sattem Pink wie 'Berry Smoothie'. Die Sorte 'Electric Lime' leuchtet neongrün und 'Obsidian' glänzt in metallischem Schwarz.

Exotische Saisonarbeiter Amarant ist eine der ältesten Nutzpflanzen der Menschheit, deren dekorative Eigenschaften gerade mal wieder von innovativen Gartengestaltern entdeckt werden. Der deutsche Name „Fuchsschwanz" trifft die recht ausgefallene Blütenform recht gut. Hier hat man den rot-schwarzen Fuchsschwanz (*Amaranthus* 'Hartman's Giant') und den orangefarbenen 'Golden Giant' mit cremefarbener Sonnenblume (*Helianthus annuus* 'Italian White') kombiniert. Der verblüffende Effekt bezieht sich aus dem Hell-Dunkel-Spiel der Blüten, aber auch aus der sehr exotischen Anmutung, die Amarant generell im Garten vermittelt. Die aufregende Blütenshow dauert lediglich einen Sommer lang. Amarant und Sonnenblumen sind einjährig.

TIPP

Amarant und Sonnenblumen lassen sich ganz leicht kultivieren. Säen Sie sie ab Mai einfach ins Beet. Beide benötigen einen nahrhaften, durchlässigen Boden in voller Sonne. Haben sich die Pflanzen erst einmal etabliert, samen sie sich oft selbst aus.

Die Jahreszeiten im Beet

Es wird durchgeblüht „... ein Garten so weise angelegt mit monatlichen Blumen, dass er vom März bis zum Oktober blüht." In seinem Gedicht „Der Blumengarten" beschrieb Bertolt Brecht ein Grün, wie es sich die meisten von uns wohl wünschen. Und natürlich sollte es auch von November bis Februar einen attraktiven Anblick bieten.

In der heutigen Zeit mit ihrer unglaublichen Fülle verschiedener Pflanzen aus aller Herren Länder und mit immer prächtigeren, robusteren Neuzüchtungen ist ein ganzjährig attraktiver Garten ein durchaus machbares Unterfangen. Der Frühling beginnt natürlich mit Zwiebelblumen. Vor allem Tulpen bringen schon früh im Jahr Farbe ins Beet. Das Foto auf Seite 36/37, auf dem Tulpen den imposanten Judasbaum (*Cercis siliquastrum*) auf einer Wiese im Petitpoint-Stil umgeben, zeigt beispielhaft, wie Zwiebelgewächse im Garten verwendet werden, nämlich in Verbindung mit Stauden, aber auch mit Gehölzen und Gräsern. Das funktioniert durchaus auch in kleinerem Kontext, wie das Foto rechts zeigt. Der Neuaustrieb des ausdauernden Goldlacks (*Erysimum* 'Bowles Mauve'), des lakritzschwarz belaubten Purpurglöckchens (*Heuchera* 'Licorice') und der Polsterglockenblume (*Campanula poscharskyana*) verdeckt später die welkenden Blätter der Tulpen 'White Triumphator', 'Orange Princess' und 'Ballerina'. Darüber hinaus bildet das frische Staudenlaub eine ruhige Kulisse für das bunte Treiben der Zwiebelgewächse.

Der Sommer ist die hohe Zeit der Stauden und einjährigen Blumen, aber auch der Exoten, der Trendsetter im Blumenbeet. Pflanzen wie das Indische Blumenrohr (*Canna*) oder der Wunderbaum (*Rhicinus communis*) sind in ihrer tropischen Heimat mehrjährig, würden aber hierzulande den Winter nicht überleben und werden meist wie Einjährige behandelt. Exoten verleihen einer Pflanzung Glamour. Dennoch sind sie Teamplayer, die sich erstaunlich gut in ein Beet mit ausdauernden, heimischen, sogar wildhaft anmutenden Gewächsen einfügen. Im Gegensatz zu den Stauden, die seit Langem in unseren Gärten Präsenz zeigen, werden die einjährigen Sommerblumen hierzulande

ein wenig stiefmütterlich behandelt. Dabei waren sie in früheren Zeiten in jedem Garten zu finden. Sie waren nicht teuer und mit einem Samentütchen voller Ringelblumen oder Zinnien konnte man schon ganz schön viel Farbe ins Beet zaubern. In den vergangenen Jahren sind viele neue Züchtungen auch altbekannter Einjähriger auf den Markt gekommen, die einen Versuch lohnen.

Im Herbst läuft im Garten dann nichts ohne Gräser. Viele blühen in dieser Zeit und warten mit prächtiger Laubfärbung auf. Eine große Anzahl von Stauden und auch Sommerblumen bewahren aber auch jetzt noch stoisch Haltung, manche sogar bis zu den ersten Frösten. Und für Dahlien und Astern geht die Hochsaison jetzt erst los. Für immer noch viel zu viele Menschen ist danach das Gartenjahr zu Ende. Dabei gibt es unzählige Pflanzen, die mit immergrünem Laub, mit Frucht- und Samenständen oder ihrem gesamten Habitus der kalten Jahreszeit ein freundliches Antlitz verleihen. Oder wie Karl Foerster, der wortgewaltige Staudenpapst und Gartenbuch-Autor aus Potsdam-Bornim, einst zeitlos formulierte: „Schnee und Raureif wollen nicht nur die Pflanze feiern, sondern sich auch von ihr feiern lassen."

Pflanzen fürs Verwildern *Viele im Frühling blühende Knollen- und Zwiebelpflanzen vermehren sich bereitwillig und bilden mit den Jahren die schönsten Blütenteppiche. Folgende Pflanzen eignen sich für das Verwildern besonders gut:*

- *Balkan-Anemone (Anemone blanda)*
- *Weißes Buschwindröschen (Anemone nemorosa)*
- *Schneestolz (Chionodoxa luciliae)*
- *Elfenkrokus (Crocus tommasinianus)*
- *Frühlings-Alpenveilchen (Cyclamen coum)*
- *Winterling (Eranthis hyemalis)*
- *Schachbrettblume (Fritillaria meleagris)*
- *Schneeglöckchen (Galanthus nivalis)*
- *Blauglöckchen (Hyacinthoides hispanica)*
- *Mürzenbecher (Leucojum vernum)*
- *Traubenhyazinthe (Muscari armeniacum)*
- *Narzisse (Narcissus)*
- *Blaustern (Scilla sibirica)*
- *Weinberg-Tulpe (Tulipa sylvestris)*

Im Frühling blühen auch die dunklen Winkel des Gartens auf. Unter den noch unbelaubten Kronen sommergrüner Bäume fühlen sich die meisten frühlingsblühenden Zwiebelblumen wie Narzissen wohl und bilden mit der Zeit große Kolonien. Aber auch einige Stauden kommen mit dem Standort, der später im Jahr von den Blättern der Gehölze beschattet ist, gut zurecht. Die Lenzrose (*Helleborus orientalis*) ist eine ihrer schönsten Vertreterinnen. Es ist noch nicht allzu lange her, dass sie in großem Stil Einzug in unsere Gärten gehalten hat. Seither ist sie züchterisch so weiterentwickelt worden, dass ihre Blüten in einer ungemein breiten Farbpalette von Gelbgrün über zartes Rosé und pudriges Apricot bis hin zu samtenem Rot und tiefdunklem Purpur erscheinen. Doch trotz ihrer kapriziös wirkenden Attitüde kommt sie wie hier am besten in einer eher naturhaften Umgebung mit vielen anderen ihrer Art zur Geltung.

TIPP

Gehölze geben einer Pflanzung Halt und auch im Winter Struktur. Gerade im Frühjahr, in dem die Sinne nach einen langen Winter ein bisschen verkümmert scheinen, ist da nicht allein die Sehnsucht nach Farben, sondern auch nach Düften. Flieder und Blauregen sind die olfaktorischen Muntermacher im Beet. Zwar gilt Blauregen nach wie vor als ungestümer Kletterer, aber man kann ihn auch als Hochstamm ziehen. Und die Gattung Syringa besteht nicht nur aus dem altbekannten gemeinen Flieder (Syringa vulgaris), der bisweilen ein bisschen verwaschen blüht, sondern wartet auch mit einer Fülle interessanter Arten und Sorten auf.

Botticelli-Effekt Der Schau- und Sichtungsgarten Hermannshof in Weinheim an der Bergstraße ist die Keimzelle eines neuen deutschen Gartenstils, der einen Mix aus Ökologie und Ästhetik anstrebt. Das Ergebnis dieser Philosophie ist vor allem im Frühling eine geradezu überschäumende, knospende und blühende Vegetation, die einem schier den Atem raubt. Wenn im Mai chinesischer und persischer Flieder (*Syringa chinensis* und *Syringa persica*) gemeinsam mit dem Blauregen (*Wisteria floribunda* 'Macrobotrys') in ihrer Mitte

üppig Blüten treiben, umgeben von Tulpen und blauen Bändern von Vergissmeinnicht, erinnert dies an Botticellis Gemälde „Primavera“. Der Pflegeaufwand dieser wie natürlich gewachsen aussehenden Pflanzung hält sich übrigens in Grenzen, denn im Hermannshof stehen die Pflanzen dicht an dicht. Die Tulpen werden bereits vom austreibenden Laub der Lupinen und Nachtviolen begleitet, das Ruhe in die Pflanzung bringt und später die unansehnlich welkenden Blätter der Zwiebelblumen verbirgt. Zudem stehen die Pflanzen am richtigen Platz, nämlich in diesem Fall an einem sonnigen bis halbschattigen, nicht zu trockenen Standort. Das macht sie robuster und langlebiger.

Prima Tarnung *Zugegeben, es fällt manchmal schwer, das im späten Frühjahr mehr und mehr vergilbende daniederliegende Laub von Zwiebelblumen nicht einfach niederzumähen. Aber das wäre ein fataler Fehler. Die Zwiebeln im Boden benötigen nämlich Nährstoffe, um die Blütenknospen für das nächste Jahr anzulegen. Diese Nährstoffe ziehen sie aus den Blättern in die unterirdischen Speicherorgane. Erst wenn sich die Blätter ohne viel Kraft wegnehmen lassen, dürfen sie entfernt werden. Das ist in der Regel erst im Juni oder Juli der Fall. Um den unschönen Verwelkungsprozess optisch abzumildern, sollte man Zwiebelblumen in die Nähe möglichst großblättriger Stauden setzen, die das Zwiebelblumenlaub gnädig verdecken.*

Starker Teamgeist Noch ein Beispiel, wie sich Tulpen und Stauden im Beet ergänzen und in ihrer Wirkung steigern können. Hier kommen nun schon die Blüten der ausdauernden Pflanzen ins Spiel und zwar die der kapriziösen, gelbgrünen Palisaden-Wolfsmilch (*Euphorbia characias*) sowie violetter Goldlack (*Erysimum* 'Bowles Mauve'). Gelbgrün und Pink-Violett stehen sich auf dem Farbkreis gegenüber und steigern auf diese Weise ihre Leuchtkraft. Einen ebenso starken, spannungsreichen Kontrast bilden schwarze Tulpen der Sorte 'Queen of Night' mit der schneeweißen 'Maureen'. Diese Pflanzung benötigt unbedingt volle Sonne und einen durchlässigen Boden. Vor allem für die Wolfsmilch und den Goldlack wäre Staunässe tödlich.

Charakterkopf Die Palisaden-Wolfsmilch ist nur eine der über 1800 äußerst variationsreichen Arten, die die Gattung *Euphorbia* hervorgebracht hat. Die meisten stammen aus tropischen und subtropischen Gebieten, die immergrüne Palisaden-Wolfsmilch (*Euphorbia characias*) indes ist im westlichen Mittelmeerraum zu Hause. Sie ist bei uns nicht zuverlässig winterhart, aber ihre absolut atemberaubende Erscheinung lohnt einen Versuch. Die im April erscheinenden riesigen, zylinderförmigen Köpfe mit den kleinen, neongrünen Schalenblüten bewahren ihre exotisch anmutende Schönheit bis weit in den Juni hinein.

Der Sommer ist beim Anblick dieser von Sandra und Nori Pope gestalteten Rabatte geradezu körperlich spürbar. Sie sind berühmt für ihre monochromen Pflanzungen, die sie in Hadspen Gardens im englischen Somerset vollendet umsetzen. Die beiden experimentieren viel mit neuen Pflanzen und besonders gern mit Einjährigen, die in dieser Rabatte in Form der scharlachroten, körbchenblütigen Zinnien (*Zinnia peruviana*) erscheinen. Sie korrespondieren mit den gleichfarbigen Ähren der Montbretie (*Crocosmia* 'Lucifer'), während Schafgarbe (*Achillea* 'Feuerland') leuchtendes Orange beisteuert. Das gewisse Etwas fügt das dunkle Laub der Zwergblutpflaume (*Prunus* × *cistensa*) hinzu, die der Pflanzung einen dramatischen Unterton verleiht.

TIPP

Einjährige Pflanzen sind Power-Pakete, die innerhalb einer einzigen Vegetationsperiode aus Samen heranwachsen, Laub und Spross bilden, blühen, fruchten und nach der Bildung von Samen absterben. Es sind Gewächse, die meist gerade dann blühen, wenn der Garten im späten Juli und August eine kleine Auszeit nimmt. In dieser Zeit überbrücken Sommerblumen, wie sie auch genannt werden, die Monotonie im Blumenbeet und punkten mit einer Farben- und Formenvielfalt, die viele Stauden in dieser Jahreszeit kaum mehr zu bieten haben. Darüber hinaus blühen die meisten von ihnen unermüdlich bis zum ersten Frost. Es lohnt sich also, mit Einjährigen im Beet zu experimentieren. Vor allem auch, weil sie in der Regel einfach zu ziehen sind. Die meisten werden nämlich einfach an Ort und Stelle ausgesät.

Doppelter Einsatz Die Zwergblutpflaume wird in der Regel als Solitär-Gehölz behandelt. Im Frühling erscheinen Tausende duftig zarter Blüten, die die ganze Baumkrone in eine rosafarbene Wolke hüllen. Später im Jahr imponiert die Pflanze dann mit purpurfarbenem bis schwarzrotem Laub. Da sie mit einer Höhe von gerade mal 2 Metern relativ klein bleibt, lässt sie sich durchaus auch im Beet einsetzen.

Raumgreifend Warum nicht mal etwas Außergewöhnliches wagen? Der Wunderbaum (*Rhicinus communis*) kam aus den afrikanischen Tropen in unsere Gärten, wo er in nur wenigen Wochen nach der Aussaat zu einem mannshohen Busch heranwachsen kann. Die hier gezeigte Sorte 'Carmencita Rot' setzt mit bronzerotem Laub außergewöhnliche Akzente im Beet. In dieser relativ monochromen Pflanzung wirkt sie durch ihren architektonischen Habitus eher wie ein Solitär, der gut eineinhalb Meter über die umgebenden Gräser, Astern, Agastachen und Echinaceen hinauswächst. Da die Pflanze hierzulande nicht winterfest ist, wird sie als Einjährige gezogen. Sie benötigt einen durchlässigen, nährstoffreichen Boden in voller Sonne.

Kratzbürstig Neben dem Bronze-Laub sind die dunkelroten, stacheligen Früchte das auffälligste Merkmal des Wunderbaums. Sie entwickeln sich aus den relativ unscheinbaren weiblichen Blüten, die am oberen Teil der rispigen Blütenstände stehen. In ihnen reifen drei bohnenartige Samen heran, aus denen seit alters her das Rizinusöl gewonnen wird.

TIPP

Indisches Blumenrohr stammt aus dem tropischen Südamerika und wird hierzulande meist wie eine einjährige Sommerblume behandelt. Will man sie heil über den Winter bekommen, behandelt man die Rhizome ähnlich wie die Knollen von Dahlien. Ende Oktober schneidet man die Pflanze bis auf fünf Zentimeter zurück und lagert sie in einem Topf mit Blumenerde dunkel und frostfrei bei etwa zehn Grad. Die Rhizome müssen trocken gehalten werden, dürfen allerdings nicht völlig austrocknen. Im Frühjahr, wenn kein Frost mehr droht, werden sie dann wieder in den Garten gesetzt.

Knalleffekte Einer der spannendsten Gartentrends unserer Zeit ist das Gestalten mit Exoten. Sie stammen meist aus tropischen oder subtropischen Gebieten, können aber auch in nördlichen Breiten durchaus erfolgreich kultiviert werden, solange man ihnen einen geschützten, warmen Standort mit nährstoffhaltigem, durchlässigem Boden von gleich bleibender Feuchtigkeit bietet. In Regionen mit ausgeprägten Wintern behandelt man sie am besten wie einjährige Sommerblumen oder man lässt sie die kalte Jahreszeit in einem frostfreien Raum verbringen. Wer mit diesen aufregenden Gewächsen experimentieren will, darf indes keine Angst vor starken Farben haben, denn exotische Pflanzen fallen nicht allein durch kapriziöse Blüten in leuchtenden Tönen auf, sondern punkten, wie hier das Indische Blumenrohr (*Canna*), auch mit extravagantem Laub. Inmitten des ausladenden Blattwerks von *Canna* 'Striata' mit hellgrünen und *Canna* 'Durban' mit rot-grünen Blättern korrespondieren die weinroten Ähren der Kardinalslobelie (*Lobelia cardinalis*) mit den Blüten der Dahlie 'Bishop of Llandaff', die in der Regel auch Menschen überzeugt, die ansonsten nichts für Dahlien übrig haben. Ihr tiefdunkles Laub wird im Hintergrund vom Bronze-Felberich (*Lysimachia ciliata* 'Firecracker') aufgenommen. Die hohe, schmale Fackellilie (*Kniphofia*) setzt noch ein Ausrufezeichen. Die aus dem südlichen Afrika stammenden Fackellilien und Kardinalslobelien, deren Heimat das nördliche Amerika ist, sind hierzulande einigermaßen winterhart, benötigen aber einen Frostschutz etwa in Form einer dicken Laubdecke.

Dauerhafte Effekte Die Gartengestalterin Julie Toll ist bekannt für die Anlage von Wiesen und die Beschäftigung mit der Wildflora Englands. Die natürliche Anmutung, die ihre Beete auszeichnet, kommt auch in dieser von ihr gepflanzten, perfekt gestaffelten Staudenrabatte für einen sonnigen Standort zum Ausdruck. Taglilien (*Hemerocallis* 'Bonanza', Mitte, und *Hemerocallis flava*) sprenkeln goldgelbe Lichtpunkte in das Rot von Sonnenbraut (*Helenium* 'Moerheim Beauty') und Kerzenknöterich (*Persicaria amplexicaulis* 'Firetail'). Die ganz vorn wachsenden Purpurglöckchen (*Heuchera*) rahmen das in warmen Tönen gehaltene und über Wochen hinweg attraktiv aussehende Beet mit transparenten, rosaroten Blütenrispen und tiefdunklem Laub.

Florale Antiquität Taglilien haben die Züchter umgetrieben, seit sie im 16. Jahrhundert nach Europa kamen. Inzwischen gibt es über 10 000 Sorten und jährlich kommen neue dazu. Hier sehen wir jedoch Wiesen-Taglilie (*Hemerocallis flava*), eine der Stammformen, die einst aus Ostasien zu uns gelangten. In ihrer schlichten Anmut gehört sie nach wie vor zu den reizvollsten ihrer Art.

TIPP

Auch wenn die Blüh-Saison ihrem Ende zugeht, kann sich der Gärtner noch nicht in die warme Stube verziehen, denn der Herbst ist die Zeit, den Frühling vorzubereiten. Tulpen und Narzissen müssen spätestens im Oktober gepflanzt werden, denn die Zwiebeln sollen noch vor dem Frost Wurzeln bilden. In schwere Lehmböden muss dafür zuvor viel Sand eingearbeitet werden.

Im Herbst sorgen vor allem Gräser noch einmal für einen Höhepunkt in den Beeten. Viele von ihnen blühen bis weit in den Oktober hinein und ihre Blätter warten dazu mit einer eindrucksvollen Farbpalette von Gelb-, Orange-, Kupfer- und Bronzetönen auf. Es sind aber in erster Linie die reichhaltigen Texturen und ausdrucksstarken Formen der Pflanzen, die nun immer mehr ins Gewicht fallen. Sie treten in dem malerischen Licht, das nicht zuletzt den Zauber dieser Jahreszeit ausmacht, besonders stark hervor. Hier lässt die schon sehr niedrig stehende Sonne eine Pflanzung aus Federgras (*Stipa*), Diamantgras (*Calamagrostis*) und Chinaschilf (*Miscanthus sinensis*) noch einmal in einem magischen goldgelben Glanz erstrahlen. Das Foto wurde übrigens im November aufgenommen und es beweist einmal mehr den kaum zu überschätzenden Wert, den Gräser für einen ganzjährig attraktiven Garten darstellen.

Aber auch Blüten sind jetzt noch zu bewundern. Astern und Dahlien haben ihren großen Auftritt und sorgen noch einmal für ein lebhaftes Farbspektakel in den Beeten. Und selbst Stauden, die den Höhepunkt ihrer Schönheit bereits überschritten haben, wie Fetthenne oder Purpursonnenhut, Funkien oder Brandkraut, warten mit interessanten Samenständen oder ansprechendem, herbstlich verfärbtem Laub auf.

Pflanzen, die lange Präsenz zeigen

- *Fetthenne (Sedum telephium)*
- *Rasenschmiele (Deschampsia cespitosa)*
- *Purpursonnenhut (Echinacea purpurea)*
- *Edeldistel (Eryngium)*
- *Wasserdost (Eupatorium)*
- *Mädesüß (Filipendula)*
- *Prachtkerze (Gaura lindheimeri)*
- *Funkie (Hosta)*
- *Silberblatt (Lunaria)*
- *Chinaschilf (Miscanthus)*
- *Pfeifengras (Molinia caerulea)*
- *Rutenhirse (Panicum virgatum)*
- *Brandkraut (Phlomis)*
- *Federgras (Stipa)*
- *Königskerze (Verbascum)*
- *Kandelaber-Ehrenpreis (Veronicastrum virginicum)*

Poesie der Vergänglichkeit Spätestens im Herbst sollte man beginnen, gegenüber dem Garten eine andere Sichtweise zu entwickeln. Die exquisiten Farbschemata der Blüten, nach denen wir nach wie vor gern unsere Beete sortieren, sind jetzt Geschichte. Form, Textur und Habitus der Pflanzen sind nun gefragt und wir sehen, dass man auch mit diesen Komponenten Gartenszenen schaffen kann, die an Poesie und Ausdruckskraft einer sommerlichen Rabatte in nichts nachstehen. Aus dem Gespinst des silbrigen Federgrases (*Stipa*) tauchen hier die schwarzen Samenköpfe des Sonnenhuts (*Echinacea pallida*) wie dunkle Geistergestalten auf, die der Pflanzung aus Rudbeckien (*Rudbeckia fulgida*) und Myrtenaster (*Aster ericoides* 'Blue Star') einen leicht morbiden Touch geben und an die Flüchtigkeit allen Lebens gemahnen. Es liegt eine subtile Romantik über dieser Szenerie, die man freilich nur dann erlebt, wenn man die Samenstände der Pflanzen nicht direkt nach der Blüte abschneidet.

TIPP

Um sie gesund und frisch zu halten, sollten Astern alle drei bis vier Jahre geteilt werden. Zu diesem Zweck nimmt man die Horste im Frühjahr aus der Erde, teilt sie mit einem scharfen Messer und pflanzt die einzelnen Pflänzchen an anderer Stelle im Beet wieder ein. Dies beugt auch der berüchtigten Asternwelke vor.

Spätzünder unter sich Auf dem Gelände des Schau- und Sichtungsgartens Hermannshof in Weinheim an der Bergstraße sind Gräser, wie hier das Diamantgras (*Calamagrostis,* hinten links) sowie das Lampenputzergras (*Pennisetum alopecuroides* 'Hameln'), im Herbst allgegenwärtig. Sie durchziehen die naturhaften, nach Lebensbereichen sortierten Beete und bringen durch ihren wiederholten Einsatz eine wohltuende Ruhe in die farbenfrohen Kolonien der über hundert hier versammelten Asternarten und -sorten. Astern geben in diesen Wochen ganz klar den Ton an und sind so spät im Jahr eine willkommene Bienenweide.

Die Stauden, von denen viele einst aus den Prärien und Wiesen Nordamerikas nach Europa kamen, dürften sich auf dem sonnendurchfluteten Gelände des Hermannshofs wie zu Hause fühlen und gedeihen dementsprechend prächtig. Auch alle anderen Pflanzen wurzeln auf dem Gelände des Schau- und Sichtungsgartens an einem Platz, der ihren ureigenen, natürlichen Ansprüchen an Bodenbeschaffenheit, an Licht und Schatten entspricht – ein Konzept, das auch die Atmosphäre der Anlage prägt. So verbreiten die Astern mit ihren leuchtenden Tönen von blassem Violett über Rosa, Mauve und Purpur bis zu Karminrot in Verbindung mit der flammenden Laubfärbung der Gehölze im Herbst eine magisch wildhafte Indian-Summer-Stimmung.

Magische Leuchtfeuer Das Japanische Blutgras (*Imperata cylindrica* 'Red Baron') trägt seinen Namen zu Recht, denn es entwickelt im Laufe des Sommers eine feurige Rotfärbung, die erst im Herbst in ihrer ganzen Pracht zur Geltung kommt. Im Licht der tiefer stehenden Sonne leuchten die Halme geradezu magisch und scheinen die rundlichen, schwarzen und gelben Samenstände der Purpursonnenhüte (*Echinacea*) wie züngelnde Flammen zu umgeben. Den eigenwilligen Effekt bezieht diese Pflanzung jedoch erst im Zusammenspiel mit der violetten Bank, die hier weniger als Ruhemöbel denn als skulpturaler Blickfang wahrgenommen wird.

TIPP

Vergessen Sie das Saubermachen in den Beeten! Die einzigen Flächen im Garten, auf denen Herbstlaub nichts verloren hat, sind Rasen und Wege. Auf den Beeten bleiben die Blätter liegen, denn sie bilden einen natürlichen Winterschutz für Pflanzen und Tiere.

Der Winter macht aus der Kargheit eine Tugend, wartet aber durchaus auch mit aparten Farbspielen und Formenvielfalt auf. Der Garten von Broughton Grange im englischen Oxfordshire wurde erst vor wenigen Jahren von dem britischen Gartendesigner Tom Stuart Smith gestaltet. Gräser und Stauden mit ausgeprägter Wintersilhouette geben in dieser von Raureif überzogenen Rabatte den Ton an. Für Strukturen sorgen Topiaries aus Hainbuche (*Carpinus betulus*) sowie verschiedene immergrüne, zum Teil in Form geschnittene Gehölze. Der Clou ist jedoch die lange, formale Wasserrinne, die sich über drei Ebenen erstreckt und die Perspektive der Gesamtgestaltung betont.

TIPP

Bereits bei der Anlage eines Gartens oder auch nur eines Beetes sollte man den Winter fest im Blick haben. Je nach Region kann er immerhin vier bis fünf Monate dauern und es wäre schließlich schade, wenn der Garten in dieser Zeit nur nackten Boden und Tristesse zu bieten hätte. Das Design eines Gartens ist nur dann geglückt, wenn er auch ohne die Blütenpracht des Sommers Stil und Harmonie ausdrückt. Hecken aus Buchsbaum oder Eibe zum Beispiel geben einer Anlage ein immergrünes Gerüst. Für spannende Strukturen sorgen aber auch ausgewählte Gräser und im Herbst blühende Stauden, die in der kalten Jahreszeit ihren Reiz bewahren.

TIPP

Die wichtigste Regel für einen ansehnlichen, ja geradezu romantischen winterlichen Garten heißt: Hände weg von der Gartenschere! Viele im Herbst blühende Stauden und Gräser bewahren ihren Habitus bis weit in die kalte Jahreszeit hinein und bilden mit Raureif oder Schnee überpudert eine märchenhafte Winterlandschaft. Darüber hinaus bieten die vertrockneten Samen und Fruchtstände den Vögeln und Insekten Nahrung und Obhut. Das welke Laub, die Stiele und die Blütenrudimente sind ein guter Frostschutz für die Pflanze. Werden die Blätter und Blüten dann im Laufe des Winters unansehnlich, kann man sie nach und nach abschneiden.

Frostige Überraschungen Auch Rinde und Geäst von Gehölzen tragen zu einem malerischen winterlichen Garten bei. Die orangefarbenen Äste und die mit Raureif überzogenen Zweige der gekappten Dotterweide (*Salix alba* var. *vitellina*) sind gerade in frostigen Zeiten ein Hingucker. Dieses Exemplar wurde auf den Stock gesetzt, das heißt, der Stamm wurde in einer Höhe von etwa zwei Metern abgesägt. An der Schnittstelle treibt der Baum dann mit enormer innerer Kraft neue Triebe in oft leuchtenden Farben. Umwoben wird der

Baum von *Sarcococca hookeriana*, einer Pflanze, die den leider recht uncharmanten deutschen Namen „Fleischbeere“ beziehungsweise „Schleimbeere“ trägt. Dabei ist der Kleinstrauch gerade in der kalten Jahreszeit eine echte Bereicherung. Er ist immergrün und entwickelt ab Februar unscheinbare weiße, rosa überhauchte Blüten, die jedoch einen erstaunlich berauschenden, süßen Duft verströmen. An ihnen entwickeln sich schließlich die kugeligen, schleimigen, blauschwarzen Beeren, denen die Pflanze ihren Namen verdankt. Sie benötigt einen geschützten Platz, da die Triebe empfindlich auf allzu starken Frost und Wind reagieren.

Pflanzen gegen den Winterblues *Neben Buchsbaum, Eibe, Stechpalme und Efeu, die durch ihr immergrünes Laub den Winter erträglicher machen, gibt es auch Pflanzen, die in der kalten Jahreszeit durch Habitus oder Laub, durch Rinde, Früchte, Samenstände oder eine frühe Blüte punkten.*

- *Himalaya-Birke (Betula jacquemontii): glatte, blendend weiße Rinde*
- *Purpur-Hartriegel (Cornus alba 'Sibirica'): leuchtend dunkelrote Triebe*
- *Seidelbast (Daphne mezereum): Büschel aus duftenden, rosafarbenen Blüten*
- *Zaubernuss (Hamamelis mollis): duftende, gelbe Blüte*
- *Christrose (Helleborus niger): weiße Schalenblüten ab Dezember*
- *Lenzrose (Helleborus orientalis): Blüten wie die Christrose in verschiedenen Farben ab Februar*
- *Winterjasmin (Jasminum nudiflorum): gelbe Blüten den ganzen Winter hindurch*
- *Chinaschilf (Miscanthus sinensis): bewahrt lange Haltung*
- *Schlangenbart (Ophiopogon planiscapus): dramatisch schwarzes, grasähnliches Laub*
- *Rosa glauca: kugelige, orangerote Hagebutten*
- *Rosa moyesii: Büschel aus langen, zinnoberroten Hagebutten*
- *Winterschneeball (Viburnum × bodnantense 'Dawn'): blassrosa Blüten ab November*

Triumph des Augenblicks Zugegeben, der Zauber dieser Pflanzung verfliegt ziemlich rasch, wenn der Frost sie nicht adelt. Andererseits sollte man sich das Vergnügen gönnen, dann und wann ganz punktuell auf Gartensituationen hinzuarbeiten, die auch in der kalten Jahreszeit überaus reizvolle Szenerien ergeben – wenn das Wetter denn mitspielt. In diesem Garten sind Gräser die Protagonisten auf der winterlichen Bühne, was an sich nicht weiter ungewöhnlich ist. Bemerkenswert an der Situation ist jedoch, dass sie nicht in wildhafter Manier in einem etwas entlegeneren, naturnahen Teil des Gartens wachsen, sondern an höchst prominenter Stelle unmittelbar vor der Terrasse, wo sie mit ihren Halmen und Ähren, deren Umrisse durch die winzigen Reifkristalle noch betont werden, mit eindrucksvollem Habitus punkten. Gleichwohl ist diese Pflanzung ein Statement, denn wenn es taut, fällt das ganze Gebilde zu einer braun-beige-farbenen Masse zusammen. Aber dieses nachfolgende Naturschauspiel gilt es auszuhalten, wenn man sich solch einen Triumph des Augenblicks gönnt.

Beete für spezielle

Anforderungen

Gärtnern nach neuen Prinzipien Ein Beet ist für die meisten von uns immer noch ein sonniges Fleckchen Erde im Garten, voller Blumen mit aparten Blütentönen, mit saftig grünem Laub und in gefälliger Anordnung. Solche Beete haben sicher nicht an Reiz verloren und sind nach wie vor beliebt. Allerdings sind die Voraussetzungen dafür in vielen Gärten heute gar nicht mehr gegeben. Viele von uns gärtnern mitten in der Stadt und müssen sich mit bisweilen widrigen Standortbedingungen im Schatten hoher Gebäude arrangieren. Wer sein Grün im Osten der Republik bestellt, weiß ein Lied über sandige Böden, heiße, trockene Sommer und bitterkalte Winter zu singen. Mit prätentiösen Rabatten und Pflanzen, die ein feuchteres, milderes Klima gewohnt sind und stets ihre Ration Wasser verlangen, kommt man hier nicht weiter. Innovative Gartengestalter experimentieren längst mit trockenheitsverträglichen Gewächsen, die auch mal über Wochen überleben können, ohne gewässert zu werden. Die derzeit trendigste Entsprechung findet dieses Prinzip im Kiesgarten, einem Gartentyp, der in seiner Opulenz und Vielfältigkeit, seinem Reichtum an Farben und Formen nichts zu wünschen übrig lässt. Ein zukunftsweisendes Modell sind Kiesgärten jedoch vor allem wegen des niedrigen Bedarfs an lebensnotwendigen Ressourcen. Auch den immer beliebter werdenden Präriegärten liegen ökologische Prinzipien zugrunde. Gräser und robuste, wildhafte Stauden sind hier die in der Regel äußerst pflegeleichten Protagonisten. Massiert gepflanzt bilden sie Pflanzengesellschaften, die gut harmonieren und nicht unentwegt der schützenden, umsorgenden Hand des Gärtners bedürfen. Diese Effizienz, die ohne das ständige Harken und Herumpusseln in den Beeten auskommt, zeichnet auch immergrüne Gärten aus. In ihnen spielt nach wie vor Buchsbaum eine Hauptrolle. Aber auch wenn die Reminiszenz an historische Anlagen noch dann und wann erkennbar ist, gibt es im Hinblick auf die Gestaltung mit Immergrünen eine ganze Reihe moderner, ungewöhnlicher Konzepte.

TIPP

Dass das Gärtnern auf kargem Grund nichts mit Verzicht zu tun hat, beweist dieser Kiesgarten. Der in allen Rottönen schillernde Kalifornische Mohn (Eschscholzia californica), pinkfarbene Zistrosen (Cistus) und rispige Kapfuchsien (Phygelius) zählen zu den Sonnenkindern Floras, die einen mageren, trockenen Boden schätzen. Der Mohn ist einjährig, samt sich aber gern selbst aus. Zistrose und Kapfuchsie benötigen in rauen Lagen Winterschutz.

Schatten wird hierzulande immer noch negativ assoziiert, was sich im Zuge des Klimawandels möglicherweise bald ändern wird. Sicher ist das Gestalten mit Pflanzen im Schatten eine Herausforderung. Andererseits gibt es eine große Anzahl interessanter Gewächse, die im Schatten bestens zurecht kommen. Darüber hinaus ist das immer etwas diffuse Spiel des Lichts in den dunklen Winkeln des Gartens von einer ganz besonderen Magie. Die ganze geheimnisvoll schillernde Romantik, die einen Schattengarten auszeichnet, kommt in der abgebildeten Szenerie ideal zum Ausdruck. Auf dem etwas sumpfigen Areal unter hohen Bäumen fühlen sich Farne, Funkien und andere Blattschmuckstauden wohl. Für

Schatten in Variationen *Schatten ist nicht gleich Schatten. Das erklärt sich schon anhand von drei groben Unterteilungen. Vollschatten herrscht zum Beispiel unter hohen Nadelbäumen oder in den von hohen Gebäuden umgebenen Innenhöfen einer Stadt. Für die meisten Pflanzen ist diese Situation problematisch. Oft wächst nur noch Moos.*

Auf eine Fläche im Halbschatten scheint zumindest für einige Stunden am Tag die Sonne. Man trifft ihn zum Beispiel an unter der Krone von Solitärbäumen, am Rand von Gehölzen oder entlang von nicht allzu hohen Mauern und Hecken. Hier wachsen die typischen Schattenpflanzen wie Farne und Blattschmuckstauden wie etwa Funkien oder Lungenkräuter.

Im lichten Schatten etwa unter Birken und Robinien erscheint der Schatten fleckenartig und wandert mit der Sonne. Ist der Boden gut und nicht verdichtet, beeinträchtigt diese Schattenart selbst die für sonnige Standorte geeigneten Pflanzen wenig.

Farbtupfer sorgen Fingerhut (*Digitalis*) und Taglilien (*Hemerocallis*), die mit ihren strahlend gelben Blüten ein paar lichte Flecken in das Zwielicht des grünen Reichs bringen. In dem kühnen Entwurf von Sandra und Nori Pope auf den Seiten 68 und 69 brilliert vor allem Grün in all den schillernden Tönen von Türkis über Jade- bis Smaragdgrün. Dabei sind es ausschließlich Funkien (*Hosta*), die hier zwischen zwei Reihen aus zurückgeschnittenen Buchenstämmen eine lang gezogene Rabatte bilden. Die für den Schatten unverzichtbaren Stauden sind gleich in mehreren Dutzend exquisiten Sorten vertreten und wurden inmitten der kleinen Allee so meisterhaft in Szene gesetzt, dass nie der Eindruck einer Pflanzensammlung entsteht.

Die schönsten Schattenstauden – Blüten

- *Akelei (Aquilegia): blaue, violette, rosa getönte und oft auch zweifarbige Glöckchenblüten von Mai bis Juni*
- *Herbst-Anemone (Anemona hupehensis var. Japonica): weiße oder rosafarbene Schalenblüten von August bis Oktober*
- *Prachtspiere (Astilbe): weiße, rosafarbene oder rote Rispenblüten von Juni bis September*
- *Sterndolde (Astrantia major): knopfähnliche, silbrig weiße oder rosafarbene Blüten von Juni bis August*
- *Juli-Silberkerze (Cimicifuga racemosa): lange, weiße, traubenartige Blütenstände von Juli bis August*
- *Fingerhut (Digitalis purpurea): purpurrote bis pastellrosafarbene Blütenkerzen von Juni bis Juli*
- *Elfenblume (Epimedium): weiße, gelbe, violette oder rosafarbene Blütenglöckchen von April bis Mai*
- *Salomonssiegel (Polygonatum): weiße Glöckchenblüten von Mai bis Juni*
- *Schaumblüte (Tiarella cordifolia): schaumartig wirkende, milchweiße Blütenkerzen von Mai bis Juni*

Die schönsten Schattenstauden – Blätter

- *Funkien (Hosta): unterschiedlichen Blattfärbungen, Blüte Juni bis August*
- *Europäischer Straußenfarn (Matteuccia struthiopteris): bis zu 140 Zentimeter Höhe*
- *Königsfarn (Osmunda regalis): bis zu 200 Zentimeter Höhe*
- *Dickmännchen (Pachysandra): robuster immergrüner Bodendecker*
- *Lungenkraut (Pulmonaria): Blüte von März bis Mai, aber vor allem wegen der gefleckten Blätter interessant*
- *Schaublatt (Rodgersia podophylla): bis zu 180 Zentimeter hohe Waldstaude, Blüte Juni bis Juli*

Weiß ist Trumpf Allein schon wegen der weiß gestrichenen Mauern und Wände wirkt dieser schmale Hauseingang mit dem winzigen Gartenhof trotz der extrem schattigen Lage hell und freundlich. Das Weiß reflektiert das wenige Licht und lässt die kleine Anlage größer und heller erscheinen. Ziertabak (*Nicotiana*), Petunien und Fleißige Lieschen (*Impatiens*) mit weißen Blüten tragen ihr Übriges zur Erleuchtung der Szenerie bei. Da der größte Teil des Bodens versiegelt ist, wachsen sie wie Farne und Funkien vorwiegend in Gefäßen. Efeu (*Hedera*) und Blauregen (*Wisteria*) wurde ein bisschen des kostbaren Erdreichs gegönnt, damit sie Kraft für die vertikale Inbesitznahme des Terrains tanken können. Um die Strahlkraft der weißen Wände nicht zu beeinträchtigen, wird der Ausbreitungsdrang der Kletterpflanzen jedoch stets im Zaum gehalten. Vor allem der Blauregen ist ein unbändiger Kletterer und muss regelmäßig geschnitten werden, damit er nicht alles überwuchert. Aber seine im Mai erscheinenden hellvioletten Blütentrauben machen alle Mühe wett. Generell sollte man sich bei solch eng bemessenen Refugien auf wenige Farben beschränken, da ein Zuviel hier schnell unruhig und laut wirken kann. Wem ausschließlich weiße Blüten zu steril sind, kann im Schatten mit pastelligen Farben wie einem zarten Apricot, pudrigem Rosa oder hellem Blau spielen. Auch panaschiertes Laub bringt lichte Flecken in dunkle Winkel.

TIPP

Schattige Partien im Garten lassen sich durch weiße Blüten beziehungsweise grün-weiß und grün-gelb panaschierte Blätter auf ganz natürliche Weise lichter gestalten. Vor allem dem Laub kommt hier eine tragende Rolle zu, einfach weil es von dauerhafterer Wirkung ist als der Flor. Es gibt inzwischen ein breites Angebot an Pflanzen mit hellem Blattwerk, die sich im Schatten wohlfühlen.

Florale Tapisserie Hier haben sich drei Klassiker für ein waldiges Beet zu einem exquisiten Ensemble vereinigt. Es ist eine Pflanzung, die Anfang Mai am schönsten ist, denn dann erscheinen die weißen Blüten der Elfenblumen (*Epimedium* 'Grand Yenomoto') und der Veilchen und verbinden sich in diesem Reigen mit den weiß gesäumten Blättern der Funkien, die sich gerade erst aus dem Boden ans Licht gekämpft haben. Aber auch im übrigen Jahr hat die Pflanzung ihren Reiz, denn die Elfenblume ist ein famoser Bodendecker für schattige Bereiche, deren Laub sich bei vielen der inzwischen sehr zahlreichen Varietäten im Herbst hübsch färbt und je nach Sorte sogar den Winter überdauert.

Blaue Blume Im Zauber des frühen Morgenlichts erglüht eine der Wunderpflanzen für halbschattige Gartenpartien in besonders betörender Weise: der Scheinmohn (*Meconopsis grandis*). Der Pflanzenschatz aus dem Himalaya gilt als heikel, denn er benötigt neben Schatten eine hohe Luftfeuchtigkeit sowie einen nährstoffreichen, wasserdurchlässigen, gleichwohl feuchten und leicht sauren Boden. Bekommt er das nicht, verabschiedet er sich auf Nimmerwiedersehen. Aber das geradezu unglaubliche Blau der Blüten lässt alle Vernunft fahren und uns immer wieder einen Versuch mit der mimosigen Diva wagen. Hier blüht sie in Gesellschaft großzügiger Kolonien aus Akelei (*Aquilegia vulgaris*) unter hohen Bäumen.

TIPP

Planen Sie bereits bei der Anlage des Gartens schattige Partien mit ein. Abgesehen davon, dass auch die glühendsten Sonnenliebhaber irgendwann ihren Bedarf an Hitze und Licht gedeckt sehen, ist das wechselvolle Spiel von Hell und Dunkel ein wichtiges Gestaltungsmittel. Schatten sorgt für Tiefe im Garten. Er lässt die Konturen der einzelnen Gartenelemente und der Pflanzen besser hervortreten und verstärkt die perspektivische Wirkung.

Schatten erzeugen Diese modern gestaltete Terrasse eines kleinen Stadtgartens sollte ausdrücklich als halbschattiges Refugium konzipiert werden, damit sich hier selbst glühend heiße, sonnige Sommertage angenehm verbringen lassen. Als Sichtschutz und zur Strukturierung der kleinen Anlage pflanzte der englische Gartendesigner Christopher Bradley-Hole formale Eibenhecken und montierte Wände aus Holzpaneelen. Vor allem aber setzte er zwei mehrstämmige Felsenbirnen (*Amelanchier lamarckii*), die mit ihrer Krone lichten Schatten spenden, ohne die Anlage zu verdüstern. In den rahmenden Beeten wachsen Brauner Storchschnabel (*Geranium phaeum*) zusammen mit der Mandelblättrigen Wolfsmilch (*Euphorbia amygdaloides* 'Rubra') und der etwas empfindlicheren Busch-Wolfsmilch (*Euphorbia × martini*), die in rauen Lagen Winterschutz benötigt, in dieser geschützten urbanen Oase jedoch bestens zurecht kommt. Alle drei Pflanzen sind wertvolle Schattenspezialisten mit lang anhaltender Blüte.

1 *Eibenhecke*
2 *Sichtschutzwand aus Holz*
3 *Felsenbirnen*
4 *Rasen*
5 *Beete*
6 *Sitzbank*
7 *Einfassung*

Wohnliche Geometrie Wenn wir an die Gestaltung unseres Gartens herangehen, denken wir nach wie vor zuerst an die sonnigen Partien im Grün. Die schattigen Winkel werden entweder vernachlässigt oder, wenn der gesamte Garten in voller Sonne liegt, gar nicht erst eingeplant. Das rächt sich spätestens an heißen Sommertagen, wenn die Hitze so brütend ist, dass wir es kaum noch im Garten aushalten, was ja dann und wann selbst in nördlichen Breiten vorkommen soll. Es ist daher immer sinnvoll, den Schatten im Gesamtkonzept für den Garten von vornherein mit zu berücksichtigen. Den Entwürfen des englischen Gartengestalters Christopher Bradley-Hole, der diesen Garten kreierte, sieht man an, dass der Mann von Haus aus Architekt ist. Bradley-Hole denkt in Räumen. Dieses mit Holzwänden und exakt getrimmten Eibenhecken umfriedete Gartenzimmer plante er für ein elegantes Stadthaus ganz bewusst als schattiges Refugium. Es ist ein wenig vom Haus entfernt und bietet so auch die Möglichkeit zum Rückzug, wenn das trubelige Leben auf der nahe am Haus gelegenen, zur Sonne ausgerichteten Terrasse ein bisschen überhandnimmt. Das Konzept ist das Musterbeispiel einer klaren Formensprache, die auf eine minimalistische Struktur und eine durchaus opulente Bepflanzung setzt, die das grafische Raster auflöst und fließende Übergänge schafft. Wolfsmilchgewächse und Storchschnabel sind in den gleichmäßig angeordneten, rechteckigen Beeten die über viele Monate des Jahres hinweg attraktiven Protagonisten. Die Mandelblättrige Wolfsmilch (*Euphorbia amygdaloides*) behält ihr purpurrotes Laub sogar im Winter. Im Frühling bilden die Blätter dann einen aufregenden Farbkontrast zu den limonengrünen Blüten. Der Braune Storchschnabel (*Geranium phaeum*) entwickelt zwar im Mai einen interessanten schwarz-roten Flor, wird aber vor allem seines sommergrünen, dunkel gezeichneten Laubes wegen geschätzt, das lange attraktiv bleibt.

Für einen angenehm lichten Schatten sorgen in dieser Situation zwei mehrstämmige Kupferfelsenbirnen (*Amelanchier lamarckii*), die zu den schönsten Gehölzen für kleine Gärten zählen. Man kann sie gut schneiden, was in diesem Falle geschehen ist, um eine gefällige, leicht waagerecht ausgerichtete Krone zu erhalten und zu bewahren. Die im Austrieb kupferroten Blätter, die dem Baum den Namen gaben, entfalten sich im Frühling gleichzeitig mit den schneeweißen Blüten und warten im Herbst mit einer leuchtend gelben bis orangeroten Färbung auf.

Trotz dieser mitunter spektakulären Farbspiele hält sich die Bepflanzung in ihren dezenten Grüntönen merklich zurück. Die Gestaltung insgesamt beschränkt sich auf das Wesentliche, auf die geometrische Grundausrichtung der Hecken und Sichtschutzwände, die sich um ein quadratisches Rasenstück mit einem schlichten Sitzplatz aus Yorkstein ziehen. Von der Bank aus kann man den Garten aus einer anderen Perspektive betrachten. Man hat das gesamte Grün im Blick und ist doch für sich, eine Eigenschaft, die Sitzplätze im Schatten oft auszeichnet. Die Einfassung und der Bodenbelag sind ebenfalls aus Yorkstein gefertigt und sorgen gemeinsam mit dem in demselben warmen Honigton gehaltenen Kies für ein beruhigendes Gleichmaß an Farben und Formen.

Charmante Schattenspender

Bäume liefern die wohl angenehmste und beliebteste Art von Schatten. Bevor man darangeht, einen Baum zu pflanzen, sollte man jedoch überlegen, welche Art von Schatten bevorzugt wird. Kastanien, Linden und Buchen zum Beispiel liefern unter ihren umfangreichen, dichten Kronen eine Art von Schatten, die sehr wohltuend sein kann, unter der im Sommer aber nicht mehr viel wächst. Lichte Schattenspender dagegen sind neben der Felsenbirne Birke, Robinie und Japanischer Ahorn. Sie sind besonders für kleine Gärten auch weit empfehlenswerter als die sehr raumgreifenden Großbäume.

Sonne und Trockenheit machen manchen Gärtnern hierzulande schon jetzt zu schaffen und werden im Zuge des Klimawandels zunehmend Probleme in den meisten, immer noch auf regelmäßige Regenschauer angewiesenen Beeten mit sich bringen. Diese neuen Bedingungen, unter denen wir in Zukunft gärtnern werden, erfordern ein Umdenken, sowohl in der Pflanzenverwendung als auch in der Gestaltung. Rittersporn und Glattblattastern, Phlox und Päonien, all die altbekannten Lieblinge haben auf kargem, trockenem Grund auf Dauer keine Chance. Das Gärtnern nach dem gängigen Muster, die jeweiligen Lebensbedingungen an die Pflanze anzupassen, wäre einfach zu aufwendig und auf lange Sicht gesehen wohl auch zu teuer. Sinnvoller ist es, Pflanzen mit den gleichen Bedürfnissen in eine Situation zusammenzusetzen, die ihrem natürlichen Standort entspricht. Das spart Ressourcen und Arbeit. Das Beispiel am Grün der englischen Gartengestalterin Beth Chatto zeigt gleichwohl, dass diese Philosophie nichts mit Verzicht zu tun hat, sondern neue Möglichkeiten eröffnet, mit noch nicht so bekannten, spannenden Pflanzenarten und -sorten sowie alternativen Formen der Gestaltung zu experimentieren. Die gelb-grünen Köpfe der Palisadenwolfsmilch (*Euphorbia characias*) sind in diesem Beet allgegenwärtig, beherrschen die Szenerie trotz ihrer imposanten Gestalt jedoch nie, sondern unterstützen die matten, apricotfarbenen Blüten des Türkenmohns (*Papaver orientale* 'Juliane') in ihrer Wirkung. Der primadonnenhafte Charakter, der dem Türkenmohn bisweilen eigen ist, wird durch die dazwischen gestreuten Blüten der Flockenblume (*Centaurea*) in leuchtendem Pink heruntergespielt. Graulaubige Gewächse wie

der Wollziest (*Stachys byzantina*, vorn) und das Kreuzkraut (*Senecio greyii*) bringen dagegen Ruhe und Noblesse in die erlesene Pflanzengemeinschaft, in der es allein um die Gesamtwirkung geht und nicht um die Exponierung einzelner exquisiter Gewächse.

TIPP

Silber- und graulaubige Pflanzen wie Wollziest, Kreuzkraut oder auch Salbei sind prädestiniert für trockene Standorte. Ihr Laub hat eine seidene, wollene und manchmal wächserne Textur, die die Blätter vor Sonnenbrand schützt und die Wasserverdunstung reduziert. Man sollte sie jedoch immer farbigeren Partnern zur Seite pflanzen, da zu viele graue Gewächse zusammen schnell sehr trist wirken.

Temperamentvoll Diese Komposition mit sonneliebenden Stauden für trockene Böden zeigt, dass es auch auf kargem Grund durchaus lebhaft und farbenfroh zugehen kann. Blauviolette Lupinen (*Lupinus* der Sorte 'Masterpiece') und purpurfarbene Schwertlilien (*Iris* 'Langport Wren') bestechen durch ihr dramatisch dunkles Kolorit. Die Ähren des Staudensalbeis (*Salvia nemorosa* 'Viola Klose') weben blaue Bänder durch die Pflanzung, während Nelkenwurz (*Geum chiloense* 'Fire Opal') Schalenblüten in strahlendem Orange beisteuert und als Komplementärfarbe die in Blautönen blühenden Nachbarn noch verstärkt zum Leuchten bringt.

TIPP

Komplementärfarben liegen sich auf dem Farbkreis gegenüber. Nebeneinander platziert steigern sie sich gegenseitig in ihrer Wirkung. Das lässt sich bei der Beetgestaltung einsetzen wie eben in diesem Fall mit orangefarbenen und blauen Blüten. Rote Blüten wirken nicht zuletzt deshalb so intensiv, weil Laub und Stängel meist in der Komplementärfarbe grün gehalten sind. Einen weiteren Komplementärkontrast bilden Gelb und Violett, schön zu sehen in der Kombination von Staudensonnenblume und Agastache auf Seite 87.

Elegant Diese überwiegend in Weiß gehaltene Pflanzung lässt vor allem die Pflanzenformen gut zur Geltung kommen. Steppenkerzen (*Eremurus*) stammen aus den weitläufigen Graslandschaften Zentralasiens, was bereits einen Hinweis auf ihre Vorliebe für trockene, sonnige Standorte gibt. Sie können locker zweieinhalb Meter hoch werden und entfalten ihre größte Wirkung vor formalen, immergrünen Hecken, die auch in diesem Beet die vollendete Kulisse für die weiße Sorte 'Joanna' geben. Trotz ihrer kapriziösen Erscheinung sind Steppenkerzen am richtigen Standort völlig unkompliziert. Allein beim Pflanzen muss man Obacht geben, denn ihre seesternartigen Wurzeln sind recht brüchig. Um sie nicht zu verletzen, füllt man das Pflanzloch zunächst mit einer feinen Sandschicht. Darauf legt man die Knollen und deckt sie mit Erde ab. Den ebenfalls weißen Hofstaat der majestätischen Staude bilden Nachtviolen (*Hesperis matronalis* 'Alba'), deren weiße Blüten weithin in der Dunkelheit leuchten und einen betörenden Duft verströmen. Sie verdecken geschickt das Laub der Steppenkerzen, das bereits während des Flors einzieht und unansehnlich wird. Nachtviolen sind eher kurzlebige Stauden, die sich aber zuverlässig immer wieder selbst aussamen. Beide Pflanzen benötigen gelegentliche Kompostgaben.

Eindrucksvoll *Agastachen sind hierzulande als wertvolle Gartenpflanzen noch nicht allzu bekannt. Es gibt an die zwanzig Arten, die fast alle in Nordamerika und Mexiko zu Hause sind; allein Agastache rugosa, auch Koreanische Minze genannt, stammt – der Name sagt es schon – aus Ostasien. Sie ist eine der imposantesten Vertreterinnen der Gattung und wird über einen Meter hoch. Andere Agastachen sind in der Regel zierlicher und wesentlich niedriger. Agastache rugosa ist auch eine der winterhärtesten Arten, deren kerzenartige Blütenstände noch in der kalten Jahreszeit deutliche Akzente setzen. Alle Agastachen haben duftende Blätter und ziehen Bienen und Schmetterlinge geradezu magisch an.*

Melancholisch Staudensonnenblumen (*Helianthus microcephalus*) haben nicht die großen, weithin sichtbaren Blütenscheiben wie ihre einjährigen Verwandten, sind dafür aber ausdauernd und bezaubern mit eher zarten Farben wie hier die zitronengelbe 'Lemon Queen'. Durch Wurzelausläufer bildet die Pflanze mit den Jahren ansehnliche Bestände und man muss ein bisschen aufpassen, dass sie nicht zu sehr wuchert. Anders als die einjährigen Sonnenblumen, die sich schon aufgrund ihrer imposanten Erscheinung kaum in eine Pflanzengemeinschaft fügen und eher als Solitäre eingesetzt werden, sind die Stauden mit anderen Gewächsen bestens kompatibel. Mit ihren hübschen Strahlenblüten, die sie ab Juni bis zu den ersten Frösten unermüdlich entwickeln, und dem buschigen Wuchs passen sie sogar vorzüglich zu Gräsern und in andere wildhafte Gartensituationen. In der Koreanischen Minze (*Agastache rugosa* 'Blue Fortune') hat sie hier einen adäquaten Partner gefunden, der es ebenso wie sie selbst sehr sonnig und warm mag. Die Staude bildet mit ihren violetten Kerzen auch formal einen stimmigen Gegensatz zu den Körbchenblüten der Sonnenblume. Der Komplementärkontrast der Farben tritt früher im Jahr stärker zutage als im September, als dieses Foto aufgenommen wurde. Die sanfte Melancholie, die über der Szenerie liegt und bereits den Herbst erahnen lässt, verleiht der Pflanzung gleichwohl einen eigentümlichen Zauber.

Beth Chatto: Ikone zeitgemäßer grüner Kunst *Die Gartengestalterin und Autorin Beth Chatto gilt in England als die bedeutendste Verfechterin einer nach Lebensbereichen ausgerichteten Pflanzenverwendung. Schon zu Beginn der 1990er-Jahre, als die meisten von uns das Wort Klimawandel gerade mal zu buchstabieren begannen, mahnte Chatto einen ressourcenschonenden Gartenstil für trockene Zeiten an. In ihrem ohnehin für seine heißen Sommer bekannten Zuhause in Essex, im Osten Englands, legte sie vor zwanzig Jahren einen Kiesgarten an mit Gewächsen, die der globalen Erwärmung ohne regelmäßiges Wässern standhalten. Mit an Farben und Formen fein abgestimmten Pflanzkompositionen schuf Chatto einen der reizvollsten und spannendsten Gärten Englands und inspirierte eine ganze Garde junger, innovativer Gartendesigner, die versuchen, eine Balance zu finden zwischen Ökologie und Ästhetik.*

TIPP

Grundlage eines pflegeleichten Kiesgartens, der nicht gewässert werden muss, ist die Bodenvorbereitung. Zunächst muss das Unkraut sorgfältig beseitigt und der Untergrund gelockert werden. Um ihn durchlässiger zu machen, wird der Boden mit Kalksplitt gemischt. Nach dem Pflanzen wird eine Kiesauflage von drei bis fünf Zentimetern aufgebracht.

Kein Platz für Diven In diesem Beet, das sich wie eine Insel in einen Fluss aus Kies fügt, kombinierte die englische Gartengestalterin Beth Chatto Bergenien (*Bergenia,* vorn rechts), gelb-grüne Palisaden-Wolfsmilch (*Euphorbia characias*), Zierlauch (*Allium aflatunense* 'Purple Sensation') mit violetten Blütenkugeln, rosafarbenen Rosenwaldmeister (*Phuopsis stylosa*) und Gräser zu einer sehr natürlich wirkenden Pflanzengemeinschaft. Sie bezieht ihren Reiz aus dem gleichberechtigten Zusammenspiel und nicht durch die Starqualitäten einzelner prätentiöser Pflanzendiven. Nun toleriert die Bergenie, eine Lieblingspflanze Chattos, solch vollsonnige Standorte im heißen Sommer meist nur mit einer guten Wasserversorgung. Beth Chatto gibt zu, dass die Bedingungen ihres Gartens fast schon das für Bergenien Erträgliche übersteigen, denn sie wässert grundsätzlich nicht. Gleichwohl vermehren sich die Pflanzen und machen auch in nasskalten Wintern nicht schlapp, was auch dem gut durchlässigen Boden zu verdanken ist.

Schöne Vagabunden Hochgewachsene gelbe Königskerzen (*Verbascum*) und rosafarbener Fingerhut (*Digitalis*) setzen in diesem Kiesbeet die Akzente. Beide Pflanzen samen sich immer wieder selbst aus. Für Kontinuität unter den durch den Garten vagabundierenden Gewächsen sorgt hier der Spindelstrauch (*Euonymus fortunei* 'Emerald 'n' Gold'). Mit seinem panaschierten gelb-grünen Laub ist er auch im Winter ein Hingucker im Beet.

TIPP

Es gibt außer Königskerze und Fingerhut noch eine ganze Reihe von Gewächsen, die sich selbst aussamen. Sie sind für jeden Garten ein Gewinn, denn oft erscheinen die jungen Pflänzchen an Stellen, die einem selbst nie in den Sinn gekommen wären, an denen sie in den meisten Fällen aber einfach wunderbar aussehen. Da dies darüber hinaus in der Regel Plätze sind, die den Pflanzen besonders behagen, treiben sie dort auch besonders üppig Blüten.

Aparte Weichzeichner Dass Kiesgärten auch auf kleinen Flächen funktionieren, zeigt dieser moderne Stadtgarten, den die Gartendesignerin Lynne Marcus entworfen hat. Die klaren, strengen Umrisse der Bodenbeläge aus Kies, Schotter und Holz geben der Anlage Struktur. Die Gewächse, unter anderem sich selbst aussamendes Federgras (*Stipa tenuissima*), hellviolett blühende Katzenminze (*Nepeta racemosa*) und Lavendel sowie Neuseeländer Flachs (*Phormium tenax*) mit seinen straff aufrechten, schwertförmigen Blättern, gestalten die harten Linien weicher und geben dem Garten eine natürliche Anmutung.

TIPP

Flächig pflanzen: Gräser und wildhafte Stauden sehen flächig gepflanzt am besten aus. Vor allem für kleine Gärten gilt: Setzen Sie lieber mehr Pflanzen von ein und derselben Art oder Sorte in markanten Gruppen als ein Sammelsurium von vielen verschiedenen Gewächsen. Als Grundformel gilt: pro Pflanzenart zwei Quadratmeter.

Präriegärten haben in den vergangenen Jahren für so viel Furore gesorgt wie kaum eine andere Gestaltungsidee. Dabei versteht man unter diesem Pflanzkonzept in erster Linie die Beetgestaltung mit Gräsern. Gräser sind Stimmungsträger. Sie tragen das Gefühl von Freiheit, Weite und Natürlichkeit auch noch in den winzigsten Garten. Vielleicht brauchen wir das in unserer reglementierten, hoch technisierten und trotz Globalisierung immer enger werdenden Welt. Darüber hinaus sind Gräser aber auch in gestalterischer Hinsicht von großem Interesse. Sie schaffen Räume, sind Strukturgeber und verbindendes Element zwischen den Blütenstauden, die meist ebenso wild und naturhaft daherkommen wie sie selbst. Reine Gräserpflanzungen wie auf diesem Foto sind dagegen eher selten, wenn sie so virtuos konzipiert sind wie hier, aber von unnachahmlicher Magie. Allein beim Betrachten des Fotos meint man den Wind durch die Halme wispern zu hören. Dieses Beet mit mehreren Sorten Chinaschilf (*Miscanthus*), Diamant- und Pfeifengras (*Calamagrostis brachytricha* und *Molinia*) sowie der rot züngelnden Rutenhirse 'Shenandoah' funktioniert jedoch nur in einem großen Garten, denn es benötigt für seine Wirkung Tiefe. Für kleinere Anlagen empfehlen sich weniger ausladende Arten wie Rasenschmiele (*Deschampsia cespitosa*), Blauschwingel (*Festuca cinerea*) oder Lampenputzergras (*Pennisetum alopecuroides* 'Little Bunny').

Formspiele Der holländische Gartengestalter Piet Oudolf gehört zu den Protagonisten eines zeitgenössischen Gartenstils, in dem Gräser und Stauden im Vordergrund stehen. Kein Platz für formales Grün, möchte man meinen, aber dem ist nicht so. In seinem eigenen Garten in Hummelo schaffen versetzt angeordnete Eibenzylinder und wellenförmig geschnittene Hecken einen starken Rhythmus und sorgen gleichzeitig für Kontinuität. Oudolfs Ansatz ist der einer modernen Formalität, die eher asymmetrisch und ein bisschen verwackelt daherkommt. Die Pflanzen in den Beeten fallen mehr durch markante Formen als durch ausgeprägte Farben auf. Hellviolette Kugeln von (*Allium tanguticum* 'Summer Beauty'),

Purpursonnenhut (*Echinacea purpurea* 'Magnus') mit flachen Körbchenblüten und violette und himbeerfarbene Lobelien kontrastieren spannungsvoll mit den netzartigen Strukturen des Pfeifengrases (*Molinia* 'Transparent'). Die weißen Dolden und das wie Klöppelspitze wirkende Laub von *Selinum wallichianum* steuern duftige Transparenz bei.

Gräsergärtner Als Pionier des Prärie-Looks mit Gräsern und Stauden gilt der Deutschamerikaner Wolfgang Oehme. In den 70er-Jahren des vergangenen Jahrhunderts revolutionierte er mit seinem Partner James van Sweden die grüne Kunst in den USA. Seine kunstvollen und doch sehr natürlich wirkenden farbintensiven Pflanzungen beziehen ihren Reiz vor allem aus der Fernwirkung durch den Einsatz von Tausenden Exemplaren von Chinaschilf, Rutenhirse und Lampenputzergras und dazu ebenfalls Tausende Fetthennen und Rudbeckien. Solche Konzepte sind in einem üblich großen Hausgarten kaum umsetzbar. Das Verdienst, den naturhaften Stil mit Gräsern auch für kleinere Gärten kompatibel gemacht zu haben, gebührt vor allem Piet Oudolf. Hollands bekanntester Gartengestalter war seit jeher eher an Habitus, Formen und Texturen einer Pflanze interessiert als an der flüchtigen Pracht der Blüten. Für ihn sollen Pflanzen Stimmungen transportieren und auch im Herbst und Winter gut aussehen. Da stößt man zwangsläufig auf Gräser. Wichtige Inspirationen bezogen aber sowohl Oehme als auch Oudolf von einem Deutschen. Karl Foerster war einer der ersten Gartengestalter überhaupt, die das Potenzial von Gräsern erkannten. Bereits in den 30er-Jahren des vergangenen Jahrhunderts begann Foerster auf seinem Anwesen in Potsdam-Bornim mit Gräsern zu experimentieren. Wortgewaltig und bisweilen geradezu hymnisch beschrieb er seine Lieblinge in seinen Büchern und bereicherte die Gartenwelt zudem mit wertvollen Neuzüchtungen – Gräser, mit denen seine Nachfolger heute noch arbeiten.

Gräser für jede Gartensituation *Es ist ein weit verbreiteter Irrtum, dass Gräser ausschließlich auf weiten, prärieähnlichen Flächen gedeihen und gut aussehen. Gräser sind überall auf der Welt zu Hause und verstehen es, sich an vielerlei Bedingungen und so gut wie jede Gartensituation anzupassen.*

Für sonnige, weitläufige Lagen: Steppengräser wie Goldbartgras (Sorghastrum nutans) und Rutenhirse (Panicum virgatum)

Für den Vordergrund einer Staudenrabatte oder als Wegsäumung: niedrig wachsende Gräser wie Bärenfellschwingel (Festuca gauteri) und Rasenschmiele (Deschampsia cespitosa)

Für feuchte, schattige Standorte: Riesensegge (Carex pendula)

Für trockene, schattige Standorte unter hohen Bäumen: Waldmarbel (Luzula sylvatica)

Als Bodendecker: Nestkopfgras (Sesleria nitita) und Perlgras (Melica nutans)

Für das Teichufer: Silberährengras (Achnatherum calamagrostis) und Japanwaldgras (Hakonechloa macra)

Als Sichtschutz: Chinaschilf (Miscanthus sinensis) und Pampasgras (Cortaderia selloana)

Balance wahren Er sei kein Farben-Gärtner, behauptet der Gartengestalter Piet Oudolf ein ums andere Mal. Seinen Beeten sieht man das nicht an, denn sie zeigen oft berauschend schöne Farbspiele, wie diese Pflanzung aus Gräsern, dem seltenen Zierlauch (*Allium tanguticum* 'Summer Beauty'), Purpursonnenhut (*Echinacea purpurea* 'Magnus') und scharlachrotem Kerzenknöterich (*Persicaria amplexicaulis* 'Firedance') beweist. Sie demonstriert aber auch einmal mehr die Vorliebe des Holländers für Pflanzenformen und -texturen und seinen gekonnten Umgang damit. So herrscht eine fein ausgetüftelte Balance zwischen den straffen Ähren des Knöterichs, den Korbblüten des rosaroten Sonnenhuts und den runden Kugeln des Zierlauchs.

Traumpaar Rosen und Gräser passen nicht zusammen? Aber ja doch! In diesem Beet wächst die Strauchrose (*Rosa × odorata* 'Mutabilis') in schönster Eintracht mit dem grazilen Chinaschilf (*Miscanthus sinensis* var. *condensatus* 'Cosmopolitan'), das durch seine längs gestreifte grünweiße Laubfärbung auffällt. In Verbindung mit Gräsern sehen wildhafte Rosen, die noch nicht allzu sehr züchterisch bearbeitet wurden, am besten aus. Während sie hier im Frühsommer noch die Hauptrolle spielen, holt das Gras später im Jahr auf. Ab August entwickelt es ährige, rotbraune Blüten und wird die Nachbarin mit bis zu einer Größe von zwei Metern überragen.

TIPP

Gute Gräserbegleiter zu Rosen sind auch die eher niedrigen Arten wie Lampenputzergras (Pennisetum) mit seinen duftigen, länglichen Blütenbüscheln, das rispig blühende Liebesgras (Eragrostis), der halbkugelförmige, Kissen bildende Blauschwingel (Festuca) sowie das Diamantgras (Calamagrostis brachytricha) mit seinem federartigen, rosa-grauen Flor.

Gruppendynamik Auch wenn es auf den ersten Blick nicht so aussieht, aber dieses Beet, so spektakulär, so wild und schön, kann auch in kleineren, vollsonnigen Gärten funktionieren. Das Geheimnis liegt in der Beschränkung auf wenige Arten, die aber dann in großen Gruppen und in diesem Falle perfekt gestaffelt gepflanzt werden. Darüber hinaus bezieht die Pflanzung ihre Spannung aus der wohldurchdachten Abfolge aus Gewächsen mit einem duftig-diffusen Habitus und solchen mit klar ausgeprägten Formen. So steuern die hellviolette Aster 'Vasterival' und schleierartige Rasenschmiele (*Deschampsia cespitosa*) ätherische Transparenz bei, während markante Blüher wie die gelbe *Rudbeckia fulgida* und scharlachrote Sonnenbraut (*Helenium*) dem Beet Rhythmus und Kontur verleihen. Der Star der Gruppe hat seine beste Zeit bereits hinter sich, punktet aber noch mit eindrucksvollen Fruchtständen, die auch später im Jahr mit Raureif bedeckt und mit Schnee überpudert einen faszinierenden Anblick bieten: das Brandkraut (*Phlomis russeliana*). Man trifft die aus Kleinasien stammende Staude hierzulande immer noch in zu wenigen Gärten an. Dabei ist sie mit ihren in Etagen übereinanderstehenden, blassgelben Blütenquirlen eine aparte Erscheinung, dazu robust und vollkommen winterhart. Mit den Jahren breitet sie sich durch Ausläufer aus und bildet großzügige Bestände.

TIPP

Gräser sind äußerst pflegeleichte Gewächse und kommen bis auf einige wenige Spezialisten auf jedem normalen Gartenboden klar. Bei der Anpflanzung von Gräsern aus Steppengebieten, wie etwa die Stipa, sollte der Boden zuvor mit Sand und Splitt abgemagert werden. Im Frühjahr werden Gräser eine Handbreit über dem Boden zurückgeschnitten und dann wollen sie einfach nur in Ruhe gelassen werden. Ein bisschen Geduld sollte man mit ihnen haben. Ihre volle Schönheit entfalten die meisten Gräser nämlich erst nach drei bis vier Jahren.

Galaktisch Wie aus fernen Welten gestrandet wirken die Kugeldisteln (*Echinops exaltatus*) im Gegenlicht vor den schleierartigen Gespinsten des Pfeifengrases (*Molinia caerulea* subsp. *arundinacea* 'Transparent'). Ihre märchenhafte Wirkung bezieht diese Pflanzung aus dem reizvollen Kontrast der architektonisch anmutenden Disteln zu dem zarten, durchsichtig scheinenden, grasigen Hintergrund – und natürlich aus dem Lichteinfall. Auch hier wird einmal mehr deutlich, dass gelungene Pflanzungen oft durch Beschränkung entstehen.

TIPP

Mit Buchsbaum eingefasste Beete sind unter anderem aufgrund ihrer Pflegeleichtigkeit eine zeitgemäße Gestaltungsidee. Innerhalb eines perfekt getrimmten grünen Rahmens darf auch schon mal ein bisschen Unordnung herrschen, ohne dass die friedliche, geordnete Atmosphäre Schaden nimmt.

Immergrüne Beete werden in der Regel mit Formalität assoziiert, was nicht ganz falsch ist. Wir verbinden sie automatisch mit den geometrischen Buchsbaumkarrees und -rondells der Renaissance oder den arabesken Parterres des Barock, deren strenger Linienführung und spürbaren Naturferne wir heute eher skeptisch gegenüberstehen. Nun kann eine Gestaltung mit immergrünen Pflanzen aber auch ganz anders aussehen. Sie können wolkige, organisch anmutende Formationen bilden oder als Miniatur-Landschaft mit Hügeln und Senken konzipiert werden, eine Idee, die eindeutig von fernöstlicher Gartengestaltung inspiriert wurde. Aber auch die architektonischen Konzepte sind nach wie vor eine Option für junge Gestalter. Diese Anlage mit Beeten, die von breiten, rechteckig einander zugeordneten Buchsbaumhecken gerahmt werden, ist ein Entwurf des englischen Landschaftsarchitekten Philip Nixon. Der Garten ist zweifellos formal, hat jedoch mit den Parterres vergangener Epochen kaum etwas gemein. Eine Sichtschutzwand in moderner, schlichter Optik gibt die Kulisse für Beete mit einem ungewöhnlichen, sehr natürlich wirkenden Pflanzenkosmos, die die manchmal etwas steife Anmutung formal gestalteter Gärten gar nicht erst aufkommen lässt. Gräser verbinden sich ungezwungen mit dem Federlaub des Fenchels (*Foeniculum vulgare*) und Schwertlilien (*Iris*) der Sorte 'White City' erheben ihre weißen Blütenköpfe über die Blätter der seltenen *Euphorbia mellifera* (vorn links), eines immergrünen, hierzulande nicht ganz winterharten Strauchs von der Insel Madeira.

Buchsbaum-Schach Dieser von dem belgischen Gartenarchitekten Chris Ghyselen kreierte formale Garten in Westflandern erinnert an eine spezielle grüne Kunst, die schon in der Antike praktiziert wurde, sich dann vor allem im England des 19. Jahrhunderts großer Beliebtheit erfreute und zu den alten Traditionen zählt, die auch im modernen Grün nach wie vor ihren Platz findet: Topiary. Dabei werden vornehmlich Eibe oder Buchsbaum zu figurativen Motiven getrimmt, in diesem Fall zu einem Schachbrett. Vor einer Hochhecke aus Rotbuche (*Fagus sylvatica*) platzierte Ghyselen dafür niedrige Buchsbaum- und etwas höhere Eibenquader, die auch aufgrund ihrer unterschiedlichen Grüntöne sehr plastisch wirken und denen trotz

Formale Gestaltung im modernen Grün

Viele von uns begegnen formalen Gärten mit Vorbehalt, wohl weil sie an eine Epoche in der Geschichte erinnern, die uns heute als sehr fern erscheint. Der französische Absolutismus des 16. und frühen 17. Jahrhunderts war die hohe Zeit dieser artifiziellen Gartenmode, ihr Star André le Notre, der geniale Chefgärtner Ludwigs XIV., der für den Sonnenkönig die monumentalen Parterres von Versailles kreierte. Im Zuge der englischen Landschaftsgartenbewegung im ausgehenden 18. Jahrhundert verschwanden die formalen Parterres als prägender Stil scheinbar vollends, aber eben nur scheinbar. Mit Sichtachsen, Formgehölzen und mehr oder weniger geometrisch einander zugeordneten, exakt geschnittenen Hecken arbeiten selbst moderne Gartengestalter, die jeden Formalismus im Beet ablehnen. Ein immergrünes, architektonisches Raster vermag es, expansiven Pflanzenwuchs in den Beeten zu bändigen und jedem Garten eine wohltuende Ordnung zu verleihen. Vor allem aber bewährt sich das traditionsreiche Modell heutzutage bestens in kleinen Stadtgärten, denen es eine elegante Note verleiht.

des strengen, geometrischen Entwurfs eine gewisse Verspieltheit eigen ist. Die Szenerie wirkt überaus beeindruckend, aber anders als etwa bei den prunkvollen Parterres der Barockzeit keineswegs einschüchternd. Vielmehr verspürt man den Wunsch, geradewegs durch die Pflanzenblöcke hindurchzuspazieren. Die Schachfiguren müssen noch in die aufgestellten Schablonen hineinwachsen, aber auch jetzt ist bereits die ganz eigene Magie spürbar, die die meisten von Formgehölzen geprägten Gärten auszeichnet.

TIPP

Hecken werden im Juni und eventuell noch einmal im September geschnitten, damit sie auch im Winter gut aussehen. Das Schnittgut lässt sich nutzen. Vor allem Buchsbaum und Eibe lassen sich leicht vermehren. Ziehen Sie einen etwa zehn Zentimeter langen Seitenspross samt einem kleinen Streifen Rinde von der Mutterpflanze ab. Anschließend pflanzen Sie ihn in einen kleinen Topf, der mit einer Mischung aus Blumenerde und etwas grobem Sand gefüllt ist. In der Folgezeit ausreichend gießen. Nach einigen Wochen treiben die Stecklinge Wurzeln.

Provence-Gefühle Dieses Beispiel zeigt, wie wunderbar ein Parterre auch auf begrenztem Raum in einem zeitgenössischen Grün funktioniert und selbst schlichter Architektur einen Hauch Grandezza verleiht. Die niedrigen Buchsbaumhecken aus *Buxus sempervirens* und einer Kugel aus *Buxus sempervirens* 'Blauer Heinz' in der Mitte kreuzen diagonal die mit tiefblauem und hellrosafarbenen Lavendel (*Lavandula angustifolia* 'Hidcote Blue' und 'Hidcote Pink') bepflanzten Beete. Der Entwurf erinnert ebenfalls an die Parterres vergangener Epochen, strahlt jedoch trotz der formalen Gestaltung eher Leichtigkeit als Strenge aus. Die Diagonalen lassen die gesamte Anlage lebendiger wirken, als dies bei einer rechteckigen Linienführung der Fall wäre, und die verschwenderische Bepflanzung mit Lavendel verleiht ihr eine ungezwungen mediterrane Note. Beispielhaft ist hier die Beschränkung auf wenige Farben und Formen, die einem kleinen Garten immer besser zu Gesicht steht als bunte Vielfalt. Für vertikale Elemente sorgen verschiedene in Form geschnittene Gehölze. Viel Arbeit muss man in diesen Garten übrigens nicht investieren. Durch die dichte Bepflanzung hat Unkraut keine Chance. Buchsbaum und Lavendel müssen lediglich ein-, zweimal im Jahr geschnitten werden und sehen auch im Winter noch gut aus, wenn der immergrüne Buchs die dann blütenlosen, graulaubigen Lavendelbüsche säumt.

TIPP

Buchsbaum ist auch für Hecken in fließenden, organischen Formen das perfekte Pflanzenmaterial, denn selbst ohne Schnitt entwickelt er ansehnliche weiche, wolkige Konturen. Als Alternative zu dem langsam wachsenden Buchs empfehlen sich die kuppelförmig wachsende Felsenmispel (Cotoneaster microphyllus) sowie die Heckenkirsche (Lonicera nitida).

Strenge trifft Ungezwungenheit Die belgische Floristin Katrien Vandierendonck hat sich bei der Gestaltung dieses langen Durchgangs in ihrem privaten Grün in der Nähe von Brügge für ein interessantes Kontrastprogramm entschieden. Den formalen Hecken aus Weißbuche (*Carpinus betulus*) links und rechts des Weges hat sie wolkige Buchsbaumformationen zu Füßen gepflanzt, die der Anlage Witz und Spannung verleihen. Obwohl der Buchsbaum hier genauso akribisch geschnitten wird wie die Buchenhecken, wirken seine fließenden, organischen Formen doch natürlicher und ungezwungener als die streng geometrisch getrimmte Einfassung daneben. Bekannt wurde diese Art und Weise mit Hecken zu experimentieren vor allem durch Vandierendoncks Landsmann Jacques Wirtz. In seinem eigenen Grün im belgischen Schoten fand der Gartendesigner zwei parallel verlaufende, frei wachsende Buchsbaumreihen vor, die nie geschnitten worden waren. Wirtz ließ sich von den gebauschten Konturen inspirieren, folgte ihrer Dynamik und schnitt sie zu ebensolch hügeligen Gebilden zurecht, wie wir sie hier bei Vandierendoncks Entwurf sehen. Das Konzept ist also auch eine Option für verwilderte, aus den Fugen geratene immergrüne Hecken. Sie lassen sich oft nicht mehr formal gestalten, werden aber solcherart geschnitten zu einem echten Schmuckstück. Anders als bei architektonischen Anlagen benötigt dieser Stil allerdings Platz.

Aus höherer Sicht Der belgische Florist Daniel Ost ist bekannt für seine minimalistischen Buketts und mag es auch in seiner Eigenschaft als Gartengestalter nicht gerade blumig. Dieser von Ost konzipierte Vorgarten im belgischen Temse bezieht seine Wirkung aus den kraftvollen Strukturen der fließenden Buchsbaumformationen, die wie eine von Schluchten durchbrochene grüne Landschaft wirken und deren Reiz sich wie beim klassischen Parterre erst von höherer Sicht aus erschließt. Den starken Kontrast dazu bildet ein streng formales, quadratisches Wasserbecken, in dem Seerosen die einzigen Blüten in dieser Anlage beisteuern.

Pflanzen für immergrüne Gärten

- *Buchsbaum (Buxus) ist mit seinen kleinen Blättern und dichter Verzweigung ideal für den Formschnitt, für niedrige Hecken und Einfassungen. Die einzelnen Arten und Sorten werden unterschiedlich hoch.*
- *Felsenmispel (Cotoneaster) erscheint in Form von laubabwerfenden als auch immergrünen Arten. Immergrün sind zum Beispiel die Zwergmispel (Cotoneaster microphyllus) und die Strauchmispel (Cotoneaster salicifolius).*
- *Stechpalme (Ilex) lässt sich als unempfindliches Formgehölz zu geometrischen Figuren oder als Hochstämmchen trimmen. Die Japanische Stechpalme (Ilex crenata) kann in Gegenden, in denen der Buchsbaumpilz (Cylindrocladium buxicola) wütet, als Ersatz für Buchs verwendet werden.*
- *Liguster (Ligustrum vulgare) weist einen ähnlichen Habitus wie Buchsbaum auf und wird auch so verwendet. In kalten Wintern wirft er das Laub ab, treibt aber im Frühjahr wieder aus.*
- *Heckenkirsche (Lonicera nitida) erinnert im Aussehen ebenfalls an Buchsbaum, wächst aber schneller. In langen, harten Wintern friert sie manchmal zurück, treibt aber nach einem Rückschnitt in der Regel wieder aus.*
- *Kirschlorbeer (Prunus laurocerasus) ist wegen seiner glänzenden Blätter ein beliebtes Gehölz für hohe Hecken.*
- *Eibe (Taxus baccata) ist mit seinen immergrünen Nadeln das beste Formgehölz für grüne Architektur. Sie wächst bis zu fünf Meter hoch, ist robust, winterhart und wird uralt.*

Neue Beetformen

Blühende Landschaften – überall Auch wenn moderne Beete in Gestaltung und Bepflanzung ganz unterschiedlich aussehen, so ist doch ein Trend festzustellen, der den meisten von ihnen gemeinsam ist. Privatgärten sind im 21. Jahrhundert vor allem ein Stück erweiterter Wohnraum. Der Platz im Haus ist oft genug knapp bemessen; da wird jede Freifläche genutzt. Der Kreativität sind dabei keine Grenzen gesetzt. Gegärtnert wird in dunklen Hinterhöfen und auf vernachlässigten Brachen hinter dem Haus, in schummrigen Durchgängen und auf zugigen Dächern. Manchmal genügen zwei, drei Töpfe, um unserem persönlichen Pflanzenkosmos Raum zu geben, und wenn auf dem Boden überhaupt kein Platz mehr ist, gärtnern wir eben vertikal immer an der Wand entlang. Auch in diesem für Gärten bisweilen ungewöhnlichen Umfeld haben wildhafte Pflanzungen ebenso ihren Platz wie streng architektonische oder minimalistische Anlagen. Aufgrund einer globalisierten, vernetzten Welt werden die Pflanzenpalette sowie die Auswahl der für den Gartenbau zur Verfügung stehenden Werkstoffe immer größer. Wir holen uns exotische Gewächse ins Beet und nutzen neue, vielleicht auf den ersten Blick ungewohnte Materialien, die unserem Garten einen besonderen Ausdruck verleihen. Kunststoff im grünen Bereich? Warum nicht. Die neonfarbenen Plastikwände in diesem modernen architektonischen Garten stellen ein kraftvolles Passepartout dar zu polsterbildendem Blauschwingel (*Festuca glauca*) mit halbkugelförmigem Habitus und der Amerikanischen Agave (*Agave americana*) mit ihren markanten Schwertblättern. Die kleine Anlage zeigt auch beispielhaft den innovativen Umgang mit Farben, sowohl was die Auswahl der Gewächse als auch die baulichen Elemente betrifft. Dezente Töne sind immer noch gefragt, aber manchmal darf es auch richtig knallen. Erlaubt ist, was gefällt.

Neben diesem Trend, in dem Pflanzen oft gar nicht mehr die Hauptrolle spielen, ist auch eine ganz andere Entwicklung zu beobachten. Küchengärten waren zwar immer Bestandteil der Gartenkultur, führten aber oft genug ein arges Stiefmütterchendasein. Das zeigt bereits die Unterscheidung, die wir zwischen Zier- und Nutzgarten machten. Ziergärten dienten zur Erbauung, Nutzgärten wurden schamhaft hinter Mauern oder in einem weitab liegenden Bereich des Gartens versteckt. Diese Zeiten sind vorbei. Wohl als Antwort auf eine zunehmend industrialisierte Landwirtschaft ist es inzwischen ziemlich schick, Obst und Gemüse für jedermann sichtbar selbst zu ziehen, und zwar nach biologischen Grundsätzen, ganz ohne den Einsatz von Chemie. Wo früher Prachtstauden wuchsen, kultivieren wir heute Kraut und Rüben – und lernen dabei ganz nebenbei, welche Schönheit, welch ornamentale Pracht den uns nährenden Pflanzen eigen ist.

TIPP

Hochbeete sind eine Chance für ältere Menschen und solche, die das rückenzerbrechende Herumpusseln in ebenerdigen Beeten nicht mehr leisten können. Im Hochbeet können Pflege- und Erntearbeiten ohne leidiges Bücken ganz bequem im Stehen erledigt werden.

Hochbeete sind keine Erfindung unserer Zeit, werden aber gerade wieder für bestimmte, manchmal schwierige Gartensituationen neu entdeckt. Wurden sie ursprünglich aus rein praktischen Erwägungen angelegt, schätzen moderne Designer das Modell heute auch aufgrund der gestalterischen Qualitäten. Mit Hochbeeten findet das Gartenleben im wahrsten Sinne des Wortes auf verschiedenen Ebenen statt. Es entsteht eine neue Sichtebene, die Flächigkeit wird aufgehoben zugunsten vertikaler Effekte, was den Garten insgesamt spannender macht. Darüber hinaus können die einzelnen Gewächse besser betrachtet, Nutzpflanzen leichter geerntet werden. In diesem Grün wurden die Beete vor allem deswegen höher gelegt, weil die Pflanzen dort geschützter wachsen können. Kinder und Hund der Familie nutzen den Garten intensiv zum Spielen und Herumtollen. Auf ebener Erde wachsende Pflanzen werden da schnell mal von einem Fußball umgenietet. In den von Holzpaneelen gefassten Hochbeeten können sie dagegen relativ ungestört wachsen. Die versetzte Anordnung schafft dazu spannende Spielräume für die Kinder. Der breite Rand der Einfassung dient allen Familienmitgliedern als Sitzfläche, von der aus sie die Pflanzenwelt unmittelbar erleben können.

Unkompliziert Bei den Gewächsen fiel die Wahl auf unkomplizierte Stauden, die über lange Wochen im Jahr gut aussehen, ohne dass man sie ständig umhätscheln muss. Die ausgesuchten Pflanzen haben eine sehr natürliche Anmutung, was in diesem formalen, urbanen Kontext erstaunlich stimmig wirkt. Zu Füßen des rosaroten Purpursonnenhuts (*Echinacea purpurea* 'Rubinstern') blüht blauer Storchschnabel (*Geranium* 'Rozanne'). Die Rasenschmiele (*Deschampsia cespitosa*) gibt der Pflanzung eine lockere, luftige Anmutung.

Harmonisch Noch verbliebene Fragmente einer altehrwürdigen Ziegelmauer wurden hier vorbildlich mit einem neuen Sichtschutz aus Holz verbunden. Die geradlinigen Holzelemente in einem satten Honigton hellen die schöne, aber etwas düster wirkende Ziegelmauer auf, ohne sie ihrer Wirkung zu berauben. Die Kombination unterschiedlicher Materialien bedarf eines gewissen Fingerspitzengefühls, denn die Farben und Texturen sollten sich zwar deutlich voneinander abheben, aber dennoch miteinander harmonieren.

TIPP

Als Material zur Einfassung eines Hochbeets dient in den meisten Fällen druckimprägniertes Holz. Andere Materialien haben aber aufgeholt. Gerade im modernen Garten machen sich Beton- und Plastikumrahmungen gut, die natürlich auch wesentlich haltbarer sind als Holz.

Urbanes Eden Dieses Hochbeet ist ein elegantes Konzept für das Entree eines modernen Stadthauses und ein gelungenes Beispiel für das stimmige Zusammenspiel von Kunst und Natur. Das Relief mit den schwungvoll verlaufenden, abstrakten Konturen in ruhigen Beige- und Weißtönen hellt die an sich schattige Gartensituation erheblich auf und ist gleichzeitig eine unaufdringliche Kulisse für die vornehmlich in Grüntönen gehaltene Pflanzung. Polsterbildende Gewächse erstrecken sich wie eine sanft hügelige Miniaturlandschaft über das kurvig gestaltete Beet, in dem Zierlauch (*Allium*) mit seinen violetten Blütenkugeln, die schwertförmigen Blätter von Neuseeländer Flachs (*Phormium*) sowie die schmale Stammsilhouette des Essigbaums (*Rhus typhina*) die vertikalen Akzente setzen. Durch die erhabene Gestaltung fühlt sich der Betrachter schnell in das Gefüge mit eingebunden, was bei einer ebenerdigen Pflanzung so nicht vorstellbar wäre.

Bau eines Hochbeets *Die Maße für ein Hochbeet werden unter anderem von der Armlänge des Gärtners bestimmt. Schließlich muss er jede Stelle gut erreichen können. Wenn er an der schmalen Seite steht, sollte er knapp über die Mitte greifen können. Daraus ergibt sich meist eine Breite von 100 bis 120 Zentimetern. Die Länge ist frei wählbar. Doch ist zu bedenken, dass lange Beete auch lange Wege bedeuten, etwa für den Fall, dass man plötzlich von der anderen Seite mit einem Handgriff nachhelfen muss. Deshalb sind mehrere kleinformatige Hochbeete praktischer als ein weit gestrecktes. Für eine Konstruktion aus Holz ist Lärchenholz eine gute Wahl. Nachdem der Standort festgelegt und das Beet abgesteckt ist, werden die vier Kanthölzer in den Boden geschlagen und die Bretter anschließend rundum mit Schrauben angebracht. Je größer das Beet werden soll, desto mehr Kanthölzer sollten benutzt werden, denn der Innendruck der Erde auf die Einfassung des Beetes ist beträchtlich. Witterungsbeständige Folie verlängert die Haltbarkeit des Beetes. Steht der Rahmen, wird eine Dränageschicht aus Kies eingefüllt. Danach füllt man Beeterde ein und beginnt mit dem Bepflanzen oder der Aussaat.*

High Society Zwischen Wolkenkratzern inmitten einer Metropole zu gärtnern ist immer eine Herausforderung. In diesem Dachgarten in New York gelingt das Kunststück mit höher gelegenen Beeten, in denen die Pflanzen sehr viel mehr Licht bekommen als zu ebener Erde. Verschiedene Kräuter wachsen hier in den jeweils für sie passenden Substraten, die man in Hochbeeten natürlich besser zurechtmixen kann als im konventionellen Gartenbeet. Abgesehen vom rein praktischen Wert liegt der Reiz hier in der Verschmelzung von Urbanität in ihrer höchsten Kultur mit den ganz bodenständigen Aspekten eines Nutzgartens, der mit seinen vielfältigen Grüntönen dem Dachgarten einen wohltuend ruhigen Rahmen gibt.

Synergieeffekt Auch wenn der Boden verdichtet oder versiegelt wurde, was in vielen städtischen Situationen der Fall ist, sind Hochbeete eine Chance für eine grüne Oase. In dieser Anlage dienen mit Bambus bepflanzte, weiße Container als Sicht- und Windschutz. Der mannshohe Bambus leistet diese Aufgaben perfekt und wirkt dennoch leicht, transparent und nicht einengend. Darüber hinaus ist sein immergrünes Blätterkleid zu jeder Jahreszeit ein erbaulicher Anblick, und da er unkompliziert ist, kommt er auch in Containern bestens zurecht. In manchen Gartensituationen ist es ohnehin eine gute Idee, Bambus in großen Gefäßen zu ziehen, da es so gut wie keine Arten und Sorten gibt, die keine Ausläufer treiben. Diese ungehemmte Wuchsfreude lässt sich mit der Kultur in Töpfen im Zaum halten. Auch wenn Bambus ursprünglich aus Regionen mit vielen Niederschlägen kommt und sein Wasserbedarf entsprechend hoch ist, verträgt er keine Staunässe. Seine natürliche Anmutung steht hier in einem spannenden Dialog mit dem minimalistischen und fast schon skulpturalen Mobiliar. Insgesamt ist die Kombination ein meisterhaftes Beispiel dafür, dass sich Natur und Design nicht als Konkurrenten gegenüberstehen müssen, sondern sich gut in ihrer Wirkung ergänzen können. Die ruhige Ausstrahlung bezieht die Anlage einmal mehr aus der Beschränkung auf zwar kontrastreiche, aber wenige Farben, wobei die weiße Einfassung des Hochbeetes der Anlage eine frische und elegante Note verleiht.

TIPP

Ein Gräserbeet inmitten einer Rasenfläche wirkt immer besonders spannend. Auf der einen Seite die wild bewegten, sich im Wind wiegenden Gräser und darum herum das domestizierte, kurz geschorene Grün. Man kann ein Inselbeet aus Gras aber auch ganz spielerisch gestalten. So macht es Spaß, mit unterschiedlich hoch geschnittenen Grasflächen geschwungene Kurven, Spiralen, geometrische Muster oder sogar einen Irrgarten in den Rasen zu mähen.

Inselbeete ergeben eine interessante Raumwirkung. Ein in der Mitte des Gartens platziertes Beet mit einer hohen Bepflanzung verwischt die Grenzen des Grundstücks eher als die traditionell an die Ränder gepflanzten Rabatten mit einem mittigen Rasenstück. Ein weiterer Vorteil ist, dass man ein Inselbeet von allen Seiten betrachten kann. Man kann darum herum gehen und sowohl das Beet als auch den gesamten Garten auf diese Weise immer wieder aus neuen, spannenden Perspektiven erleben. Diese mit Rasenschmiele (*Deschampsia cespitosa*) bepflanzten Beete setzte der belgische Gartengestalter Chris Ghyselen an die merklich in die Natur übergehende Grundstücksgrenze eines Privatgartens. Die weichen, sinnlichen Formen ergeben sich aus dem Zusammenspiel eines samtigen, smaragdgrünen Rasens, der die gut eineinhalb Meter hoch wachsenden Gräser mit ihren wolkigen, rötlichen Blütenständen wie ein sanft dahinströmender Fluss umwindet. Dieser kühne Entwurf kommt allerdings am besten auf großzügig bemessenen Flächen zur Wirkung.

Vielseitig Wie das Beispiel zeigt, funktionieren Inselbeete auch in kleinen Gärten. Diese winzige Anlage wurde von dem englischen Gartendesigner Christopher Bradley-Hole als Hortus conclusus konzipiert, als ein von allen Seiten umschlossener Freiraum. Inmitten eines von Basaltsteinen umgebenen Kiesbeets wachsen Rosen zusammen mit Riesenfedergras (*Stipa gigantea*), Storchschnabel (*Geranium psilostemon*) und roter Witwenblume (*Knautia macedonica*) vor einer niedrigen Eibenhecke. Die strenge, rechteckige Struktur des Beetes wird durch die ungezwungene Bepflanzung gemildert. Reizvoll ist das dezente Spiel zwischen dem anthrazitfarbenen Basalt und dem in einem warmen Ocker getönten Kies.

TIPP

Basalt fand früher hauptsächlich im Wege- und Straßenbau Verwendung, ist inzwischen jedoch vor allem als Bodenbelag für den grünen Bereich beliebt. Der Naturstein vulkanischen Ursprungs ist hart und unempfindlich gegenüber äußeren Einflüssen, mechanischer Beanspruchung und Frost. Zudem lässt er sich gut bearbeiten und wegen seiner relativ glatten Oberfläche auch gut reinigen. Vor allem aber ist er mit Farben in der Skala von hellem Grau bis zu dunklem Anthrazit als Bodenbelag für Terrassen und Wege im Garten ein gleichfalls erlesener wie dezenter Baustoff.

Gesellschaftsfähig Rosen haben es schwer im modernen Grün. Ihre Diven-Attitüde ist in neuzeitlichen Beeten mit ihren floralen Team-Playern oftmals fehl am Platze. In diesem Fall jedoch hat sich sogar eine echte Antiquität in das nonchalante Pflanzenensemble gewagt, nämlich die historische *Gallica* 'Cardinal de Richelieu', die sich erstaunlich gut in die Gruppe einfügt. Mit ihren purpurroten Blüten ist sie es unter anderen Umständen gewohnt, die Aufmerksamkeit auf sich zu ziehen, überzeugt jedoch in dieser Pflanzung aufgrund ebenso starker Nachbarn.

Schwarz ist das neue Weiß *Ein weißer Garten war gestern. Wer up to date sein möchte, gestaltet mit dunkellaubigen oder -blühenden Pflanzen, die beinahe schwarz sind, denn reines Schwarz findet man in der Flora nicht.*

- *Silberkerze (Cimicifuga ramosa 'Atropurpurea'): Staude mit purpurfarbenem Laub und weißen Blüten von September bis Oktober*
- *Schokoladenblume (Cosmos atrosanguineus): einjährige Pflanze mit braunroten, nach Schokolade duftenden Blüten von Juli bis Oktober*
- *Mandelblättrige Wolfsmilch (Euphorbia amygdaloides 'Purpurea'): Staude mit mahagonifarbenem Laub und grünlich-gelben Blüten von April bis Juni*
- *Brauner Storchschnabel (Geranium phaeum): Staude mit schwarzroten Blüten von Mai bis Juli*
- *Wiesenstorchschnabel (Geranium pratense 'Midnight rider'): Staude mit sehr dunklem Purpurlaub und blassblauen Blüten von Juni bis Juli*
- *Purpurglöckchen (Heuchera micrantha 'Palace purple'): Staude mit rotbraunem Laub und weißen Blüten von Juli bis August*
- *Bronzefelberich (Lysimachia ciliata 'Firecracker'): Staude mit rotbraunem Laub und hellgelben Blüten von Juni bis August*
- *Schwertlilie (Iris 'Black Knight'): Staude mit schwarzblauen Blüten von Mai bis Juni*
- *Tulpe (Tulipa 'Queen of Night'): Zwiebelblume mit fast schwarzen Blüten im Mai*
- *Hornveilchen (Viola cornuta 'Molly Sanderson'): Staude mit schwarzblauen Blüten von Mai bis September*

Intellekt trifft Romantik Ein Inselbeet von düsterer, mystischer Ausstrahlungskraft ziert den „Cosmic Evolution Garden", den die Engländerin Christine Facer Hoffman in einem Bereich ihres Anwesens Througham Court in der Grafschaft Gloucestershire angelegt hat. Umgeben von sechs Sandsteinkugeln auf ovalen Spiegeln, die Himmel und Wolken reflektieren, birgt das Beet Silberkerzen (*Cimicifuga simplex* 'Brunette') mit dramatisch schwarz-roten Blättern, Greiskraut mit hohen, gelben Blütenkerzen (*Ligularia przewalskii*) und solches mit dunklem Laub (*Ligularia dentata*). Umgeben wird das Ensemble von dem grasig wachsenden Schlangenbart (*Ophiopogon planiscapus* 'Nigrescens'), der

zu den schwärzesten Stauden überhaupt zählt. Ein samtiger, smaragdgrüner Rasenteppich umgibt die einzelnen Elemente und wirkt in seiner peniblen Gepflegtheit fast schon ein wenig unwirklich. Die zackig getrimmten Eibenhecken unterstreichen die geheimnisvolle Aura der Anlage und wirken aufgrund ihres unregelmäßigen Schnitts ein wenig beunruhigend. Insgesamt also kein Platz für entspannte Mußestunden, sondern zum Rätseln und Reflektieren über den Genius loci. Dazu regen auch die geheimnisvollen Zahlen an, die in die Sandsteinkugeln eingraviert sind und auf den Theorien des britischen Astrophysikers Martin Rees über die Ausdehnung des Universums basieren. Manchem Besucher scheint diese Herangehensweise an die Gestaltung eines Gartens ein wenig, nun sagen wir, akademisch geraten. Kennt man jedoch den Hintergrund der Designerin, verwundert ihre Methode nicht weiter. Christine Facer Hoffman ist eine renommierte Naturwissenschaftlerin und arbeitete als Expertin für Malaria und Immunologie, bevor sie vor zwölf Jahren beschloss, etwas Neues zu wagen, und sich der Landschaftsarchitektur zuwandte. All ihre Gärten sind geprägt von wissenschaftlichen Fakten und Theorien, von Zahlenspielen und mathematischen Gleichungen, die sie symbolisch auf die Landschaft überträgt. Dennoch bergen sie eine eigentümliche Romantik, die jedoch, wie auf unserem Beispiel gut ablesbar, stets mit Intellekt gepaart ist und außerordentlich inspirierend wirkt.

Vertikale Gärten sind die grüne Chance für Grundstücksituationen, die so minimiert sind, dass an einen Garten gar nicht zu denken ist. Bei diesem Entwurf für einen winzigen Vorgarten wurde sogar ein Wasserelement mit einbezogen. Flankiert wird die Basalt-Wasser-Wand von lebenden grünen Wänden, auf denen unter anderem Purpurglöckchen (*Heuchera*) der Sorten 'Cherries Jubilee' und 'Pink Pearl' blühen. Erfunden wurden die senkrechten Landschaften übrigens weder von einem Gärtner noch von einem Landschaftsarchitekten, sondern von einem Wissenschaftler, dem französischen Biologen Patrick Blanc. Inzwischen planen manche Architekten vertikale Gärten von vornherein in ihre Konzepte mit ein – zur Belebung der baulichen

Die grünen Wände des Patrick Blanc *Die Idee, eine Hauswand als Grünland zu nutzen, kam dem 1953 geborenen französischen Botaniker Patrick Blanc im Laufe seiner zahlreichen Forschungsreisen. Auf seinen Expeditionen in die Wälder Asiens, Afrikas und Amerikas faszinierten ihn vor allem die Überlebensstrategien von Pflanzen in extremen Situationen, etwa bei Lichtmangel, Hitze, Kälte oder fehlendem Bodenkontakt. Aufgrund seiner Beobachtungen entwickelte Blanc ein Patent, bei dem mit Filz beschichtete PVC-Platten die Grundkonstruktion einer dynamischen Vegetationswand bilden. Im Filz sitzen kleine Taschen, in die Saatgut ausgebracht wird und kleine Sträucher, Stauden, Moose und Farne gesetzt werden. Ein Leitungssystem versorgt das ganze Gebilde von der Rückseite her mit Wasser und Nährstoffen. Auf der internationalen Gartenschau Chammont-sur-Loire stellte er 1994 erstmals seine „grünen Wände“ vor. Inzwischen schuf er zahlreiche vertikale Gärten, unter anderem in Paris, Madrid und Avignon. Sein erstes kleineres Objekt in Deutschland ist die „Mur végétal‘ an der Galerie Lafayette in der Berliner Friedrichstraße.*

Elemente und zur Verbesserung des Klimas. Schließlich fehlt es in den Innenstädten zunehmend an horizontalen Flächen für einen artenreichen Pflanzenkosmos. Der Vorteil gegenüber Kletterpflanzen, die bislang zur Fassadenbegrünung dienten, ist denn auch die ungeheure Pflanzenvielfalt, die für diese unkonventionellen Projekte zur Verfügung steht.

Vielfalt zwischen Mauern Dieser Innenhofgarten zeigt beispielhaft, wie viel Potenzial in einem winzigen, von hohen Mauern umgebenen Grundstück steckt. Eine vertikale Pflanzung aus schattentoleranten Gewächsen wie Elfenblume (*Epimedium*), Günsel (*Ajuga reptans*) und Taubnessel (*Lamium*) verdeckt hier eine unansehnliche Fassade und fügt der Anlage eine einladende Facette hinzu. In den Beeten wachsen unter anderem Funkien (*Hosta*), Herzblumen (*Dicentra*) und sogar eine Birke (*Betula alba*). Die baulichen Materialien harmonieren trotz ihrer unterschiedlichen Texturen und Farben bestens miteinander und schaffen es im Zusammenspiel mit dem vielfältigen Pflanzenkosmos, den Gartenraum bei aller Dichte nie beengt erscheinen zu lassen.

Prärie an der Wand Diese Sichtschutzwand mit sich abwechselnden Elementen aus Gras und Holzblöcken kommt ein bisschen rustikal daher. Das lange Gras, das sich sacht im Wind bewegt, lässt an amerikanische Prärien denken und die Holzelemente erinnern an knorrige Blockhäuser. Aufgrund der formalen Gestaltung und im Kontext mit Kies und Buchsbaumwürfeln wirkt die Anlage gleichwohl urban und modern und ist sogar als ökologische Nische im städtischen Umfeld konzipiert. Ein Brutkasten soll Vögel anlocken und die Holzblöcke sind zum Teil mit Bohrlöchern versehen, sodass sie Insekten als Nist- und Überwinterungshilfe dienen.

TIPP

Damit aus den luftigen Rabatten kein gärtnerisches Himmelfahrtskommando wird, sollte vor der Anlage eines Dachgartens ein Statiker zu Rate gezogen werden. Nur er kann sagen, ob die für den Dachgarten ins Auge gefasste Fläche über ausreichend tragfähige Strukturen verfügt. Pflanzcontainer und feuchte Erde haben ein beträchtliches Gewicht und können auf einem mangelhaft abgestützten Dach erheblichen Schaden anrichten.

Dachgärten haben ihre eigenen Gesetze. Es ist nicht ganz einfach, aus einem zugigen, meist offenen Bereich einen behaglichen, geschützten Freiraum zu gestalten. Das gilt insbesondere, wenn der Blick über die Umgebung ringsum erhalten bleiben soll. Damit der Dachgarten eine gewisse Wohnlichkeit entwickelt, muss die Vertikale in die Überlegungen mit einbezogen werden. Ein paar bepflanzte Töpfe in Bodenhöhe reichen nicht aus und wirken eher verloren. Sträucher, Kletterpflanzen oder gar Bäume geben dem Reich in luftiger Höhe Struktur und Atmosphäre. In diesem Dachgarten wachsen vier mehrstämmige Exemplare der Weißrindigen Himalayabirke (*Betula utilis* var. *Jacquemontii*) in hohen, weißen Würfelcontainern, denen die nötige Standfestigkeit anzusehen ist, die aber gleichwohl nie erdrückend massiv wirken. Die Birken halten durch ihren filigran-transparenten Habitus auf dem den Elementen ausgesetzten Areal auch etwaigen Stürmen wacker stand. Empfindliche Gewächse hätten hier ohnehin keine Chance. Robustes muss her, Pflanzen, die weder Starkwinde und gelegentliche Dürre noch Gewittersturzbäche krumm nehmen. Gräser, Küsten- und Mittelmeergewächse kommen für das grüne Experiment in Frage. Hier wurden Gräser und das unermüdlich blühende Spanische Gänseblümchen (*Erigeron karvinskianus*) als Unterpflanzung für die Bäume gewählt. Umgeben wird die minimalistische Anlage von einem Holzgeländer, das als Sichtschutz fungiert, aber in dieser exponierten Lage auch aus Sicherheitsgründen absolut notwendig ist. Als Bodenbelag dienen Holzdecks und strapazierfähiger Kunstrasen.

Wild Die Besitzer dieser kleinen Anlage haben sich ein bisschen Prärie-Atmosphäre aufs Dach geholt. Verschiedene Gräser und die robuste Fetthenne (*Sedum*), die gelegentliche Trockenheit gut wegsteckt, bestimmen die Szenerie. Für das vertikale Element sorgen Bambuspflanzen, die einen gewissen Sichtschutz bieten, mit ihrem transparenten Habitus jedoch auch Ausblicke gewähren. Die durch das Holzdeck vorgegebenen Linien führen optisch über den Rand des Dachgartens hinaus und integrieren auf diese Weise die Umgebung in den Garten.

TIPP

Aufgrund ihrer exponierten Lage trocknen Dachgärten leicht aus und müssen bei trockenem Wetter regelmäßig gewässert werden. Daher ist von vornherein darauf zu achten, dass ein Wasseranschluss in der Nähe ist. Ein Wasserhahn im Außenbereich erspart hier sehr viel Mühe.

Sachlich Hohe, vornehmlich mit Gräsern bepflanzte, galvanisierte Zink-Container bieten auf dieser Dachterrasse Sicht- und Windschutz. Trotz ihrer Größe wirken die Gefäße nicht massiv, sondern halten sich in ihrer sachlich-kühlen Ausstrahlung vornehm zurück. Für Behaglichkeit sorgen der Bodenbelag und das Mobiliar aus Holz sowie die umgebenden Ziegelmauern in warmen Brauntönen.

Pflanzen für den Dachgarten

- *Schafgarbe (Achillea): Staude, Blüte von Juli bis September*
- *Birke (Betula): sommergrünes, unempfindliches Gehölz mit weißer Rinde*
- *Flockenblume (Centaurea): genügsame Staude, Blüte von Juli bis Juli*
- *Perückenstrauch (Cotinus coggygria): sommergrünes Gehölz mit dekorativem Fruchtstand*
- *Bärenfellschwingel (Festuca gautieri): immergrünes Gras, Blüte von Juni bis Juli*
- *Blaustrahlhafer (Helictotrichon sempervirens): immergrünes Gras, Blüte von Juni bis Juli*
- *Lavendel (Lavandula): aromatisch duftender Halbstrauch, Blüte von Juni bis August*
- *Katzenminze (Nepeta): duftende Staude, Blüte von Mai bis Juli*
- *Heiligenkraut (Santolina): duftender Halbstrauch, Blüte von Juli bis August*
- *Fetthenne (Sedum): Staude, Blüte von Juli bis September*
- *Thymian (Thymus): duftendes Kraut, Blüte von Juni bis August*
- *Wollziest (Stachys byzantina): graulaubige Staude, Blüte von Juli bis August*
- *Flaumhaar-Federgras (Stipa tenuifolia): immergrünes Gras, Blüte von Mai bis Juni*
- *Schleier-Eisenkraut (Verbena bonariensis): einjährige Pflanze, Blüte von Juli bis Oktober*

Prinzip Hoffnung Diese winzige Anlage zeigt einmal mehr, dass auch ein schwieriges, unregelmäßig geformtes Areal das Potenzial für eine grüne Oase birgt. Schornsteine und hohe Mauern prägen die Umgebung. Sie sorgen für Sicht- und Windschutz und schaffen ein so mildes Binnenklima, dass hier auch Pflanzen gedeihen, die in unseren Breiten im Winter Probleme bekommen würden, etwa verschiedene Sukkulenten wie Schweinsohr (*Cotyledon orbiculata*) und Sicheldickblatt (*Crassula falcata*) sowie ein Olivenbaum, der für das vertikale Element sorgt. Die Verwinkelung schafft hier Raum und Tiefe und lässt den Garten im Zusammenspiel mit dem silbrigen Bodenbelag aus Metall und den emaillierten weißen Containern größer erscheinen, als er tatsächlich ist.

Der neue Küchengarten hat weniger mit innovativen grünen Konzepten oder Bepflanzungsideen zu tun. Vielmehr geht es um eine Philosophie, eine Geisteshaltung, die die Schönheit im Nützlichen sieht und uns die Augen öffnet für die Reize des Alltäglichen. Jahrhundertelang dienten Küchengärten schließlich nur mehr dem einen Zweck: ertragreich zu sein und ihre Besitzer zu ernähren. Alles Essbare und Nützliche wurde dabei systematisch aus dem Ziergarten verbannt und den Blicken entzogen – und im ausgehenden 20. Jahrhunderts im privaten Grün sowieso kaum mehr angebaut. Zu sehr erinnerten Nutzgärten an die Ärmlichkeit und Not der Kriegs- und Nachkriegsjahre.

Heute kaufen wir Obst und Gemüse im Supermarkt. Wir wissen oft nicht, woher diese Nahrungsmittel kommen, und über Anbaumethoden wissen wir erst recht nicht Bescheid. Aber vielleicht lässt uns gerade diese so lange gepflegte Distanz zu den Ursprüngen unserer Lebensmittel einen neuen, überraschten Blick auf sie werfen. Die zarten Gelbgrüntöne eines Frieseesalats, der eigenwillige Habitus des Palmkohls, die barocke Pracht einer

Das historische Vorbild *Ebenso wie manch andere Gartenmode orientiert sich auch der neue Küchengarten an historischen Vorbildern. In der Renaissance waren Gärten, in denen Obst und Gemüse dekorativen Zwecken dienten und zu kunstvollen Mustern zusammengepflanzt wurden, groß in Mode. In dem im Renaissance-Stil restaurierten Gemüsegarten des Loire-Schlosses Villandry kann man heute noch bewundern, welch ästhetisches Potenzial in Kraut und Rüben steckt. Der Potager von Villandry inspirierte in den Achtzigerjahren des vergangenen Jahrhunderts auch die Engländerin Rosemary Verey zur Anlage eines der bekanntesten zeitgenössischen Küchengärten. Bei ihrem Heim in Barnsley House in der Grafschaft Gloucestershire schuf die berühmte Gartengestalterin geometrisch einander zugeordnete Beete, in denen Obst und Gemüse derart virtuos miteinander kombiniert wurden, dass man sich verwundert fragt, wie man je über ihre Schönheit hinwegschauen konnte. Mit ihrem dekorativen Küchengarten regte sie junge Designer zu neuen Ideen für den modernen Potager an.*

Gemüsezwiebel oder die fein marmorierten Blätter des Salbeis: Plötzlich nehmen wir das alles sehr viel bewusster wahr und finden es wundervoll. Die ganze ornamentale Vielfalt gängiger Nutzpflanzen kommt in diesem Küchengarten gut zum Ausdruck. Mit leuchtenden, scharlachroten Blüten webt sich Kapuzinerkresse (*Tropaeolum majus*) charmant durch hochaufgeschossene Maispflanzen und einen Horst mit rosaviolett blühendem Schnittlauch (*Allium schoenoprasum*).

Die Kresse sorgt hier nicht allein für Farbe, sondern macht sich auch nützlich, indem sie Raupen und Schnecken abwehrt. Darüber hinaus sind ihre Blüten und Blätter mit dem leicht scharfen Aroma essbar. Ruhe in die nonchalante Melange bringen akkurat getrimmte Buchsbaumkugeln.

Nahrung fürs Auge In diesem Beet beweist der purpurlaubige Grünkohl 'Redboar' echte Starqualitäten. Ganz eindeutig stehen hier nicht seine kulinarischen Vorzüge im Vordergrund, sondern sein reizvoller Habitus mit den gerüschten Blättern und seine ungewöhnliche Farbe, die in dem grasigen Schwarzen Schlangenbart (*Ophiopogon planiscapus* 'Nigrescens') ihre Entsprechung findet. Die rosafarbenen Blütenkerzen des Schlangenknöterich (*Persicaria bistorta* 'Superba') und kugeliger Zierlauch (*Allium aflatunense* 'Purple Sensation') fügen weitere Formen hinzu. Damit es nicht zu unruhig wird, bleiben ihre Töne aber in einer ähnlichen Farbskala.

TIPP

Zugegeben: Bei so viel ausgefeiltem Design wird man vermutlich zögern, eine der Pflanzen zu ernten. Fehlen hier ein Salatkopf oder dort ein paar Schwarzwurzeln, würde die Beetornamentik gestört. Dennoch: Es macht einfach Spaß, Obst oder Gemüse auf diese Weise in Szene zu setzen. Will man größere Erträge ernten, sollte man sich jedoch für eine freiere Gestaltung entscheiden.

Malerisches Gemüse Dieses Beet besticht mit einer ungewöhnlichen Abfolge aparter Farben. Dem purpurblättrigen Salat 'Red Fire' wurde der graugrüne Palmkohl (*Brassica oleracea* var. *palmifolia* 'Nero di Toscana') zur Seite gesetzt, der wiederum die rotlaubige Gartenmelde 'Deep Red Opera' zum Nachbarn hat. Weiß blühender Borretsch (*Borago officinalis* 'Alba') vervollständigt das Ensemble und selbst die Beeteinfassung besteht aus Gemüse, der grasig anmutenden Schwarzwurzel.

TIPP

Eine große Anzahl an Pflanzen beeinflusst sich gegenseitig günstig. Vor allem Kräutern spielen eine wichtige Rolle als stärkende und schützende Begleitpflanzen zu Obst, Gemüse und Blumen. So wehren Kapuzinerkresse, Lavendel und Bohnenkraut Blattläuse ab, Studenten- und Ringelblumen gewähren Schutz vor Nematoden. Kamille und Schafgarbe wiederum stärken die Nachbarpflanzen und intensivieren das Aroma von Gemüse.

In Szene gesetzt Auch auf knapp bemessenem Raum lässt sich ein dekorativer Küchengarten anlegen und prachtvoll präsentieren. Hier wurde mit einer Kombination von ebenerdigen Beeten und Hochbeeten gearbeitet, die die Vertikale betonen und einige Pflanzen wie die Zwiebeln (*Allium cepa*) in der quadratischen Holzeinfassung mehr ans Licht rücken. Zwiebeln und die im Hintergrund wachsenden Dicken Bohnen (*Vincia faba*) sind umgeben von einer Phalanx verschiedener Kräuter, die nicht nur dekorativen Zwecken dienen, sondern aufgrund ihres Duftes das Gemüse auch vor Schädlingen schützen. Links strebt Rosmarin in die Höhe, während der Koriander dahinter duftige Blütenwolken hinzufügt. Rechts im Beet wächst Minze und für Farbtupfer sorgt Bergminze (*Calamintha grandiflora*) mit ihren rosa getönten Blüten.

TIPP

Die buntblättrigen Salbeisorten sind etwas empfindlicher als ihre graulaubigen Verwandten und überstehen kalte Winter nur mit Mühe. Wenn sie im Frühling ziemlich zerzaust aussehen, müssen sie aber nicht unbedingt erfroren sein. Warten Sie mit dem Entsorgen der Pflanzen auf jeden Fall noch bis zum Mai. Oft treiben sie dann trotz ihrer kränklich wirkenden Anmutung wieder aus.

Schön und gut Das Laub von Salbei (*Salvia officinalis* 'Tricolor' und 'Icterina') ist so schmuckvoll, dass es kaum noch einer Blüte bedarf. Die tritt im Juli dennoch in blauviolettem Gewand in Erscheinung und ist eine prächtige Bienenweide. Aber die graugrünen, rosa-weiß gesprenkelten Blätter der Sorte 'Tricolor' und die gelb-grün marmorierten der 'Icterina' sind dennoch das Zierendste an den kleinen Halbsträuchern und ebenso wie andere Gemüsesorten und Kräuter eigentlich viel zu schade für den Kochtopf. Es gibt noch weitere buntblättrige Sorten, etwa der purpurfarbene Salbei (*Salvia* 'Purpurascens'). In sonnigen Partien des Gartens lassen sie sich alle zu eleganten Teppichbeeten zusammenfügen.

Noch mehr dekorative Küchenkräuter

- *Schnittlauch (Allium schoenoprasum): rosaviolette, kugelige Blüten im Juni; mehrjährig*
- *Dill (Anethum graveolens): schön gefiedertes Laub, grüngelbe Blütendolden von Juni bis August; einjährig*
- *Borretsch (Borago officinalis): blaue Sternenblüten von Juni bis September; einjährig*
- *Bronzefenchel (Foeniculum vulgare 'Rubrum'): filigranes, rotbraunes Laub und zitronengelbe Doldenblüten im Juni; einjährig*
- *Ysop (Hyssopus officinalis): blauviolette Ährenblüten im Juli, auch duftende Beeteinfassung; mehrjährig*
- *Oregano (Origanum vulgare) rosafarbene Blüten ab Juli; die Sorte 'Aureum' ist leuchtend gelbgünlaubig und ein schöner Bodendecker; mehrjährig*

Attraktiv und delikat Rotstieliger Mangold (*Beta vulgaris*) gehört zu den dekorativsten Gemüsesorten überhaupt. Er wird im April einfach in ein mit Kompost versehenes Beet ausgesät. Den ganzen Sommer über kann man dann die äußeren Blätter abzupfen und wie Spinat verwenden. Die inneren Blätter bleiben stehen, damit die Pflanze weiter nachwächst. In diesem bukolischen Ambiente wird das attraktive Gemüse aber vermutlich dem Kochtopf entgehen, weil es sich mit dem ansehnlich ins Kraut geschossenen Zierkohl 'Red Peacock' und orangefarben blühender Ringelblume (*Calendula officinalis*) zu einem gar zu schönen Gartenbild fügt.

Cor-Ten-Stahl *Cor-Ten-Stahl ist die Bezeichnung für einen wetterfesten Baustahl, der in den vergangenen Jahren zunehmend in der Gartengestaltung eingesetzt wird. Cor-Ten-Stahl bildet lediglich auf der Oberfläche eine Rostschicht, unter der das Bauteil vor Korrosion geschützt ist. Vor allem wegen seiner rostroten, fast samtig anmutenden Oberflächenstruktur, die wunderbar mit Baumrinden, Fruchtständen und auch mit manchen Blüten korrespondiert, ist das Material bei Gartendesignern beliebt.*

Moderne Materialien finden im Garten zunehmend Verwendung. Zwar behaupten Holz, Naturstein und Klinker, die traditionellen Baustoffe der Vergangenheit, nach wie vor ihren Platz, aber sie werden immer rarer und teurer. Und schließlich sind in den vergangenen Jahrzehnten weitere Materialien hinzugekommen, Materialien, die man bislang eher mit Industriedesign assoziierte, die im zeitgemäßen Grün aber wunderbar stimmig sind. In dieser Anlage bildet eine Wand aus Cor-Ten-Stahl eine grandiose Kulisse für den vielfältigen Pflanzenkosmos in den Beeten. Vor allem Iris 'Supreme Sultan' mit ihrem honigfarbenen Blütendom und den kupferroten Petalen sowie die Himalaya-Wolfsmilch (*Euphorbia griffithii*) der Sorte 'Fireglow' mit orangeroten Hochblättern treten in einen aufregenden farblichen Dialog mit der Wand. Katzenminze (*Nepeta racemosa* 'Walker's Low'), Zierlauch (*Allium aflatunense* 'Purple Sensation') und der Prachtsalbei (*Salvia × sylvestris* 'Mainacht') steuern Blüten in den Komplementärfarben Blau und Violett bei, die mit dem Orange in ihrer Nachbarschaft um die Wette funkeln. In diesem glühenden Farbenrausch sorgt die Breitsame (*Orlaya grandiflora*) mit weißen Blüten für Lichtpunkte und das Riesen-Federgras (*Stipa gigantea*) für duftige Fülle.

Cool In diesem langen Innenhofgarten wachsen verschiedene Gehölze und Stauden in schmalen Beeten entlang der umgebenden Ziegelmauern sowie in Form getrimmter Buchsbaum in hohen Containern. Betritt man den Hof, sind es aber nicht die Pflanzen, die sofort die Aufmerksamkeit auf sich ziehen, sondern das elegante Design aus weißem Kalkstein und die formale, mit grauen Holzstegen versehene Wasserrinne, die sich über die gesamte Länge des Areals zieht. Der Bodenbelag hellt den Innenhof merklich auf und bringt eine frische, exquisite Note in die Anlage. Stimmig und reizvoll ist auch der mutige Materialmix aus Ziegeln, Holz und Kalkstein.

Licht im modernen Garten *Natürlich gehört eine künstliche Beleuchtung an die Stellen im Garten, die auch bei Dunkelheit stark frequentiert werden, etwa Wege und Sitzplätze, Treppen, Kurven und leichte Anstiege. Licht dient hier der Sicherheit. Licht schafft aber auch Atmosphäre, der Garten erhält eine neue Räumlichkeit und mitunter eine geheimnisvolle Aura. Mit Spots auf Blatt und Blüte lassen sich erstaunliche Effekte erzielen und besondere Highlights im Grün können mit einer gezielten Beleuchtung besser in Szene gesetzt werden. Bäume und Sträucher erscheinen mit vollkommen neuen Konturen. Der Kontrast von Licht und Schatten unterstreicht ihre Formen und Strukturen wirkungsvoll. Wichtig ist, dass die Lichtquellen auch tagsüber ins Bild passen. Inzwischen gibt es viele unterschiedliche Systeme. Die meisten Außenleuchten werden inzwischen auch als LED-Variante oder mit Solar-Technik angeboten.*

Behaglich Licht spielt im modernen Gartendesign eine größere Rolle als in der Vergangenheit. Im zeitgemäßen Grün erfüllt Licht nicht allein praktische Zwecke, sondern wird auch ganz bewusst als Gestaltungsmittel eingesetzt. Die englische Gartendesignerin Charlotte Rowe, die diese Anlage konzipierte, arbeitet gern mit Licht im Zusammenhang mit Wasser. Für sie fügt Licht einer Außenanlage eine weitere spannende Dimension hinzu, die es erlaubt, den Garten bei Nacht ganz anders zu erleben als am Tag, und ihn darüber hinaus ganzjährig in den Fokus rückt. An diesem Beispiel sieht man deutlich, wie sehr Licht die Atmosphäre verändern kann. Wir sehen denselben Innenhof wie auf dem Foto links. Aber wirkt das Ambiente am Tag noch eher repräsentativ und in seiner noblen Eleganz vielleicht sogar ein bisschen einschüchternd, so ist die Stimmung im warmen Schein der gezielt eingesetzten, punktuellen Beleuchtung eine ganz andere. Plötzlich erscheint die Szenerie nicht mehr unterkühlt, sondern durchaus behaglich. Die Farben entfalten eine kontrastierende Wirkung, die sie am Tag so nicht entwickeln. Vor allem die Spots, die in der langen Rinne zum Einsatz kommen, scheinen das Wasser darin in eine goldgelbe Fläche zu verwandeln, die sich deutlich abhebt von dem umgebenden Bodenbelag und den Holzstegen, die in diesem Licht in ein magisches Graublau getaucht werden.

Dialog zwischen Kunst und Natur Die Arbeiten der englischen Gartengestalterin Kathy Brown sind voller Anspielungen auf Geschichte und moderne Kunst. Diese von ihr konzipierte Anlage ist eine Hommage an den niederländischen Konstruktivisten Piet Mondrian, dessen Bilder von den Primärfarben Rot, Gelb und Blau und den neutralen Farben Weiß, Schwarz und Grau sowie einem konsequent rechtwinkligen Aufbau geprägt sind. Hier steht die an die Werke Mondrians erinnernde Wand in ihrer sachlichen Funktionalität im Dialog mit natürlich wirkenden Gräsern. Dabei nehmen das hoch aufragende Reitgras (*Calamagrostis × acutiflora* 'Karl Foerster') in seiner strengen Anmutung auf der einen Seite und das niedrigere Federgras (*Stipa tenuissima*) mit seinen weichen, sinnlichen Konturen die Symbolik im Werk des Malers auf. Mit seinem klaren Farbkonzept und der horizontalen und vertikalen Linienführung strebte er die Harmonie zwischen Gegensätzen an, ein, wie er es ausdrückte „Gleichgewicht der Beziehungen zwischen Linien, Farben und Flächen". Auch die asymmetrische Achse des Weges korrespondiert geschickt mit dem strukturellen Stil der Farbtafel.

Kunst der Fuge Auch der Bodenbelag des Gartens ist eine Reminiszenz an die bekanntesten Werke Piet Mondrians. Die Fugen zwischen den quadratischen Natursteinen wurden mit kleinkörnigem Kies in den für den Künstler typischen Farben gefüllt. Dazwischen kreuzen LED-Lichtleisten die Kiesrillen. Vor allem abends tauchen die Leuchten die Anlage in ein kühles, magisches Licht, das die Farben der Wand noch einmal plastischer hervortreten lässt und den Gräsern eine geheimnisvolle Aura verleiht.

Einfluss moderner Kunst auf den Garten *Die abstrakte Malerei hat alle Kunstformen des 20. Jahrhunderts maßgeblich inspiriert und auch dem Gartendesign einen neuen, kühnen Ansatz verliehen. Unter dem Einfluss von Malern wie Piet Mondrian, Paul Klee oder Wassily Kandinsky sowie der Bauhaus-Bewegung entwickelte sich eine neue Architektur und Gartengestaltung, in deren Folge zum Beispiel der Aufbau eines Gartens auf einer einzigen geraden Achse zugunsten einer asymmetrischen, diagonalen, mehrachsigen Raumaufteilung aufgegeben wurde, eine Vorstellung, die die modernen Gartendesigner von den Kubisten übernommen haben. Aber auch die geometrische und geradlinige Gestaltung hat ihren Platz im zeitgenössischen Grün. Sie ist dem Bauhausstil entlehnt und verbindet ganz selbstverständlich die Außenanlagen mit der Architektur des Gebäudes, wobei Pflanzen im Garten nicht mehr die Hauptrolle spielen, sondern als integraler Bestandteil des Gesamtkonzepts behandelt werden.*

Kulisse für scheue Schönheiten Diese kleine Anlage ist ein fabelhaftes Beispiel dafür, wie bauliche Elemente ein Beet meisterhaft in Szene setzen und einzelne Pflanzen erst richtig zur Geltung kommen lassen. Die Prachtkerze (*Gaura lindheimeri* 'Whirling Butterflies') ist ein reizendes, anmutiges Geschöpf und ein unermüdlicher Dauerblüher für warme, vollsonnige und trockene Standorte. Die grazilen, weißen Blüten erinnern an Schmetterlinge und sind von ausgesuchter Exklusivität. Und doch wirkt die Pflanze in manchen Beeten oftmals leicht verhuscht. Die versetzt stehenden, pinkfarbenen Wände jedoch heben die ganze Schönheit der eher kurzlebigen Präriestaude hervor und bilden einen belebenden Kontrast zu der wildhaften Anmutung von Federgras (*Stipa tenuissima*), dem Großen Wiesenknopf (*Sanguisorba officinalis*) mit seinen winzigen, roten Blüten und den weißen Kerzen des Ehrenpreises (*Veronicastrum*).

Hommage an den rechten Winkel Dieser elegante Stadtgarten ist ganz klar von einem geometrischen Konzept geprägt, wobei eine mit Bubiköpfchen (*Soleirolia soleirolii*) bepflanzte Rille eine zwar unterbrochene, aber optisch durchgängige Achse vom Haus fast bis zur hinteren Grundstücksgrenze zieht. Die Gliederung in zwei Gartenräume folgt dem immer etwas paradox anmutenden Prinzip, dass vor allem lange, schmale Grundstücke durch Unterteilung größer wirken. Die Bepflanzung tritt hier hinter das Design zurück. Dafür spielt die gezielt eingesetzte Beleuchtung eine bedeutendere Rolle.

Pflanzen für die klare Linie
Soleirolia soleirolii ist bei uns unter dem Namen „Bubiköpfchen" als Zimmerpflanze bekannt. Sie ist im Mittelmeerraum zu Hause und verträgt keinen Frost. Im geschützten Binnenklima eines Innenhofs gedeiht sie aber durchaus im Freien. Die Pflanze lässt sich problemlos in Form schneiden und bevorzugt einen hellen bis halbschattigen Platz. Als frostharte und gleichfalls immergrüne Alternative bieten sich Sternmoos (*Sagina subulata*) oder Bruchkraut (*Herniaria glabra*) an.

In Materialien integrierte Beete kommen im modernen Garten hauptsächlich in urbanen Zusammenhängen vor. Solche Beete sind in der Regel keine Option für Freunde einer vielfältigen Flora, in deren Rabatten die Pflanzen immerzu die Hauptrolle spielen. In den von Werkstoffen umgebenen Beeten sind Pflanzen Teil des Gesamtkonzepts und müssen mit den Materialien und der Architektur übereinstimmen. Das heißt nicht, dass in diesem Kontext für eine naturnahe Gestaltung kein Platz mehr ist. Da die Flächen für die Beete aber meist überschaubar und oft genug auch ganzjährig präsent sind, sollte auf jeden Fall für eine Gestaltung gesorgt werden, die eben auch ganzjährig überzeugt. Auch das muss nicht zwingend mit Pflanzen geschehen. Moderne Materialien sind so spannend und abwechslungsreich, dass sie auch mit einer minimalistischen Bepflanzung kraftvoll Wirkung zeigen.

In diesem winzigen, rund konzipierten Refugium mit Miniteich verdecken mit Pflastersteinen gefüllte Gabionen eine unansehnliche Fassade und bilden den Unterbau für eine Bank, die mit ihrer gebogenen Sitzfläche aus Holz eine Zwischenebene entstehen lässt. Den sehr architektonisch wirkenden Gabionen steht eine Bepflanzung gegenüber,

TIPP

Das Wort Gabione leitet sich aus dem italienischen „gabbia" ab, was so viel wie „Korb" bedeutet. Die mit Steinen gefüllten Drahtkörbe dienten in der Vergangenheit hauptsächlich zum Befestigen von Hängen, werden aber inzwischen vermehrt als gestalterisches und skulpturales Element im Garten eingesetzt. Gabionen lassen sich leicht errichten, sind belastbar, ökologisch unbedenklich und bieten eine hohe Stabilität. Darüber hinaus sind sie vielseitig einsetzbar und wirken je nach Art und Farbe des Füllmaterials rustikal oder erlesen, dezent oder imposant.

die an naturhafte Wiesen erinnert. Birken sorgen für Höhe und steuern hier mit ihrer weißen Rinde und dem mädchenhaft-anmutigen Habitus Effekte bei, die auch im Winter ansprechend wirken. In den Hochbeeten wachsen Wiesenkerbel (*Anthriscus sylvestris*), der mit seinen weißen Schaumblüten duftige Fülle in die Pflanzung bringt, und Akelei (*Aquilegia*); alles in allem also eine wilde Gesellschaft, die der sachlich unsentimentalen Umgebung einen Schuss Romantik verleiht. Ein weniger sinnliches als vielmehr elegant strukturiertes Beispiel für die Verbindung zwischen Werkstoff und Pflanze finden wir auf den Seiten 114 und 115. Die repräsentative Terrasse wurde hier in mehrere Rechtecke unterteilt. In den Beeten bilden mehrere Dutzend sauber getrimmter Buchsbaumkugeln eine gleichmäßige Unterpflanzung für die mehrstämmigen Blütenhartriegel (*Cornus kousa* var. *Chinensis*) und korrespondieren mit den runden, weißen Blüten des Zierlauchs (*Allium* 'Mount Everest'). Der ist unterpflanzt mit dem attraktiv grün-weiß-gestreiften Reitgras (*Calamagrostis* × *acutiflora* 'Overdam'), das zu dieser Jahreszeit, im Frühling, eher als Bodendecker zum Einsatz kommt. Im Herbst und Winter belebt es die Situation mit feinen, rispigen Ähren, ohne indes den formalen Rahmen zu sprengen. Spannend wird die Anlage durch das fein ausgeklügelte Spiel der runden Formen von Buchsbaum und Lauch und der streng linearen Einfassung durch Yorkstein und Holz.

TIPP

Bei der Neuanlage eines Vorgartens hilft bisweilen ein Blick über den Gartenzaun. Es tut dem Gesamtbild nebeneinanderliegender Gärten gut, wenn deren Gestaltung sich nicht zu krass voneinander unterscheidet. Generell sollte ein Vorgarten stets als Teil des gesamten Grundstücks betrachtet und gestaltet werden. Die Auswahl der Pflanzen sollte der im eigentlichen Garten entsprechen. Für einen harmonischen Gesamteindruck ist es weiterhin wichtig, dass die Materialien für Wege, Stufen und Mauern auf die Hausfassade abgestimmt sind.

Ein Garten am Meer Selbst enthusiastische Gartenmenschen behandeln ihren Vorgarten oft ein bisschen stiefmütterlich. Vorgärten dienen eben hauptsächlich repräsentativen Zwecken und nicht unbedingt der Gartenlust, der wir auf der in der Regel weit größeren Fläche hinter dem Haus frönen können und die ohnehin so viel Zeit fordert, dass wir für den Streifen Grün vor der Haustür keinen Sinn mehr haben. Dass ein Vorgarten attraktiv und dennoch pflegeleicht sein kann, beweist diese von dem holländischen Gartengestalter Piet Oudolf kreierte Anlage. Sie liegt in unmittelbarer Nähe zur niederländischen Nordseeküste. Der raue Wind fegt über das weite Land hinweg und würde empfindliche Pflanzendiven glatt umpusten. Robuste Gewächse sind also gefragt, Gewächse auch, die nicht ständig umhegt werden wollen, denn die Besitzer verbringen lediglich ihre Wochenenden und die Ferien hier. Oudolf setzte seinen typischen Pflanzenkosmos ein: Gräser und naturhaft anmutende Stauden, die ganzjährig was hermachen und in einer Abfolge von quadratischen Beeten wachsen. Für die Vertikale sorgen Eisenholzbäume (*Parrotia persica*), die einen anmutigen Habitus aufweisen und im Herbst mit einer spektakulären roten Laubfärbung auf sich aufmerksam machen. Als Wegbelag dienen Kleinpflaster und winzige Muscheln – eine Hommage an das nahe Meer.

TIPP

Beton war im 20. Jahrhundert der Werkstoff im Bauwesen schlechthin, galt für den Einsatz im Garten indes bis vor wenigen Jahrzehnten noch als unpassend. Inzwischen wird er von Gartengestaltern aber durchaus gern und sehr innovativ eingesetzt. Schließlich weist Beton mancherlei Vorzüge auf. Er ist preisgünstig, frostfest, strapazier- und anpassungsfähig. Man kann ihn mit Farbpigmenten anreichern, ihn mit kunstvollen Dekors oder strukturierter Oberfläche versehen. Gerade in modernen Gärten wirkt das Material aber auch pur, etwa als Pflaster, Sichtschutzwand, Palisade, Möbel oder Objekt.

Nordische Kombination In Materialien integrierte Beete müssen keineswegs streng und formal daherkommen, wie dieser von dem schwedischen Landschaftsarchitekten Ulf Nordfjell entworfene Garten anschaulich zeigt. Nordfjells Konzepte sind stets inspiriert von der Natur seiner Heimat. Für diese Anlage setzte er eine wildhaft anmutende Pflanzung mitten in eine Formation aus Granitsteinen, die so aussehen, als hätten sie seit Urzeiten hier gelegen. Palmwedelsegge (*Carex muskingumensis*) und die noch eher seltene Staude *Mathiasella bupleuroides* 'Green Dream' mit gelb-grünen Blütenglöckchen verbinden sich im Vordergrund zu einem kleinen Wiesenstück. Weiter hinten blühen unter einem Hartriegel (*Cornus kousa*) und inmitten eines Gewebes aus Silberschopfgras (*Sesleria nitida*) anmutige Hornveilchen (*Viola cornuta*), die mit dem Blau der Sichtschutzwand aus Beton korrespondieren. Allein durch die Form der Granitblöcke strahlt der Garten eine ungeheure Kraft und Dynamik aus. Zudem bilden die Steine und die filigranen, teppichartig angelegten Gewächse einen spannenden Kontrast von hart und weich. Auch wenn vor allem die Massivität der Felsblöcke darüber hinwegtäuscht, lässt sich das Konzept auch auf knapper bemessenem Grund realisieren.

TIPP

Die Gestaltung auf kleinen Flächen bedarf vor allem einer klaren Linienführung und geschickten Raumaufteilung. Beziehen Sie sich beim Farb- und Formkonzept des Gartens auf die Architektur des Gebäudes, denn anders als ein großer Garten, der sich vom Haus unabhängig irgendwo in der weiten Landschaft verliert, ist ein kleiner Hausgarten beim Blick aus dem Wohnzimmer allgegenwärtig und das oft sogar ganzjährig. Das muss auch bei der Bepflanzung berücksichtigt werden.

Minibeete an der Terrasse sind vor allem im städtischen Bereich eine Möglichkeit, sich auf knapp bemessenen Raum ein Mindestmaß an selbst gezogenem Grün ins Leben zu holen. Dies bedarf oft der Phantasie und einer gewissen Kreativität, denn die Grundstücke sind nicht nur klein, sondern in der Regel auch ungünstig strukturiert, liegen im Schatten oder weisen verdichtete Böden auf. Dieser winzige Gartenhof ist direkt mit der Küche des Hauses verbunden und wirkt wie eine Verlängerung des Wohnraums. Selbst die einzelnen Elemente dieses Außenraums finden ihre Entsprechung in der Einrichtung des Hauses. Der samtgrüne Rasen kommt einem Teppich gleich, die Beeteinfassung neben dem Sitzplatz ähnelt einer Sofakante und auch die locker verteilten Kissen unterstreichen den wohnlichen Charakter der Anlage.
Die Bepflanzung beschränkt sich auf wenige Gehölze, unter anderem eine prächtige Ballhortensie (*Hydrangea arborescens*). Die für die Besitzer wichtigsten Gewächse befinden sich gut zugänglich in einem Hochbeet, das den Übergang zu der höher gelegenen Terrasse markiert. Hier wächst eine erlesene Auswahl verschiedener Küchenkräuter, die für Koch und Köchin schnell zur Hand sind und die bei den Mahlzeiten auf der Terrasse auch rasch zum Nachwürzen bereit stehen. Die Besitzer haben klare Prioritäten gesetzt und Gewächse gepflanzt, die für sie von besonderer Bedeutung sind.

TIPP

Obst, Gemüse und Kräuter sind die idealen Gewächse für einen Garten, in dem sich auch Kinder oft aufhalten. Viele Nutzpflanzen wie Zucchini, Radieschen oder Erdbeeren wachsen relativ schnell und bescheren rasch Erfolgserlebnisse, wenn Sie den Nachwuchs ins Säen und Pflanzen mit einbeziehen. Nebenbei sind Gärten für Kinder nach wie vor die besten Refugien, die komplexen Zusammenhänge der Natur besser verstehen und respektieren zu lernen. Welcher Vorgang vermittelt schließlich die Erstaunlichkeit der Natur so anschaulich wie das rapide Werden eines selbst gezogenen Kürbisses aus einem gerade einmal daumennagelgroßen Saatkorn?

Potager mit Familienanschluss Dies ist einmal mehr ein winziger Gartenhof mit riesigem Potenzial. Der Familiengarten wird im Sommer ausgiebig als Wohnraum im Freien genutzt. Hier wird gegessen, geplaudert, gelesen und gespielt und nicht zuletzt oft und gern gegärtnert. Dabei hat man sich auf wenige ausgesuchte Pflanzenarten beschränkt. Die Wahl fiel dabei nicht auf eine erlesene Blütenpracht, sondern auf Gemüse, Salat und Kräuter, die in von Holz eingefassten Hochbeeten wachsen. Das macht Sinn, denn die Kinder der Familie sind noch klein und nutzen den Garten genauso für ihre Zwecke wie die Erwachsenen. Gleich neben den Gemüsebeeten befindet sich ein kleiner Spielplatz mit Sandkasten für den Nachwuchs. Da sind die Pflanzen auf höherer Ebene sicherer untergebracht.

1 *Hochbeete*
2 *Frühbeet*
3 *Sitzplatz*
4 *Feigenbaum*
5 *Kräuter in Kästen*
6 *Spiegel*

Raumwunder Kleine Grundstücke profitieren von einer klaren Linienführung. In diesem Garten sind die einzelnen Bereiche in streng rechteckiger Manier voneinander abgegrenzt. So gibt es zum einen den etwas erhöhten Platz zum Wohnen mit breiten Holzbänken und einem großen Tisch, an dem alle Familienmitglieder Platz finden, und zum anderen einen klar definierten Gartenraum mit drei quadratischen Hochbeeten und einem kleinen Frühbeet. Auf der anderen Seite des mit Holz ausgelegten Weges steht die Sandkiste der Kinder, die wie ein Piratenschiff gestaltet ist. Und zwischen dem mit honigfarbenen Kies ausgelegten Areal um die Beete und dem Wohnhaus ist sogar noch Platz für ein winziges Rasenstück, das ebenfalls streng quadratisch ausgerichtet ist. Der Sitzplatz liegt in diesem Falle nicht wie sonst üblich direkt am Wohngebäude, sondern am gegenüberliegenden Grundstücksende, das den Vorteil hat, in der vollen Sonne zu liegen. Hier verbringt die Familie ihre Zeit im Garten lieber als auf dem schattigen Terrain in unmittelbarer Nähe des Hauses. Eine Lösung, die so nur für kleine Grundstücke wirklich empfehlenswert ist, weil sie auf größerem Terrain reichlich unpraktisch wäre.

Die umgebende Begrenzung besteht größtenteils aus weiß gestrichenen Holzpaneelen, die der Anlage ein helles, freundliches Gesicht verleihen und sie optisch

größer erscheinen lassen. Platzsparend, klassisch und äußerst dekorativ wurde an der Wand sogar ein kleines Apfelspalier angebracht, das jedes Jahr reichhaltig Früchte beschert. Direkt neben dem Sitzplatz wächst noch ein Feigenbaum (*Ficus carica*), der hier an einer optimalen Stelle steht, nämlich an einer Wand, geschützt vor kalten Winden und allzu starken Frösten. Für großartige vertikale Effekte fehlt hier jedoch der Platz. Lediglich verschiedene Hochstämmchen und die an Stäben wachsenden Tomaten in den Hochbeeten geben der Anlage noch ein wenig Höhe. In den Beeten rund um den Sitzplatz wachsen in hohen Kästen verschiedene Küchenkräuter, die bei Tisch jederzeit zum Nachwürzen der Speisen bereitstehen und darüber hinaus herbsüßen Duft beisteuern.

Insgesamt ist diese Anlage ein Musterbeispiel dafür, wie man eine Fülle verschiedener Elemente für die unterschiedlichen Bedürfnisse einer Familie auf knapp bemessenem Raum unterbringt, ohne dass die ganze Anlage durch ein unübersichtliches Tohuwabohu aus den Fugen gerät. Dazu tragen auch die verschiedenen Bodenbeläge aus Holz und Kies in warmen, ruhigen Tönen bei. Sie kennzeichnen die einzelnen Funktionsflächen auf klar sichtbare, doch dezente Weise. Während der Kiesbelag den Gartenbereich markiert, ist das Holzdeck eine angenehm fußfreundliche Variante für den Wohnbereich.

Spielen im Garten Es scheint generell schwierig zu sein, zufriedenstellende Gartenkonzepte für Familien zu entwickeln. Meist neigen wir zu Extremen: Entweder wird das Grün vollgestopft mit Klettergerüst, Sandkasten, Schaukel und Rutsche, die keine ansehnliche Gartengestaltung mehr zulassen, oder es wird zu einem rein ästhetischen Objekt, in dem Kinder keinen Raum haben zum Spielen und Toben. Dieses Beispiel zeigt, dass es auch anders geht. Der Spielplatz der Kinder ist zugegebenermaßen klein, dafür aber so liebevoll gestaltet, dass er ruhig an prominenter Stelle im Garten platziert werden kann, ohne dass der Gesamteindruck der Anlage Schaden nimmt. Dabei fügt sich der als Piratenschiff gestaltete Sandkasten ebenso in das rechteckige Raster wie die übrigen Gartenbereiche.

Spiel mit Illusionen Generell sorgen Spiegel im Garten für überraschende Effekte. Vor allem in kleinen Gärten sind sie aufgrund ihrer illusionistischen Raumwirkung ein noch viel zu selten eingesetztes Gestaltungselement. Optimal platziert vergrößern Spiegel den Garten optisch und wenn die Sonne reflektiert wird, erhellen sie das Grün auch. Hier erzeugen sie den Eindruck eines Durchblicks in einen weiterführenden Garten hinter der Holzwand.

TIPP

Schiefer passt mit seiner dunkelgrauen Tönung und seiner reizvollen und vielfältigen Textur bestens in moderne Gärten. Als Bodenbelag mit rauer, unbearbeiteter Oberfläche wie in unserem Beispiel weist er fast reliefartige Züge auf. Man bekommt Schiefer aber auch als gleichmäßig ebene Platten. Und er lässt sich selbstverständlich wunderbar mit anderen Bodenbelägen kombinieren. Aber der natürliche Werkstoff hat auch innere Werte. Er ist lange haltbar, strapazierfähig und hitzebeständig.

Großstadt-Dschungel In einem geschützten Innenhof mitten in der City wachsen Bambus, Palmen und Bananen in Hochbeeten und vermitteln das Gefühl, in weit südlichere Gefilde geraten zu sein. Das Sonnenlicht fällt nur an wenigen Stunden des Tages in die kleine Großstadt-Oase, aber das reicht den Exoten offensichtlich vollkommen aus. Sie gedeihen prächtig und kommen in dem milden Binnenklima zwischen hohen Mauern auch im Winter gut über die Runden. Der helle Verputz der Beeteinfassung erhellt die Situation zusätzlich und hebt sich in Farbe und Textur reizvoll von dem Bodenbelag aus grauen Schieferplatten ab.

Mauerblümchen Die Situation ist der auf dem vorhergehenden Bild nicht unähnlich, das Konzept für diesen von Ziegelsteinmauern umgebenen Patio ist jedoch ein ganz anderes. Statt Exoten in Hochbeeten wachsen hier ebenerdig Stauden und Zwiebelblumen mit ausschließlich weißen Blüten. Eine Gestaltung mit hellem Flor oder panaschiertem Laub ist in dunklen Winkeln immer eine gute Idee und kommt auch hier positiv zum Tragen. Die Blüten erhellen die Lage sichtlich und geben durch das konsequent eingehaltene Farbthema dem kleinen Innenhof ein wohltuend harmonisches Gepräge. Die in warmen Brauntönen gehaltenen Ziegel nehmen dem Weiß die Kühle und lassen das Ambiente höchst behaglich erscheinen. Der Zierlauch (*Allium* 'Mount Everest') wird in dieser Schattensituation auf Dauer wohl nicht zurechtkommen. Tränendes Herz (*Dicentra*), Glockenblumen (*Campanula*) und Fingerhut (*Digitalis*) fühlen sich hier jedoch wohl und werden auch in den kommenden Jahren ihren Flor beisteuern. Dazwischen gestreute Buchsbaumwürfel bringen Ruhe ins Blütengeflirr und sehen auch im Winter noch gut aus, wenn die Blumenpracht längst vergangen ist. Der kleine Sitzplatz mit den filigranen Möbeln fügt sich unauffällig in die Umgebung ein und zieht, obgleich prominent platziert, nie die Aufmerksamkeit auf sich. Das Hauptaugenmerk liegt hier nun doch einmal auf den Pflanzen.

Schick in Schale Die Mahagoni-Kirsche wartet wie andere Zierkirschen im Mai mit einem berauschenden, weißen Blütenkleid auf. Das Besondere an der Art ist jedoch die glänzende, mahagonifarbene Rinde, die dem Gehölz den Namen gab und sie ganzjährig attraktiv aussehen lässt. Der Baum wird bis zu neun Meter hoch. In kleinen Gärten ist sie als mehrstämmiger Strauch zu empfehlen. Der kann beschnitten werden, ohne dass die Pflanze ihren Habitus einbüßt.

TIPP

Auch wenn sie allein nicht so viel hermachen, sind „webende" Pflanzen wie Fenchel oder Wiesenkerbel wichtig für eine Pflanzung. Sie verbinden die einzelnen Gewächse, ohne selbst allzu sehr aufzufallen. Gerade wenn es viele verschiedene Farben und Formen im Beet gibt, halten die dezenten Weber mit duftigen Blüten oder fedrigem Laub Disparates zusammen.

Salon im Grünen Dieser Stadtgarten ist konsequent aufgebaut wie ein Wohnraum. Maßgabe für das Konzept war, dass sich in dem Grün auch behinderte und ältere Menschen ohne Probleme bewegen, entspannen und gärtnern können. Es gibt breite Wege, eine Feuerstelle, einen Brunnen und eine behagliche Sitzecke.

Nichtsdestoweniger ist diese Anlage immer noch ein Garten und so finden auch Beete und Hochbeete mit einer Fülle nonchalant zusammengemixter Kräuter und Blumen sowie zwei mehrstämmige Mahagoni-Kirschen (*Prunus serrula*) ihren Platz. Die Bäume haben eine überaus anmutige Silhouette und spenden mit ihrem filigranen Blattwerk einen angenehm lichten Schatten. So kann man es sich in der kleinen Anlage selbst in der Hitze der Mittagszeit bequem machen. In den Beeten blühen unter anderem Schwertlilien der Sorte 'Jamie Roo' in Blauviolett und die fast schwarze 'Hellow Darkness', die von den duftig weißen Blüten des Wiesenkerbels (*Anthriscus sylvestris* 'Ravenswing') und dem filigranen Laub des Purpurfenchels (*Foeniculum vulgare* 'Atropurpureum') durchwebt werden.

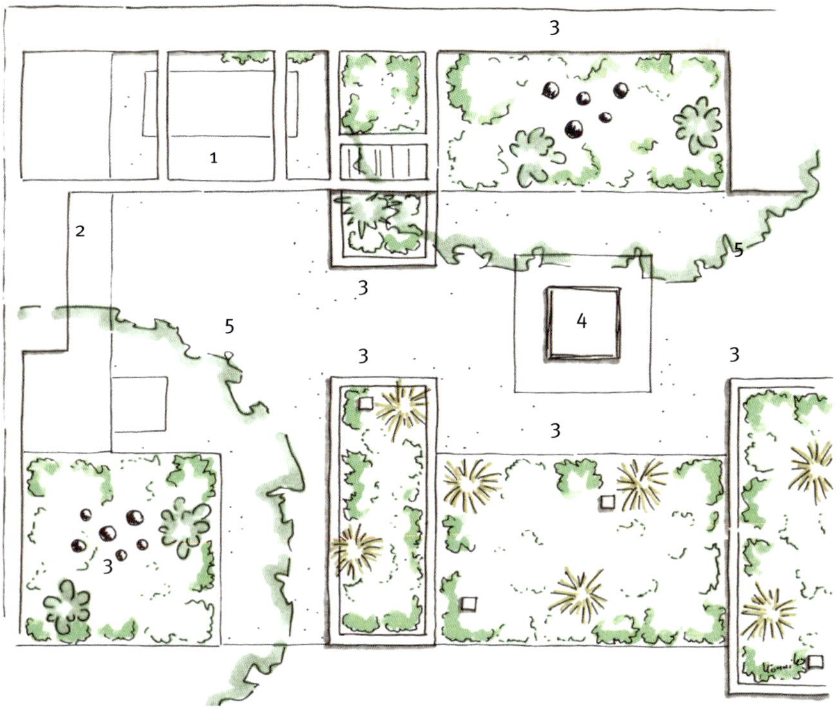

1 *Sitzplatz*
2 *Feuerstelle*
3 *Beete*
4 *Brunnen*
5 *Mahagoni-Kirschen*

Ein Garten macht gesund

Selten wurde das Konzept der sogenannten Gartenzimmer so konsequent umgesetzt wie in dieser Anlage der englischen Gartendesignerin Jo Thompson. Innerhalb eines rechtwinkligen Rasters findet auf knapp bemessenem Raum eine stattliche Reihe unterschiedlicher Wohn- und Gartenelemente Platz, wobei jedoch niemals das Gefühl der Enge entsteht. Schon das Weiß der Mauern und Trennwände sorgt für Helligkeit und optische Großzügigkeit und erinnert ein wenig an mediterrane Innenhofgärten. Auf der linken Seite befindet sich ein luftiger Wohnbereich mit eingebauter Sitzecke und einer Feuerstelle. Die rechte Seite und der vordere Bereich sind Gartenland mit zwei schattenspendenden Mahagoni-Kirschen und üppig und farbenfroh bepflanzten Beeten. An dem wie eine Stele konzipierten Brunnen rinnt das Wasser leise plätschernd in den darunterliegenden quadratischen Teich und bringt ein belebendes Element in die kleine Anlage.

Jo Thompson entwarf das Grün für die englische Hilfsorganisation „Thrive“, die Gartenprojekte für behinderte Menschen entwickelt. Sie lernen in den Gärten von „Thrive“ unter therapeutischer Aufsicht, praktisch und kreativ mit Pflanzen im Garten umzugehen, sich im Grün zu entspannen und gleichzeitig all die Sinneseindrücke, die ein Garten bietet, in sich aufzunehmen. Dieser Gedanke, dass ein Garten der Heilung und Gesundung dient, hat seine Wurzeln in der Antike und auch die Heilkundler des Mittelalters wussten um die vorteilhafte Wirkung, die der Aufenthalt und das Werkeln im Grünen auf seelisch gestörte Patienten ausübt. Inzwischen hat auch die moderne Wissenschaft entdeckt, dass der Garten ein heilsamer Ort ist. Umwelt- und Verhaltenspsychologen haben herausgefunden, welch positiven Einfluss Gärten und Parks auf Patienten ausüben, dass der Umgang mit Pflanzen Heilungsprozesse in Gang setzen, fördern und beschleunigen kann.

In Thompsons Entwurf wird beispielhaft auf die speziellen Bedürfnisse kranker, behinderter und auch älterer Menschen eingegangen. Es gibt keinerlei Barrieren und Höhenunterschiede und die Beete sind zum Teil höher gelegt, sodass auch Rollstuhlfahrer hier arbeiten und entspannen, die Pflanzen betasten und an ihnen schnuppern können. Durch die rechtwinklige, gleichsam nicht geometrisch gegliederte Struktur und das übersichtliche Wegenetz ist eine gute Orientierung gewährleistet, ohne dass das Ganze in formaler Strenge erstarrt. Die lockere, natürlich anmutende Bepflanzung der Beete belebt die Anlage und birgt sehr vielfältige Farben, Formen, Düfte und Texturen, die die verschiedenen Sinne ansprechen.

Es entstand ein behaglicher Freiraum, in dem die Menschen sich ohne fremde Hilfe bewegen und reichlich Sinneseindrücke sammeln können. Die Mischung aus praktischen Erwägungen und ästhetischen Ansprüchen ist stimmig und ansprechend umgesetzt worden.

Interessant ist das für Tisch, Brunnen und Beeteinfassungen verwendete Material. Es ist ein neuartiger Werkstoff namens HI-MACS, eine umweltverträgliche Acryl-Mineralien-Mischung, die hart und robust ist wie Stein, sich aber ähnlich leicht wie Holz und optisch fugenlos verarbeiten lässt. Sie ist nicht porös und nicht durchlässig, dazu wasserabweisend und unempfindlich gegen saisonale Temperatur- und Wetterschwankungen. Darüber hinaus lässt sie sich leicht instandhalten und reinigen.

Holz belebt das Umfeld Eine breite Säule mit Holzblöcken teilt den reinen Wohnbereich auf der linken Seite von der als Garten genutzten rechten Seite der Anlage ab. In dem weißen, eleganten Ambiente verbreitet sie rustikalen Charme, was dem ansonsten vielleicht ein bisschen steril wirkenden Gartenraum einen natürlicheren Charakter verleiht und ihm eine interessante kontrastierende Textur hinzufügt.

TIPP

Pflanzen wachsen generell lieber in großen Töpfen als in kleinen, weil sich ihre Wurzeln in hohen, breiten Gefäßen besser ausbreiten können. Dem Stil des modernen Topfgartens kommt das entgegen, da wenige große Gefäße generell ein einheitlicheres Bild ergeben als viele kleine und in ihrer Gleichförmigkeit besser zu moderner Architektur passen. Man sollte jedoch immer daran denken, dass sich Töpfe mit zunehmender Größe immer schwerer bewegen lassen. Das wird zum Problem, wenn nicht frostharte Pflanzen im Herbst ins Winterquartier umziehen müssen. Da ist es sinnvoll, schon bei der Auswahl auf Leichtgewichte wie Aluminium und Kunststoff zurückzugreifen, die inzwischen in Verarbeitung und Stil sehr viel ausgereifter sind als noch vor wenigen Jahren.

Moderne Topfgärten treten, was die Pflanzen und auch die Gefäße betrifft, in sehr vielfältiger Manier in Erscheinung. War früher Terrakotta das unbestritten gebräuchlichste und auch erlesenste Material für die Topfkultur, bestehen die Container heute aus Stahl, Kunststoff, Aluminium, Emaille, Zink oder Beton. Bei der Auswahl der Pflanzen stehen nicht mehr unbedingt liebreizende Blüten oder apartes Laub im Mittelpunkt des Interesses. Pflanzen werden vielmehr aufgrund ihres Habitus' oder ihres skulpturalen Charakters geschätzt. Eine Gruppe überschäumend bepflanzter Töpfe mag ganz charmant sein, passt jedoch in ihrer Zwanglosigkeit nicht wirklich in das zeitgemäße Umfeld einer klaren,

durchgestylten Architektur. Beschränkung in Farbe und Form ist hier einmal mehr das Zauberwort. In diesem modernen Potager wird, wie oft bei der Gefäßkultur im modernen Grün, auf Wiederholung gesetzt. Eine Reihe mit Buchsbaumkugeln bepflanzter, gleichförmiger Container aus galvanisiertem Stahl bildet einen ruhigen Hintergrund für das etwas wuselige Geschehen in den Kräuter- und Gemüsebeeten, in denen gerade der Koriander voll in Blüte steht. Die Farbabstufungen der Gefäße sorgen bei allem Gleichmaß dennoch für eine gewisse Dynamik, ohne die die Anlage etwas zu schematisch wirken würde. Warme Farbkomponenten steuern die Beeteinfassung und der Kiesbelag bei.

TIPP

Während man in einem Beet in der Regel eher auf eine mehr oder weniger langfristige Bepflanzung setzt, sind Topfgärten für Experimente geradezu prädestiniert. Dazu eignen sich vor allem frühlingsblühende Zwiebelpflanzen und Sommerblumen. Man kann sie gut in einer Abfolge pflanzen. Wenn die Zwiebelgewächse verblüht sind, werden die Töpfe mit Sommerblumen bepflanzt, die man entweder selbst unter Glas aus Samen kultiviert oder vorgezogen in der Gärtnerei kauft. Ist das Ergebnis wenig zufriedenstellend, versucht man in der kommenden Saison etwas Neues.

Mut zur Polarisierung Eine Formation von Kübeln in einem schrillen Orangeton steht exakt aufgereiht auf der Wiese eines Obstgartens und entwickelt im farblichen Kontext mit den blauen und weißen Hyazinthen eine eigenartig surreale Anmutung. Die starke Wirkung bezieht diese eigenwillige Topfparade einmal mehr durch Wiederholung.

Mut zur Farbe Ungewöhnliche Umstände bedürfen ungewöhnlicher Maßnahmen. Dieser winzige Innenhof war grau und trostlos, bevor die englische Gartendesignerin Ali Ward couragiert zum Farbtopf griff und der unansehnlichen Mauer einen verwegenen Anstrich in leuchtendem Lila verpasste. Solch eine kraftvolle Kulisse benötigt eine ebenso markante Begrünung. Die in einer Reihe stehenden Kiefernhochstämmchen (*Pinus*) in den hohen, weißen Emaille-Containern stehen in ihrer Wirkung dem Hintergrund in nichts nach und schaffen es, aus dem vormals nichtssagenden Hof ein poppiges Gesamtkunstwerk zu machen.

Bildnachweis

Jürgen Becker: 160-161, Gartendesign: Piet Oudolf, NL
Ute Klaphake: 148
Martin Lagoda: 4 (Marion Lagoda)
Andrew Lawson: 22–23, 30–31, 62–63, Design: Tom Stuart-Smith; 66-67; 76; 140-141, Design: Veddw House, Anne Wareham and Charles Hawes
Marianne Majerus: Cover; 8–9, 85, 150–151, Design: Tom Stuart-Smith, UK; 6 Mitte, 12, 60–61, 101, 102–103, Garden: Sussex Prairies, UK; 7 Oben, 38–39, 44–45, 166–167, 169, Design: Claire Mee Designs, UK; 7 Mitte, 78–79, 126–127, Design: Christopher Bradley-Hole, UK; 13, 152, 153, 157, Design: Charlotte Rowe Garden Design, UK; 14, Design: Penelope Hobhouse, UK; 15, Design: Luciano Giubbilei, UK; 16–17, Design: René Meyers, LUX; 24–25, Garden: RHS Garden, Rosemoor, UK; 26, Garden: Bates Green, UK; 28–29, 52–53, Design: Julie Toll, UK; 32–33, Garden: Coughton Court, Warks., UK; 34–35, Garden: West Dean Gardens, Sussex, UK; 40–41, Garden: The Old Rectory, Sudborough, UK; 46–47, 68–69, Design: Nori and Sandra Pope, UK; 50–51, Design: Will Giles, UK; 54–55, 86–87, Garden: RHS Garden, Wisley, UK; 64–65, Garden: Anglesey Abbey, Cambs., UK; 71, Garden: RHS Garden, Hyde Hall, UK; 72–73, Garden: Le Vasterival, F; 74–75, Design: Thomasina Tarling, UK; 77, Garden: Sleightholmedale Lodge, Yorkshire, UK; 82–83, 88–89, Garden: Beth Chatto Gardens, UK; 92, Garden: Crossbills, UK; 93, Design: Lynne Marcus and John Hall, UK; 100, Garden: The Old Vicarage, East Ruston, Norfolk, UK; 104–105, Design: Philip Nixon, UK; 108–109, Design: Peter Reynolds, UK; 117, Garden: RHS Wisley Garden, Paul Dracott, UK; 118–119, Design: Jane Brockbank, UK; 114–115, Design: Ann Pearce, UK; 122, Design: Barbara Schwartz, USA; 123, 134–135, 136, 164–165, Design: Sara Jane Rothwell, UK; 126–127, Design: Christopher Bradley-Hole, UK; 130–131, Design: Mark Gregory, UK; 132, Design: Kate Gould, UK; 137, Design: Susanne Blair, UK; 138–139, Design: Marie Clarke, UK; 142, Design: Cabbages & Kings, UK; 143, Garden: Hampton Court, Herefordshire, UK; 144–145, Design: Bunny Guinness, UK; 149, Garden: La Mamounia, MA; 154, 154–155, Garden: The Manor House, Bedfordshire, Kathy Brown, UK; 158–159, Design: Paula Ryan, UK; 170, Design: Alex Ward and Thiery Benard, UK; 176–177, Design: The Novelli Academy, The Gastro Garden Company, UK; 179, Design: Ali Ward, UK
Volker Michael: 2–3, Design: Chris Ghyselen, Oedelem, B / Garten: The garden of Eric Houf - Brugge - Sint-Kruis, B; 6 Oben, 36–37, 42–43, Design: Cassian Schmidt, D / Garten: „Schau- und Sichtungsgarten Hermannshof" – leaded by Cassian Schmidt, Weinheim, D; 10–11, Design: Chris Ghyselen, Oedelem, B / Garten: „De Tuin aan de Delmeronsmolen" - The garden of Carine Holvoet - Tielt-Aarsele, B; 20–21, Design: Chris Ghyselen, Oedelem, B / Garten: The garden of Dirk Devriese - Torhout, B; 27, Garten: „Park der Gärten" – Bad Zwischenahn, D; 48–49, 56–57, 58–59, Design: Cassian Schmidt, D / Garten: „Schau- und Sichtungsgarten Hermannshof" – leaded by Cassian Schmidt, Weinheim, D; 94–95, Design: Jos & Hendrikus Mink, NL / Garten: „Scharreltuinen" – The garden of Jos & Hendrikus Mink, Ane, NL; 96–97, 98–99, Design: Piet Oudolf, NL / Garten: The garden of Piet Oudolf, Hummelo, NL; 106–107, Design: Chris Ghyselen, Oedelem, B / Garten: The garden of Ludo & Bernadette Christiaen-Standaert, Zedelgem, B; 110–111, Design: Katrien Vandierendonck, B / Garten: The garden of Katrien Vandierendonck - Damme, Sijsele, B; 112-113, Design: Daniel Ost, Brüssel & Sint Niklaas, B / Garten: „De Uil" - The garden of Marc Massa & Roger Liekens, Temse, B; 124–125, Design: Chris Ghyselen, B / Garten: „Oostveld" - The garden of Chris Ghyselen - Beernem, Oedelem, B; 128–129, Design: Christine Facer, GB / Garten: „Througham Court Garden" - The garden of Christine Facer, Througham, GB; 178, Design: Jikke & Lucien Hamerpagt, NL / Garten: „Locus Flevum" – The garden of Jikke & Lucien Hamerpagt, Lelystad, NL
Bennet Smith: 6 Unten, 162–163, Design: Ulf Nordfjell, UK; 7 Unten, 156, Design: Andrea Fawcett Philippart, UK; 84, Design: Cleve West, UK; 120–121, Design: Robert Myers, UK; 133, Sim Flemons and John Warland, UK; 171, Design: Jeffery Hewitt, UK; 172–173, Design: Jo Thompson, UK

Impressum

Bildredaktion: Johanna Hänichen, Petra Ender (Cover)
Illustrationen: Gartenplanungsbüro Peter Janke, Dipl.-Ing. Jana Mönnikes
Layout, Satz, Bildbearbeitung, Lithografie, Lektorat: MAKRO CHROMA Joest & Volk OHG, Werbeagentur, Hilden
Umschlaggestaltung: independent Medien-Design, München
Druck: aprinta, Wemding
Bindung: Conzella, Pfarrkirchen
ISBN 978-3-8338-2553-8
1. Auflage 2012

DAS ORIGINAL MIT GARANTIE

Unsere Garantie

Alle Informationen in diesem Ratgeber sind sorgfältig und gewissenhaft geprüft. Sollte dennoch einmal ein Fehler enthalten sein, schicken Sie uns das Buch mit dem entsprechenden Hinweis an unseren Leserservice zurück. Wir tauschen Ihnen den GU-Ratgeber gegen einen anderen zum gleichen oder ähnlichen Thema um.

Liebe Leserin und lieber Leser,

wir freuen uns, dass Sie sich für ein GU-Buch entschieden haben. Mit Ihrem Kauf setzen Sie auf die Qualität, Kompetenz und Aktualität unserer Ratgeber. Dafür sagen wir Danke! Wir wollen als führender Ratgeberverlag noch besser werden. Daher ist uns Ihre Meinung wichtig. Bitte senden Sie uns Ihre Anregungen, Ihre Kritik oder Ihr Lob zu unseren Büchern. Haben Sie Fragen oder benötigen Sie weiteren Rat zum Thema? Wir freuen uns auf Ihre Nachricht!

Wir sind für Sie da!
Montag–Donnerstag: 8.00–18.00 Uhr;
Freitag: 8.00–16.00 Uhr
Tel.: 0180-5005054*
Fax: 0180-5012054*
E-Mail: leserservice@graefe-und-unzer.de

* (0,14 €/Min. aus dem dt. Festnetz/ Mobilfunkpreise maximal 0,42 €/Min.)

PS: Wollen Sie noch mehr Aktuelles von GU wissen, dann abonnieren Sie doch unseren kostenlosen GU-Online-Newsletter und/oder unsere kostenlosen Kundenmagazine.

GRÄFE UND UNZER VERLAG
Leserservice
Postfach 86 03 13
81630 München

In Zusammenarbeit mit:
BECKER JOEST VOLK VERLAG

GRÄFE UND UNZER

Ein Unternehmen der
GANSKE VERLAGSGRUPPE